北京航空航天大学博士研究生卓越学术基金成果
This research was funded and supported by the Academic Excellence Foundation of BUAA for PhD Students

金融稳定与宏观审慎框架研究

Research on Financial Stability and Macroprudential Framework

姜惠宸 ◎ 著

中国财经出版传媒集团
中国财政经济出版社
·北 京·

图书在版编目（CIP）数据

金融稳定与宏观审慎框架研究 / 姜惠宸著. -- 北京：中国财政经济出版社，2024. 6

ISBN 978 - 7 - 5223 - 2334 - 3

Ⅰ. ①金… Ⅱ. ①姜… Ⅲ. ①金融监管－研究 Ⅳ. ①F830. 2

中国国家版本馆 CIP 数据核字（2023）第 118646 号

金融稳定与宏观审慎框架研究

JINRONG WENDING YU HONGGUAN SHENSHEN KUANGJIA YANJIU

中国财政经济出版社 出版

URL：http：//www. cfeph. cn

E - mail：cfeph@ cfeph. cn

社址：北京市海淀区阜成路甲 28 号 邮政编码：100142

营销中心电话：010 - 88191522

天猫网店：中国财政经济出版社旗舰店

网址：https：//zgczjjcbs. tmall. com

中煤（北京）印务有限公司印刷 各地新华书店经销

成品尺寸：170mm × 240mm 16 开 15. 25 印张 210 000 字

2024 年 6 月第 1 版 2024 年 6 月北京第 1 次印刷

定价：68. 00 元

ISBN 978 - 7 - 5223 - 2334 - 3

（图书出现印装问题，本社负责调换，电话：010 - 88190548）

本社图书质量投诉电话：010 - 88190744

打击盗版举报热线：010 - 88191661 QQ：2242791300

前　言

金融稳定始终是国内外经济学家关注的重要课题之一。2008 年国际金融危机爆发后，对实体经济和金融体系产生了巨大影响，使人们深刻认识到现有金融监管制度缺乏宏观审慎性带来的诸多问题，我们应当从金融体系的层面防范风险，尽可能降低金融危机发生的频率与对实体经济的影响，而宏观审慎框架正是增强金融体系弹性、应对系统性风险、维护金融稳定的一味良药。本书从五个模块多层次、全方位地研究了金融稳定与宏观审慎框架。

第一模块，阐述金融稳定与宏观审慎框架的研究背景、研究的目的与意义，分析了研究领域的高频关键词，并对金融稳定、系统性风险、宏观审慎框架这些重要概念进行了分析和讨论，从多方面对金融稳定与宏观审慎框架相关文献进行梳理和分析。在此基础上，提炼出本书所研究的关键学术问题。见第 1 章和第 2 章。

第二模块，中国是银行主导型国家，研究银行业的系统性风险情况具有重要意义。通过对主流度量方法的评述，发现 CoVaR 模型具有诸多优势。通过建立静态的 ΔCoVaR 模型和动态的 ΔCoVaR 模型研究中国银行业的系统性风险贡献，并建立 Exposure ΔCoVaR 模型测算银行体系不稳定时单个银行的风险敞口，发现由于国际、国内经济金融形势变化，不同年度上市银行整体的风险水平存在差异。由此，对加强金融监管、维护金融稳定提出一些有益的建议。见第 3 章。

第三模块，中国政府自2011年起开始构建宏观审慎框架。由于中国银行业的可持续发展对经济发展、金融体系至关重要，通过数据包络分析（Data Envelopment Analysis，简称DEA）与Malmquist指数模型，发现2012—2017年期间宏观审慎背景中各类样本银行的效率比较稳定，均在2017年达到样本期最高值，且监管指标也达到历史最好水平。见第4章。

第四模块，通过建立面板门限模型，并结合熵指数，研究了银行多元化与金融稳定之间的关系，发现存在显著的“门限效应”。见第5章。

第五模块，通过建立面板Logit模型，基于108个国家（或地区）的跨国面板数据，研究宏观审慎政策在全球层面的有效性，发现在不同经济体之间宏观审慎政策的有效性存在差异。见第6章。

本书研究的主要创新点包括以下几方面：第一，首次将静态ΔCoVaR模型、动态ΔCoVaR和Exposure ΔCoVaR模型联合研究中国银行业。主要贡献有3点：（1）基于金融市场的日度数据，构建静态ΔCoVaR模型，对样本银行的系统性风险贡献（ΔCoVaR）进行了逐年的测算。（2）考虑银行体系收益率和银行收益率的“时变”特点，引入7类状态变量，建立动态ΔCoVaR模型。（3）在动态ΔCoVaR的基础上，将银行体系收益率和银行收益率在模型中的角色互换，建立Exposure ΔCoVaR模型测算了整个银行体系不稳定时单个银行的风险敞口。第二，建立数据包络分析（DEA）模型，研究了宏观审慎框架背景下的中国上市银行效率。本书首次构建了宏观审慎综合指数（Macroprudential Index，MI），对各类银行的宏观审慎指标发展情况进行了分析。本书还创新性地将动态ΔCoVaR模型测算的银行系统性风险贡献值与DEA模型相结合，从盈利能力和风险两方面综合度量银行的效率水平。第三，创新性地建立面板门限模型，采用Herfindahl - Hirschman指数衡量银行的多元化水平，分析了多元化对金融稳定和盈利能力的非线性影响。同时，创新性地用熵指数衡量银行的多元化水平，检验结果的稳健性。第四，从国际层面看，评估宏观审慎工具有效性的实证研究仍然很少。笔者通过手工收集和整理，得到了108个国家（或地区）的跨国面板数据库，创新性地从全球层面探讨了宏观审慎政策工具的有效性，并做深入分析。

总之，历史上，每次金融危机的爆发，都会引发对监管制度的思考以及监管理念的变革。随着金融业的发展，在新形势下，如何更有效地进行金融监管，从而更好地维护金融稳定，是永恒的话题。

Preface

Financial stability has always been one of the important topics for economists. In 2008, the international financial crisis broke out, and made a huge influence on the real economy and financial system, which makes people become deeply aware of the outcome of lack of macroprudential view of the existing financial supervision system. We should guard against systemic risk in a system - wide view, and reduce as much as possible the frequency and the impact of financial crisis. The macroprudential framework is a good approach to enhancing the resilience of financial system, guarding against systemic risk and achieving financial stability. This paper studies financial stability and macroprudential framework from multi - dimensional perspectives with five modules.

The first module introduces the research background, purpose and significance of financial stability and macroprudential framework, analyzes the high - frequency keywords in the research field, analyzes and discusses the important concepts including financial stability, systemic risk and macroprudential framework. We systemically review the literatures in the field of financial stability and macroprudential framework from different aspects. On this basis, the key academic issues studied in this paper are extracted. See Chapters 1 and 2.

In the second module, we point out that China is a bank - based country, and it is of great significance to study the systemic risk of Chinese banks. Based on the review of the mainstream measurement methodologies, we choose CoVaR because it has several advantages. This study measures the systemic risk contribution of Chinese banking system through static ΔCoVaR and dynamic ΔCoVaR models, and measures the risk exposure of a bank when the banking industry is instable with Exposure ΔCoVaR. We find that the levels of systemic risk vary in different time periods due to the changes in the international and domestic economic and financial situation. Based on the results, we put forward some useful suggestions for strengthening financial supervision and maintaining financial stability. See Chapter 3.

In the third module, we point out that Chinese government have begun to build macroprudential framework and established new supervisory standard for banking supervision since 2011. As the sustainability of Chinese banking industry is crucial to economic development and financial system, this study also combines Data Envelopment Analysis (DEA) with Malmquist Index to conduct a static and dynamic analysis on the efficiency of listed banks during 2012 – 2017 in the context of macroprudential framework, and conduct an analysis based on the supervisory indicators of the sample banks. The results show that, in the context of macroprudential framework, technical efficiency of the three types of banks was stable, reached the highest value during the sample period in 2017, and the regulatory indicators also reached the best level in history. See Chapter 4.

In the fourth module, we build a panel threshold model and analyze the impact of diversification on financial stability with entropy index. The finding shows there exists threshold effect. See Chapter 5.

In the fifth module, we build a panel Logit model and analyze the impact of effectiveness of macroprudential policy instruments on financial stability in the global perspective based on the panel data of 108 countries or regions. The finding shows the effectiveness of macroprudential policy instruments vary across different economies. See Chapter 6.

The main innovation points of this study include: Firstly, we jointly build static ΔCoVaR, dynamic ΔCoVaR and Exposure ΔCoVaR for analyzing Chinese banking industry for the first time. The contributions could be divided into three parts: (1) based on the daily data derived from the financial market, the static ΔCoVaR model is constructed to measure the systemic risk contribution (ΔCoVaR) of the sample banks year by year. (2) considering the "time - varying" characteristics of the returns of the banking system and banks, and seven kinds of state variables are introduced to establish the dynamic ΔCoVaR model. (3) on the basis of dynamic ΔCoVaR, therole of banking system return and bank return in the model is exchanged, and the Exposure ΔCoVaR model is established to calculate the risk exposure of a single bank when the whole banking system is unstable. Secondly, the DEA model is established to study the efficiency of Chinese listed banks in the context of macroprudential framework. This paper constructs the macroprudential comprehensive index for the first time, and analyzes the development of macroprudential indicators of three types of banks. This paper also innovatively combines the contribution value of bank systemic risk measured by dynamic ΔCoVaR model with DEA model to measure the comprehensive efficiency of bank from two aspects of profitability and systemic risk. Thirdly, innovatively establish a panel threshold model, use Herfindahl - Hirschman index to measure the diversification level of banks, and analyze the non - linear effects of diversification on financial stability and profitability. At the same time, the entropy index is used to measure the diversification level of the bank innovatively and test the robustness of the results. Fourthly, at the international level, there are still a few empirical studies to assess the effectiveness of macroprudential tools. Through manual collection and collation, the author obtains the transnational panel database of 108 countries (or regions), innovatively discusses the effectiveness of macroprudential policy tools from the global level, and makes an in - depth analysis.

To sum up, every outbreak of financial crisis in history triggers the thinking on the regulatory system and the revolution of the regulatory concept. With the rapid development of the financial industry, how to do financial supervision more effectively and therefore achieve financial stability better, is an eternal topic.

目　录

图目录

表目录

第1章 绪 论

1.1 研究背景

2017年4月，习近平总书记在主持中共中央政治局就维护国家金融安全进行的第四十次集体学习中指出："金融安全是国家安全的重要组成部分，是经济平稳健康发展的重要基础。维护金融安全，是关系我国经济社会发展全局的一件带有战略性、根本性的大事。金融活，经济活；金融稳，经济稳"（中国政府网，2017）。2018年是中国改革开放的第40年，这些年来，中国政府通过在经济领域的改革和开放，使得中国经济发生了巨大的变化，"经济增速在世界主要国家中名列前茅"，"对世界经济增长贡献率超过百分之三十"（习近平，2017a）。

从2013年到2021年，中国经济对世界经济增长的年均贡献率达到38.6%，比G7国家对世界经济增长的年均贡献率之和高出12.9个百分点（中国政府网，2022），成为全球经济增长的重要动力源泉。2022年，中国经济总量再创新高，国内生产总值（GDP）迈上121万亿元新台阶（国家统计局，2023）。

如今的中国金融体系的结构，也在发生重大的变化。随着经济金融的全球化、资产证券化和互联网金融的发展，目前中国的金融市场和金融产品之间的关联程度在不断地加大，整个社会的金融体系不再是各自为政，而是相互关联，但是由于各金融体系的产品同质化程度高，在金融机制的运转过程中，风险在不断地产生，并且就像生物体一样具有风险传染的行为。

众所周知，金融是实体经济的血脉。一方面，金融在实现资源的跨时间、空间配置上起到了关键性作用。另一方面，金融与风险相生相伴，正如韩立岩和部慧（2015）指出，“金融作为虚拟经济形态是产生于实体经济与服务于实体经济的，工业发展永远是金融发展的原动力。每一个金融产品与服务创新都是为了规避风险、提高效率，但是总会带来新的风险……”一旦金融发展脱离了实体经济，就有可能形成金融泡沫，甚至形成系统性风险，须认真加以防范。

纵观历史，我们可以发现，对于2008年爆发的国际金融危机，人们记忆犹新，这次由于美国次贷危机造成的全球金融危机，其冲击之严重及蔓延程度之广，让人们难以置信，许许多多看起来非常坚强的金融机构就像动物一样脆弱，其肌体受到风险的传染，而且风险犹如有机的DNA在不断地复制和变种，让人们感到金融机构就像是“多米诺骨牌”，小量的推力就会造成了连锁的反应，使人们深刻认识到现有金融监管制度亟待改革，以及缺乏宏观审慎性带来的诸多问题。

2017年1月，习近平主席在世界经济论坛年会的演讲中强调：“国际金融危机不是经济全球化发展的必然产物，而是金融资本过度逐利、金融监管严重缺失的结果……全球金融市场需要增强抗风险能力”（习近平，2017b）。党的二十大报告在“推进国家安全体系和能力现代化，坚决维护国家安全和社会稳定”部分中，指出将“强化经济、重大基础设施、金融……等安全保障体系建设”纳入为“健全国家安全体系”的重要组成部分；在“加快构建新发展格局，着力推动高质量发展”部分中，明确提出“深化金融体制改革，建设现代中央银行制度，加强和完善现代金融监管，强化金融稳定保障体系，依法将各类金融活动全部纳入监管，守住不发生系统性风险底线”（习近平，2022）。以更高水平维护金融稳定，是促进金融高质量发展的关键。

多年来，国际组织、各国监管部门和学术界开始广泛地关注构建宏观审慎框架的理论与实践，加强宏观审慎监管防范系统性风险已成为国际共识（周小川，2011a；Yellen，2011）。潘功胜（2020）指出，建立健全宏观审慎政策框架有助于从系统层面维护金融稳定、增强金融体系的韧性。易纲（2021）将“构建系统性金融风险防控体系”列为建设现代中央银行制度的重要内容，并进一步提出要“健全宏观审慎管理体系”应对金融风险的跨域传染和金融机构行为的顺周期性。潘功胜（2023）指出，宏观审慎政策工具的运用，有助于更好应对外部冲击、促进金融系统稳定运行。

对于由系统性风险造成的金融危机，我们要积极吸取教训，探寻系统性风险的起因、机制，对风险进行科学预警。正如中国宋代著名的大家欧阳修编撰的《新唐书》中的名言，“以铜为鉴，可正衣冠；以古为鉴，可知兴替；以人为鉴，可明得失”（欧阳修和宋祁，1975）。危机是周期性爆发的，并且会造成严重的危害。2008年国际金融危机的历史教训表明，过去单纯地以控制通货膨胀为目标的货币政策，和以加强资本监管为核心、着眼于追求个体金融机构的稳健性的微观层面的审慎监管，并不能在维护整个金融体系的稳定中起到“定海神针”的作用。对于随时可能发生的“黑天鹅”和难以对付的“灰犀牛”，要从系统性的角度防范金融风险，增强金融体系的弹性，尽可能降低金融危机发生的频率与对实体经济的影响。而宏观审慎正是针对系统性风险和实现金融体系的稳定的一味良药。当系统性金融风险防范于未然，则社会的经济处于健康状态，金融从危机四伏到趋于平稳状态，即金融稳定状态。

1.2　研究目的与意义

1.2.1　研究目的

如今，金融稳定与宏观审慎框架已成为研究热点。本书通过对金融稳定与宏观审慎框架的相关研究的收集和整理，形成高频关键词排行榜，并对金融稳定、系统性风险和宏观审慎领域的研究进行评述，为后续研究做好铺垫，也为相关研究提供参考。

在文献梳理的基础上，从主流系统性风险的度量方法中，选择CoVaR模型，科学地度量银行体系的系统性风险，分别建立了静态ΔCoVaR和动态ΔCoVaR模型，测量银行对系统性风险的贡献，并建立Exposure ΔCoVaR模型测算银行体系不稳定时单个银行的风险敞口。

通过构建数据包络分析模型（Data Envelopment Analysis，DEA），进行了宏观审慎框架时期的银行效率分析。同时，尝试通过CoVaR模型与数据包络分析模型的结合，对银行的综合效率进行度量。

结合研究热点，以中国上市银行业为研究对象。建立面板门限模型，并与熵指数结合，探索银行多元化与金融稳定之间是否具有非线性关系，并通过稳健性分析来验证实证研究的结果。

目前，宏观审慎政策的理念已在全球范围内形成共识，其政策效果值得深入研究。通过收集和整理，得到108个国家或地区的数据，通过建立面板Logit模型研究了宏观审慎政策在全球层面的有效性情况，为加强宏观审慎监管、提高宏观审慎政策的有效性提供参考。

1.2.2 研究意义

本书的主题为金融稳定与宏观审慎框架研究。如今，维护金融体系的稳定性、加强宏观审慎框架建设、防范系统性风险成为全球监管的重要任务，在此背景下，研究金融稳定与宏观审慎框架具有重要的意义。

本书将对国际金融危机以来金融稳定及宏观审慎框架的相关研究进行梳理和分析，并对国内外研究金融稳定及其另一面——系统性风险的学术论文及流派进行归纳整理，为后续章节选择合适的方法做基础性工作。

笔者积极地站在国际金融风险应对研究的前沿上，通过认真研究系统性风险的度量方法，希望通过模型的测算结果，为识别系统重要性金融机构提供有益的参考建议。通过宏观审慎政策的有效性评估，为加强宏观审慎监管提供全新的经验证据，也有助于金融更好地服务实体经济。总之，为维护金融稳定提出一些创新性的研究方法和有益的建议，为祖国的社会主义建设，为实现中华民族伟大复兴中国梦，为推进金融改革发展，提供智慧的正能量。

1.3 重要概念

这里首先厘清贯穿全书的重要概念。

1.3.1 金融稳定的含义

如果要谈金融界一直以来对于金融体系最关心的几个核心的问题是什么？其中之一，一定是金融体系的稳定性（陈雨露和马勇，2008；陈雨露、宋科和李濛，2010）。“金融稳定”一词，虽然广泛地出现在诸多国内外文献中，但迄今为止尚未形成精确、统一的定义。目前，通过文献梳理，现有研究对于金融稳定的定义主要可分为两类：

一类主要是通过金融不稳定时的具体现象（即从金融稳定的另一视角）来描述金融稳定的内涵，也就是通过界定金融稳定的缺位（即“金融不稳定”、“金融脆弱性”或“金融危机”）来定义“金融稳定”（Mishkin，1991；Issing，2003）：金融体系没有发生中断，也就是说金融体系能够以一种持久的方式实现将储蓄有效分配给投资机会。我们参考 Mishkin（1999）关于金融危机的本质的定义，他指出，金融体系对于经济体的健康发展是很重要的，因为金融体系发挥着将资金引导到市场中那些拥有最好的投资机会的人那里的功能（体现金融体系的“渠道”功能）。当金融市场由于不确定性提高、银行恐慌等等因素，不能再有效地发挥这一功能，就发生了金融危机，并对实体经济产生影响。马勇（2013）指出，在现代金融体系下，金融不稳定通常会通过负外部性效应渗透至社会经济的各个领域，造成巨大的经济和社会成本，导致实体经济的长期低迷。Boyarchenko 等（2022）认为，金融不稳定是金融体系的内在特征，表现为由金融中介、金融市场、支付系统、中央银行组成的金融体系放大来自经济金融领域的负向冲击，并对实体经济产生影响。

另一类文献通过金融稳定时的具体特征直接描述内涵，主要是通过界定金融稳定状态时金融体系的功能能够正常发挥来定义金融稳定。如 Schioppa（2003）指出，金融稳定是指金融体系能够承受住冲击，让储蓄通过金融体系能够流向那些投资机会，支付清算等功能不会受到影响。Gjedrem（2005）的观点是，金融体系运行良好，在储蓄者和借款者之间实现发挥着中介的功能，促进经济资源的有效配置，即实现了金融稳定。Boyarchenko 等（2022）认为，金融稳定是指金融体系能够抵御大多数源于实体经济或金融体系自身的冲击。总之，金融体系稳定时具有三个特点：金融体系能够有效地配置资源、评估和管理金融风险、抵御各种冲击等（Houben，Kakes，Schinasi，2004；Schinasi，2005）。由于金融稳定的内涵较为丰富，可以从“抵御冲击说”、“要素描述说”、“金融功能说”等角度进一步描述与定义（段小茜，2007，2010）。金融稳定是指金融系统具备正常履行其经济职能和抵御一定冲击的能力（徐国祥、郭建娜和陈燃萍，2017）。

一直以来，金融稳定始终是国内外经济学家关注的热点话题。在经济全球化、金融一体化和金融自由化的大背景下，随着金融市场的发展和金融创新的深化，各国联系日趋紧密，金融体系也呈现出“多样性”、“复杂性”的特点：1929 年美国“大萧条”、1982 年拉美债务危机、1994 年墨西哥金融危机、1997 年亚洲金融危机、2008 年美国次贷危机、2010 年欧洲主权债务危机……金融体系脆弱性明显增大，传统金融调控框架面临巨大挑战。

改革开放以来，中国经济取得了令人瞩目的成就，为金融稳定营造了良好的宏观环境。一直以来，中国政府高度重视金融稳定问题，在 2003 年修订的《中华人民共和国中国人民银行法》中明确和加强了中国人民银行防范和化解金融风险、维护金融稳定的职能，并加强对系统性金融风险的监测和防范，做好金融稳定评估工作（中国政府网，2005）。2020年10月发布的《中华人民共和国中国人民银行法（修订草案征求意见稿）》提出，由中国人民银行负责宏观审慎管理，并明确了宏观审慎政策的具体目标及政策工具（中国政府网，2020）。目前，百年未有之大变局与新冠肺炎疫情冲击导致全球经济金融形势日趋复杂，中国经济在转型升级过程中可能会产生一些金融风险，但通过不断地加强和完善金融监管改革，中国经济前景光明。

1.3.2 系统性风险的内涵

关于系统性风险内涵的早期代表性文献，如Rochet和Tirole（1996）、Kaufman（1996）等，这类文献着重于分析系统性风险的“风险传染”特点，并多集中于分析银行业的系统性风险。Rochet和Tirole（1996）提出，系统性风险是指通过金融交易的方式，一家金融机构的经济不景气（economic distress）传染给其他与之相关的金融机构。与其他行业相比，银行业更为关心系统性风险。Kaufman（1996）指出，由于银行之间在财务上紧密相连，相对于其他行业更容易形成风险传染。他将系统性风险定义为，一个事件引发银行系统连续损失的概率。

此后，学者们关于系统性风险内涵的研究逐步发展。De Bandt和Hartmann（1999）将系统性风险区分为广义与狭义。狭义的系统性风险指的是，由于一家金融机构有坏消息或是破产（或者单个金融市场的崩溃），引发的一个或几个其他金融机构（或金融市场）产生相当大的负面影响的“多米诺骨牌效应”；而广义上的系统性风险在此基础上，还包括程度严重且广泛蔓延的系统性冲击，同时对大量金融机构或市场产生了不利影响。包全永（2005）也指出，系统性风险，以银行业为例，从广义看，系统性风险是指整个银行体系的基本功能丧失的可能性；从狭义看，是指主要的单个或几个银行受到冲击导致其他银行经营等受到负外部性影响的可能性，并且随着这种负外部性的积累，有可能导致银行系统基本功能受到影响甚至丧失。狭义的银行系统性风险概念相比广义的概念，突出强调了个体银行对其他银行产生的负外部性，即系统性风险导致银行系统基本功能丧失的原因。系统性风险是指一个事件在金融系统中引起一系列损失的可能性，对于银行业而言，系统性风险最明显的特征是传染性（马君潞、范小云和曹元涛，2007）。

目前，系统性风险一词，已经得到了越来越广泛的应用。但由于系统性风险本身很难直接量化，并未形成统一、精准的定义（Cerutti、Claessens 和 McGuire，2012；Black 等，2016），因此也被学者视为一种现象：大量金融机构（通常是银行）倒闭引发的金融体系功能受损（González 和 Hesse，2011），其余文献多是从系统性风险影响金融体系功能的正常发挥从而对实体经济产生负面影响这一角度，更为清晰全面地定义系统性风险。

G10（2001）的报告中指出，系统性风险是指一个事件引发金融体系相当程度的经济价值损失或信心受损，并伴随着不确定性的增加，这种情况严重到很可能对实体经济产生显著的负面影响，通常表现为支付系统和信贷流动受到影响，资产价值下跌。这一定义在早期文献的基础上考虑了金融机构之间的风险溢出效应，还强调了系统性风险的影响是相当大的，并且如果没有及时的政策响应，系统性风险会对实体经济产生显著的负面影响。系统性风险是指由单个银行或金融市场受冲击引发的一系列的银行或金融市场的严重逆效应，整个银行体系中相当数量的银行遭遇冲击，削弱了银行体系保持稳定、高回报的基础的可能性（翟金林，2001；Schwarcz，2008）。IMF、BIS 和 FSB（2009）在报告中将系统性风险定义为因全部或部分金融体系受损导致金融服务中断的风险，并有可能对实体经济产生严重的负面影响。张晓朴（2010）指出，系统性风险是指整个金融体系崩溃或丧失功能的或然性，其“系统性”的特点表现为传播速度快、范围大，并且影响程度深。Hauptmann 和 Zagst（2011）指出，系统性风险是指单个金融机构对其他金融机构乃至整个金融体系的溢出效应。

系统性风险还具有复杂性与突发性的特点。白雪梅和石大龙（2014）指出，系统性风险关注金融体系全部或重要组成的风险，并且这种风险具有负外部性，会对实体经济产生重大影响。Sanjiv Ranjan Das（2015）认为，定义系统性风险并不容易，但其一些特征已得到诸多学者的普遍认同：影响程度大；影响的范围广，既影响金融机构也影响实体企业；影响具有连锁反应的特点，甚至会波及到整个金融体系。从金融功能的角度定义系统性风险，系统性风险是指由于内部冲击或外部冲击导致金融资金融通等基本功能丧失且会严重地影响到实体经济的可能性（荆中博、杨海珍和杨晓光，2016）。

1.3.3 宏观审慎框架的起源与形成

关于宏观审慎的研究最早可以追溯到20世纪70年代末。在1979年6月28—29日的会议中，库克委员会（即现在的巴塞尔银行监管委员会的前身）形成了宏观审慎（Macro - prudential）思想的萌芽，来自英国央行的委员会主席库克（Cooke）指出："委员会关注的微观经济范畴的微观审慎问题开始融入委员会原来并不关心的宏观经济问题，这时就被称为宏观审慎问题。委员会应对宏观审慎问题保持合理的关注，并把宏观审慎问题与宏观经济问题联系起来"（Clement，2010）。1986年，宏观审慎一词出现在国际清算银行和G10央行报告中，在金融创新的大背景下，宏观审慎的内涵逐渐丰富，从融入宏观经济视野的审慎监管模式发展为关注金融体系和支付机制的安全性与稳健性。根据李妍（2009），当时系统性风险主要集中于银行体系，传统的审慎监管基本能满足金融稳定的需要，宏观审慎并未得到广泛关注。

1997年亚洲金融危机以后，国际货币基金组织在1999年构建"金融部门评估规划"时明确表示了对宏观审慎的关注，将相关因素纳入评估体系。中国人民银行何建雄（2001）也指出，东南亚金融危机以及西方国家发生的不同程度的银行危机表明，仅仅依靠对金融机构的审慎监管是不够的，应该采取"宏观+微观"相结合的方式分析金融体系的风险。李宗怡和冀勇鹏（2003）指出，1998年俄罗斯金融危机爆发，金融机构为防范风险采取一致行为，将高波动性资产置换为安全资产，结果这一个体层面的"理性"行为进一步加剧了资产价格的下降并导致市场流动性萎缩，金融机构追求自身安全的行为导致和加剧了危机的恶化，应当实行宏观审慎监管。正如Borio（2003）所言，尽管当时关于系统性风险的普遍观点是通过微观审慎确保金融稳定，但考虑到金融危机通常伴随着巨大的宏观经济成本，研究危机起源须具备宏观审慎视角。国内外学者也就在金融统计、金融风险预警等领域引入宏观审慎分析开展了一定程度探索，在宏观审慎领域的研究仍有很大发展的空间（田鹏和刘克，2001；Virolainen，2001；叶如莲，2005；李妍，2009；聂富强，2006；李学民，2006）。

1.4　金融稳定与宏观审慎

本次全球金融危机，使人们深刻认识到稳定的金融体系的重要性。而促进金融稳定的方式，不仅包括通过促进个体金融机构安全和稳健的微观审慎监管，还应当重视对金融体系的稳定性产生影响的系统性风险的识别和度量，通过宏观审慎政策来实现控制系统性风险（Mester，2017）。

关于宏观审慎与微观审慎的关系，国际清算银行总经理安德鲁·克罗克特对宏观审慎与微观审慎的概念差异进行了界定：微观审慎政策关注单个金融机构的稳健性，防范的是个体风险（Idiosyncratic risk）；宏观审慎政策则强调，个体金融机构的理性行为从系统层面看可能并非理性（如银行在繁荣期扩张信贷可能引发金融危机，在衰退期紧缩信贷加剧金融不稳定），着眼于降低系统性风险（Systemic risk）发生的概率及随之而来的巨大成本（Crockett，2000）。关于货币政策与宏观审慎之间的关系，Brockmeijer 等（2011）认为，货币政策以维护价格稳定为首要目标，宏观审慎政策以降低系统层面的金融风险为目标。

关于宏观审慎政策的目标，Borio（2009）认为，宏观审慎政策的直接目标是降低金融系统压力，最终目标是避免与金融不稳定联系的产出损失。Caruana（2010）指出宏观审慎政策的目标是，通过处理金融机构间的相互联系与共同的风险暴露、降低金融体系的顺周期性从而降低系统性风险。

关于宏观审慎政策的范围，Brockmeijer 等（2011）的报告中指出，宏观审慎政策的定义，从狭义看是集中于用全系统的宏观视角建立的宏观审慎工具，从广义看是以维护金融稳定为目标的政策。根据张健华和贾彦东（2012），国际清算银行 William White 在研讨会上指出，宏观审慎政策包括为实现金融稳定目标的所有政策。

随着研究的发展，人们对宏观审慎理念的认识逐渐明晰。具体地，宏观审慎的方式是，从金融体系的稳定的视角进行监管。第一，通过将系统性风险的因素融入金融机构的决策规则（如中国银行业的新监管标准中，在银行资本充足率指标里，融入了银行的系统重要性因素），降低系统性风险。第二，增强金融体系的弹性，从而降低系统性风险发生后的影响（Liebeg 和 Posch，2011；Stournaras，2017）。简言之，维护金融稳定具有重要意义，而宏观审慎框架正是促进金融稳定的重要手段，而如何有效地防范系统性风险、增强银行抵御风险的能力、降低系统性危机发生的概率，则是宏观审慎框架的关键。

值得注意的是，正如国际清算银行货币与经济部主任 Borio（2015）强调，对于促进金融稳定，宏观审慎框架是一种非常重要的手段（an essential step）。而且他很巧妙地总结了宏观审慎框架在维护金融稳定这一关键性问题中扮演的角色，宏观审慎一定是解决问题的答案之一，但并不会是答案的全部（part of the answer，but cannot be the whole answer）。实现金融体系的稳定，宏观审慎框架是必不可少的。而且，宏观审慎与其他政策之间的协调配合也很重要。因此，本节将以金融稳定为研究主线，并在下一节通过对金融稳定与宏观审慎研究领域的高频关键词分析，开展后续各章研究。

1.5 研究领域的高频关键词

一直以来，“金融稳定”始终是人们很关心的问题。笔者手工整理了中国知网 1978—2018 年四十年来在核心期刊发表的金融稳定方面的相关文献，累计收集到2724条文献，根据文献资料的完整性，提取有效样本，数量为2654。分析发现，金融稳定相关文献中频率较高的关键词如表1－1所示。

表1－1　　高频关键词名称及排序表

排序	1978—2018年核心期刊高频词名称
1—5	金融稳定、金融、金融监管、财政金融、金融机构
6—10	货币政策、金融危机、银行、中央银行、金融风险
11—15	宏观审慎监管、系统性风险、宏观审慎政策、宏观审慎、银行业
16—20	金融业、金融创新、经济、金融监管改革、宏观审慎管理
21—25	中国人民银行、存款保险制度、金融安全、影子银行、道德风险
26—30	系统重要性金融机构、商业银行、金融危险、反洗钱、次贷危机
31—35	金融体系、金融行业、中华人民共和国、美国、金融稳定理事会
36—40	金融市场、金融不稳定、存款保险、系统性金融风险、金融发展
41—45	微观审慎监管、国际货币基金组织、金融稳定委员会、经济增长、中国人民银行法
46—50	美利坚合众国、北美洲、银行监管、资产证券化、资产价格

关于高频关键词具体的频率统计图，详见图1－1。改革开放以来，从总体上看，学术界对金融稳定的关注主要可以分为几类：

（1）监管层面：金融监管、宏观审慎监管、微观审慎监管、金融监管改革；

（2）政策层面：货币政策、宏观审慎政策；

（3）金融对经济的作用：金融业、经济增长；

（4）金融危机尤其是国际金融危机的影响：中国、美国、影子银行、金融市场、金融创新、金融危机；

（5）监管机构和相关机构：中国人民银行、金融稳定委员会、金融稳定理事会、国际货币基金组织。

在此基础上，我们对样本文献进行了细分。首先，分析1978—2007年金融稳定相关文献的高频关键词（见图1－2）。这类早期文献，体现了我国金融体系从形成到发展的过程。主要包括几类关键词：（1）金融领域的改革；（2）金融机构；（3）监管机构。

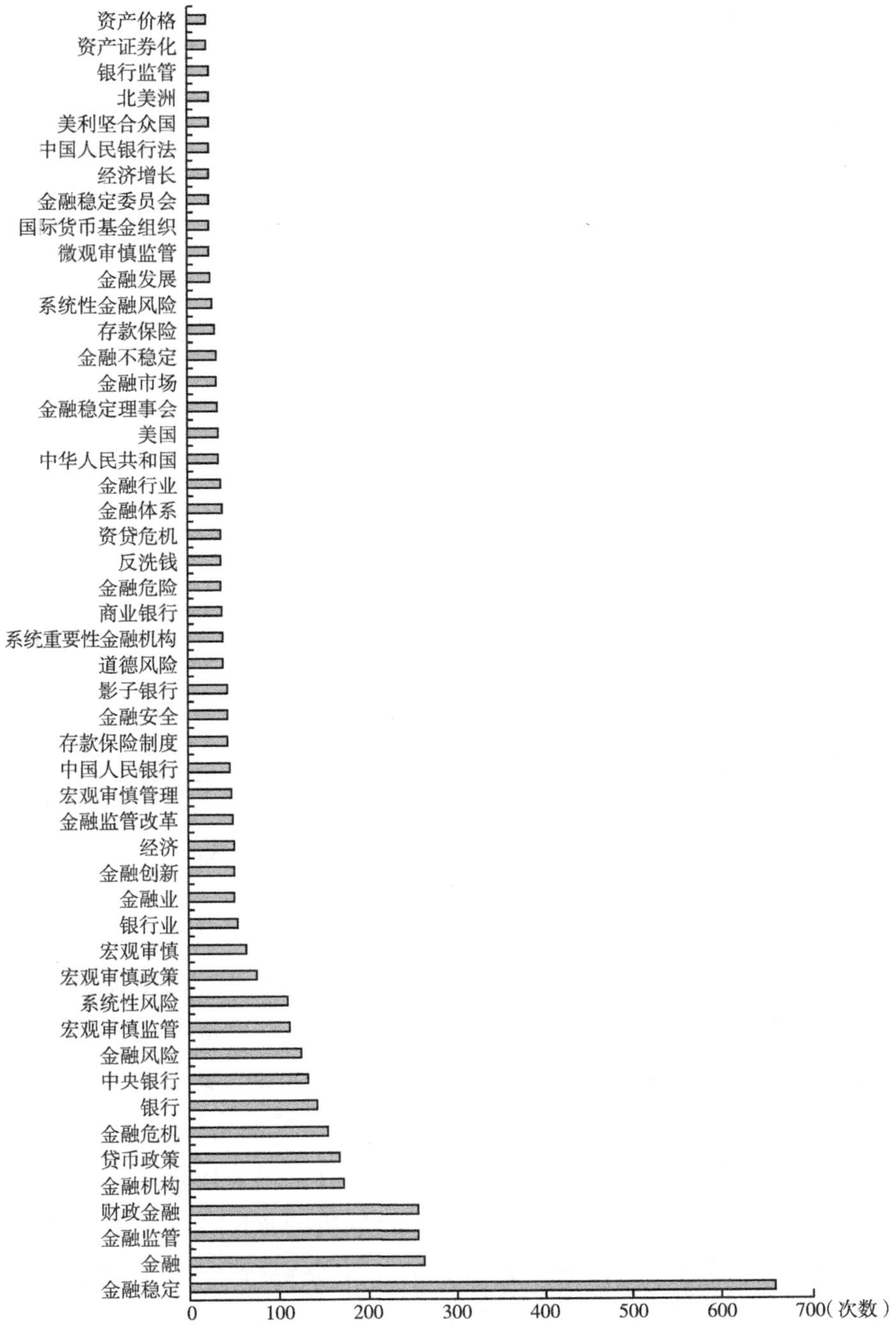

图1－1　全部样本金融稳定文献中的高频关键词

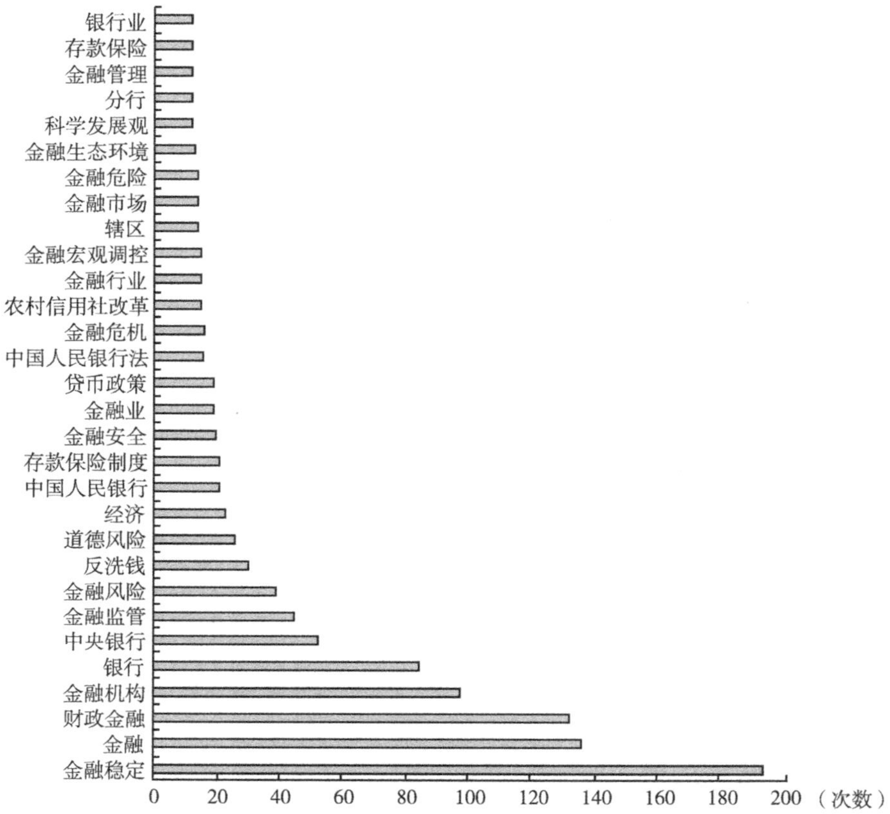

图1－2　金融稳定文献中的高频关键词（1978—2007）

在国际金融危机爆发后，金融稳定领域的相关文献出现了一定程度的新变化（见图1－3）。首先是，“金融稳定”的频率继续增加；其次，“金融监管”的关注度也大幅提升，2008年后的频率值与2007年及以前的频率值相比，增幅接近400%。此外，危机后出现几类“新词”，如“金融危机”、“宏观审慎监管”、“系统性风险”、“金融创新”、“系统重要性金融机构”等，体现了危机后监管理念的升级与更新。并且，围绕金融危机的预防，一些金融机构改革相关的词也成为高频关键词，如“中央银行”、“金融监管改革”。我们关注到一点，“银行”和“银行业”等始终出现在高频关键词的列表中，这充分地反映了银行业对于中国金融体系的稳定性的重要作用。

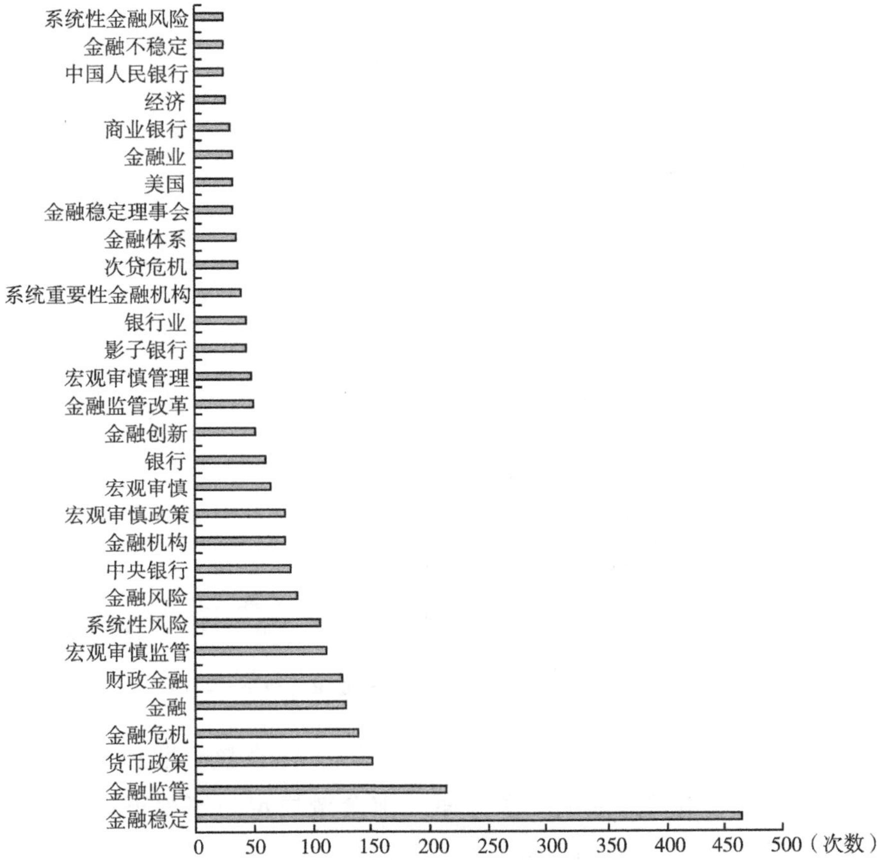

图1-3 金融稳定文献中的高频关键词（2008—2018）

我们手工整理了中国知网1978—2018年在核心期刊发表的宏观审慎方面的相关文献，累计收集1082条文献，其中有效样本的数量为1072个。由于国际金融危机前，宏观审慎领域的文献较少，因此高频关键词的统计区间为1978—2018年。由图1-4可见，高频关键词可分为几类：（1）强调宏观审慎应对“金融危机”、“金融风险”和维护“金融稳定”的特点。（2）在宏观审慎研究中，关注防范“系统性风险”（或“系统性金融风险”），要识别“系统重要性金融机构”。（3）宏观审慎领域的研究，着重分析“银行”或“银行业”。（4）宏观审慎领域的研究，属于新领域，体现了“金融监管改革”。

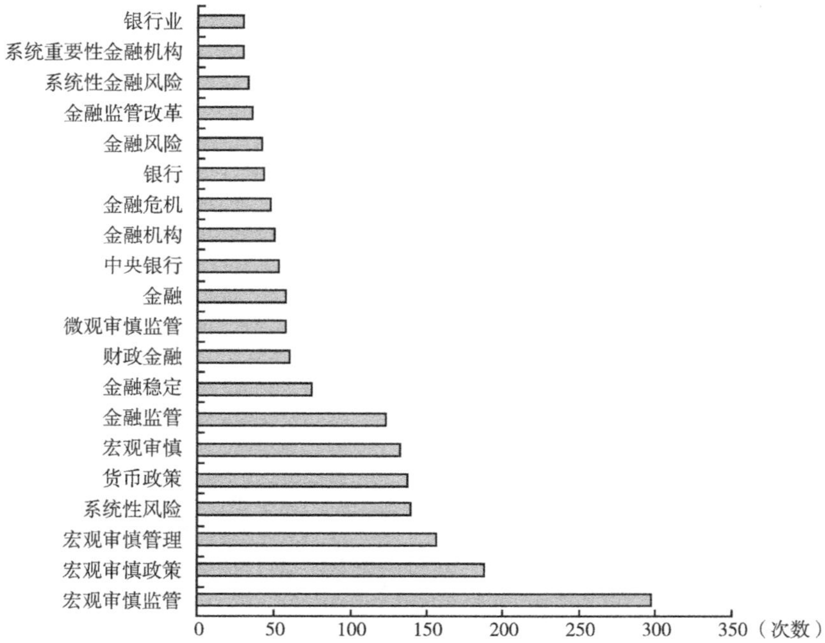

图1－4　宏观审慎文献中的高频关键词（1978—2018）

我们进一步整理了中国知网1978—2018年在核心期刊发表的金融稳定与宏观审慎方面的相关文献，取金融稳定与宏观审慎领域文献的交集。累计收集417条文献，其中有效样本的数量为415个，统计区间为1978—2018年。图1－5中的高频关键词可总结为以下几点：

（1）高频关键词“金融危机”表明，由于金融危机会对金融体系和实体经济产生巨大影响，因此学术界在金融稳定与宏观审慎领域开始了探索和深入研究。

（2）高频关键词“监管”和“金融监管改革”，彰显了金融监管对于维护金融稳定、宏观审慎对于监管改革的重要意义。“中央银行”关键词则体现了中央银行在加强宏观审慎监管和维护金融稳定中的重要作用。以中国为例，国务院金融稳定发展委员会的办公室设在中国人民银行（中国的中央银行），且2019年央行宣布新设宏观审慎管理局，加强宏观审慎监管。研究时，学术界多将其与传统的“微观审慎”和“货币政策”对比分析，具体内容我们将在第2章文献综述部分展开。

（3）“宏观审慎”、“宏观审慎管理”、“宏观审慎政策”和“宏观审慎监管”表明在这一全新领域，人们对宏观审慎的理念在逐渐明晰。

（4）“系统性风险”、“系统性金融风险”、“系统重要性金融机构”和“金融风险”是金融稳定与宏观审慎领域的研究热点。本研究在后续章节中，将围绕这一部分做深入研究。

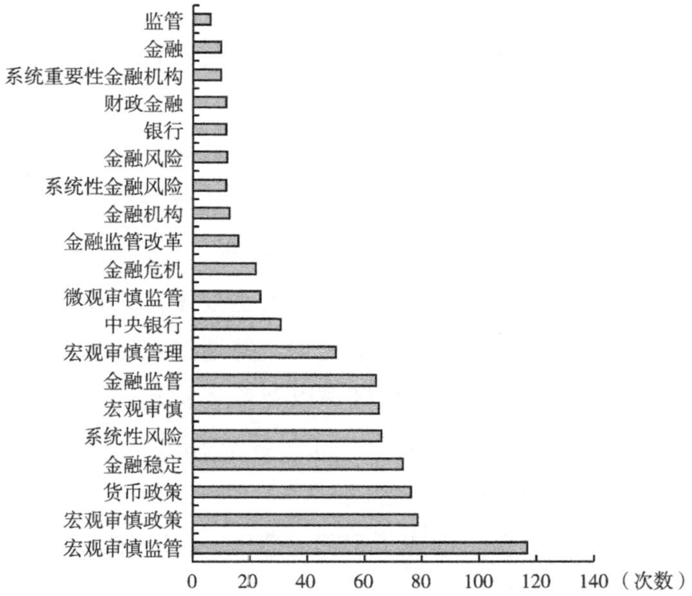

图1-5 金融稳定与宏观审慎文献中的高频关键词（1978—2018）

1.6 研究方法与结构安排

本书主题所强调的逻辑关系是：宏观审慎框架的核心是金融稳定，而金融稳定的关键在于系统性金融风险的防控。

本书运用文献研究法，通过搜集和整理文献，对文献进行梳理、归纳和总结。在国内外相关文献研究的基础上，总体把握当前金融稳定与宏观审慎框架的研究现状以及可能的创新点。

在此基础上，综合运用金融学、计量经济学、宏观经济学等各领域的理论与方法，并结合研究的最新进展，对金融稳定与宏观审慎框架领域的热点问题进行了深入研究。研究的主要内容包括以下几个方面：

（1）建立了中国银行业的系统性风险度量模型。通过系统梳理和深入分析，从主流的 8 类系统性风险度量模型中，选择采用 3 种 CoVaR 模型（静态 ΔCoVaR 模型、动态 ΔCoVaR 和 Exposure ΔCoVaR 模型），以上市银行为研究对象，选取 16 家银行作为样本，对银行业的系统性风险进行度量。

（2）通过数据包络分析（Data Envelopment Analysis，DEA）模型，建立了中国宏观审慎框架背景的银行业效率分析模型，测算了样本银行的技术效率、纯技术效率和规模效率。通过引入 Malmquist 全要素生产率指数模型，测算了样本银行的全要素生产率变化情况，并将其分解为技术效率的变化和技术变化，并通过银行业新监管标准下的资本充足率、贷款拨备率、杠杆率以及笔者构建的宏观审慎综合指数度量样本银行抵御风险的能力。通过建立超效率 SBM 模型，对效率值为 1 的银行进行进一步评估。

（3）通过统计分析，形成了 1978—2018 年 40 年来发表的金融稳定文献的关键词排行榜，发现“银行”和“银行业”始终出现在高频关键词列表中。以金融稳定相关研究为主线，以银行业为主体，以银行的多元化经营为切入点，构建面板门限模型（Panel Threshold Model，PTM）进行研究。

（4）在分析宏观审慎研究现状的基础上，通过收集和整理 108 个国家（或地区）的跨国面板数据，建立面板 Logit 模型，对宏观审慎政策的有效性进行研究。

（5）结论与展望。这一部分以上各章节的研究进行了总结，并提出政策建议。同时，结合数字经济时代的金融业发展情况，提出对金融稳定与宏观审慎框架研究的未来展望。

1.7 本书的创新点

本书以金融稳定为主线，系统、深入地研究了中国银行业。中国是一个银行主导型国家，并且上市银行在中国银行业的占比超过70%，研究上市银行的系统性风险情况具有重要意义。同时，构建108个国家或地区的面板Logit模型，从全球层面研究了宏观审慎政策的有效性。本研究的主要创新点包括以下几方面：

（1）首次将静态ΔCoVaR模型、动态ΔCoVaR和Exposure ΔCoVaR模型联合研究中国银行业，不仅测算样本银行对系统性风险的贡献，还测算了银行体系不稳定时样本银行的风险敞口。主要贡献有3点：

一是基于金融市场的日度数据，构建静态ΔCoVaR模型，计算出样本银行在正常状态、压力状态时的CoVaR值，对样本银行的系统性风险贡献（ΔCoVaR）进行了逐年的测算，测算了样本银行在2011—2018年和全样本期的系统性风险贡献，并根据其系统性风险贡献值进行排名，从而识别出对银行体系具有系统重要性的银行。

二是考虑银行体系收益率和银行收益率的“时变”特点，引入7类状态变量，包括利率风险、期限结构、信贷价差、流动性价差、房地产业收益率、股票市场波动率和股票市场收益率。在此基础上，构建了动态ΔCoVaR模型对样本银行的系统性风险贡献进行度量。

三是在动态ΔCoVaR的基础上，从反向视角，将银行体系收益率和银行收益率在模型中的角色互换，构建了Exposure ΔCoVaR模型测算了整个银行体系不稳定时单个银行的风险敞口，这将有助于银行进行风险管理。

（2）建立数据包络分析（DEA）模型，研究了宏观审慎框架背景下的中国上市银行效率，并创新性地采用箱型图进行异常值识别，采用 isotonicity test 检验了模型设定的合理性。同时，本书创新性地采用了银行业新监管标准中的 3 个指标，分别是资本充足率、贷款拨备率、杠杆率，并首次构建了宏观审慎综合指数，对股份制银行、国有银行和城商行的宏观审慎指标发展情况进行了分析。本书还创新性地将动态 ΔCoVaR 模型测算的银行系统性风险贡献值与 DEA 模型相结合，从盈利能力和风险两方面综合度量银行的效率水平。

（3）创新性地建立面板门限模型，采用 Herfindahl - Hirschman 指数衡量银行的多元化水平，分析了多元化对金融稳定和盈利能力的非线性影响。同时，创新性地用熵指数衡量银行的多元化水平，检验了结果的稳健性。

（4）目前，宏观审慎，是一个相当新的研究领域（Buch、Vogel 和 Weigert，2018）。全球范围内的政策制定者都在这一领域开展着研究。从国际层面看，评估宏观审慎工具有效性的实证研究仍然是稀少的（Galati 和 Moessner，2013）。因此，笔者通过手工收集和整理，得到了 108 个国家（或地区）的跨国面板数据库，创新性地从全球层面探讨了宏观审慎政策工具的有效性（effectiveness of macroprudential policy instruments），并做深入分析。同时，讨论和分析了借款人、金融机构导向型的宏观审慎政策的有效性。基于对样本国家（或地区）类型的划分，研究了宏观审慎政策在不同类型的国家（或地区）的效果差异，总结形成建议。

1.8 技术路线

本研究的技术路线图，如图 1 - 6 所示。

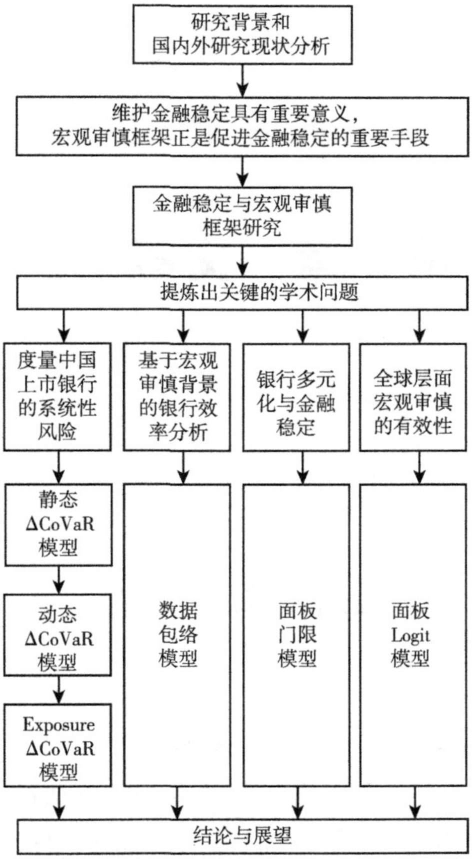
研究背景和
国内外研究现状分析
维护金融稳定具有重要意义，
宏观审慎框架正是促进金融稳定的重要手段
金融稳定与宏观审慎
框架研究
提炼出关键的学术问题
度量中国
上市银行
的系统性
风险
基于宏观
审慎背景
的银行效
率分析
银行多元
化与金融
稳定
全球层面
宏观审慎
的有效性
静态
ΔCoVaR
模型
动态
ΔCoVaR
模型
Exposure
ΔCoVaR
模型
数据
包络
模型
面板
门限
模型
面板
Logit
模型
结论与展望

图1-6 技术路线图

第2章 文献综述

2.1 引 言

本章的主要脉络是：第一，从金融稳定评估方法开始梳理，对早期预警系统、压力测试和综合指数法等评估方法的研究文献进行分析，梳理出这些方法的主要特点。关于金融稳定的热点分析和文献述评，将在第5章中阐述。第二，系统性风险。对风险形成的理论从早期理论、危机后和其他视角进行分析。从系统性风险典型特征的几个方面（外部性明显、强传染性、隐蔽性）进行了总结。第三，系统性风险的识别与度量，分别从监测预警、风险传染和评估系统性风险损失视角3个视角进行分析。第四，系统性风险的主流度量方法，从矩阵法、网络模型、CoVaR模型、系统性风险指数法、边际期望损失和系统性期望损失法、SRISK方法、成分预期损失法8种方法的特点进行了分析。第五，金融监管理念的发展历程。分别从危机凸显传统监管框架的不足、危机后的监管理念反思、宏观审慎框架的目标与工具、宏观审慎政策协调4个方面进行述评。第六，金融监管的国内外发展与最新进展。国际金融危机以来，各国政府和国际金融组织着力提高防范系统性风险、维护金融稳定的能力，这一部分从国外金融监管最新进展和中国金融监管发展历程进行了总结。根据以上对文献的梳理和分析，本章在小结中提出了本书研究的学术问题，将在后续的各章中做进一步的研究。

2.2　金融稳定评估方法

关于金融稳定水平的评估方法可以分为三类：早期预警系统、压力测试和综合指数法（Albulescu，2010）。

2.2.1　早期预警系统

关于早期预警系统的代表性文献，主要有 Kaminsky、Lizondo 和 Reinhart（1998）、Frankel 和 Rose（1996）、Sachs、Tornell 和 Velasco（1996）。这种方法主要基于历史数据，寻找金融危机可能的影响因素，构建可以预测危机的监测预警指标体系。

适逢东南亚货币危机爆发，政策制定者与研究人员希望能够通过开发一个监测预警系统，能够及时、准确地探测到货币危机爆发前兆，从而采取应对措施。Kaminsky，Lizondo 和 Reinhart（1998）提出了“KLR 信号模型”（用三位作者的英文名首字母命名），在 KLR 模型中，危机被定义为货币的显著贬值或是外汇储备的大幅下降，通过外汇市场压力指数（本国货币兑美元汇率的月度变化值和外汇储备的月度变化值的加权平均值）进行量化，Kaminsky 等人构建了一个调整后的“噪音－信号比率”，综合考虑各类情况，使得该指数最小，使模型尽可能正确发出信号（模型在应当预警时发出信号，在不需预警时不发出信号），从而确定各指标的门槛值。一旦某个指标与正常水平的偏离超过了特定的门槛值，也就是说该指标发出了预警信号，可以判定货币危机将在未来的 24 个月内发生。在 Frankel 和 Rose（1996）的“FR 模型”中，货币危机被定义为一国货币的名义汇率贬值超过 25%，且超过上一年度汇率贬值率的 10% 以上。他们基于

100 个发展中国家从 1971 年到 1992 年的年度面板数据，建立了一个 Probit 回归模型，被解释变量用 0、1 分别表示货币危机未发生与发生，监测指标包括多种可能与危机有关的变量，解释变量的系数为正表示该变量每增加一个单位，危机发生的概率越大。STV（以三位作者的英文名首字母命名）模型中，选取 20 个新兴市场国家的截面数据，采用本国货币相对美元的贬值率与外汇储备变化率的加权平均值表示金融危机的程度（“危机指数”），解释变量包括实际汇率的变化率、国内信贷规模、货币供给 M2 占外汇储备的比率等因素，STV 模型通过线性回归发现实际汇率高度升值、信贷繁荣与低水平的外汇储备的国家更容易发生危机（Sachs、Tornell 和 Velasco，1996）。

2.2.2 压力测试

压力测试的基本思想是，通过模拟极端的压力情景，分析其对金融体系的影响来评估金融的稳定性。代表性文献见 Wilson（1998）、Virolainen（2004）和 De Bandt 和 Oung（2004）。

李江和刘丽平（2008）指出，压力测试的经典步骤是，首先研究金融稳定性指标与可能的风险因子之间的关系，然后通过设定压力情境（设置一种情境下各风险因子的参数）来模拟评估金融体系在这种情况下的稳定性水平。他们通过 Logit 模型研究了几类宏观经济指标与银行系统的信用风险之间的关系，然后设定了经济增速放缓和物价水平上升的两种压力状态，发现经济放缓时银行的信贷风险虽有增加，但从影响程度上看，在物价上升的压力状态下，银行信贷风险的增幅更大。杨柳（2011）首先建立 Logit 模型，分析国家层面指标（GDP、CPI、M2）和地方层面指标（武汉市的消费、投资等）等因素与银行的信用风险之间的关系，再设置经济增速下降的不同压力情境，发现武汉的大部分股份制银行在此情境下信用风险显著上升，而大部分国有银行的信用风险水平并没有明显上升，比较而言，国有股份制商业银行的稳定性更好。

2.2.3 综合指数法

Fell 和 Schinasi（2005）指出，金融稳定水平的衡量可以通过其组成元素的综合来实现，这清晰地反映了综合指数法的主要思想：由于每个基础指标仅能反映复杂的金融稳定状况（或者金融压力状况）的一个侧面，需要将各类指标合成，形成一个综合指数，再考察指数的效果（郭红兵和杜金岷，2014；张晶和高晴，2015）。目前国内外已形成诸多研究成果，代表性文献如下所示。这些成果根据不同时期和国家的特点编制，差别主要存在于选取的指标、构建方法与指标的权重。

Illing 和 Liu（2006）则综合银行、外汇、债市、股市的市场指标（日度数据）构建了一个金融压力指数，刻画加拿大金融体系的脆弱性。Nelson 和 Perli（2007）选取了 12 个微观指标，作者先将这 12 个指标简化为三个描述性统计指标，反映美国金融体系各时期的水平、变化率与相关性，再基于 1994—2002 年的周度数据构建 Logit 模型（其中 1998—2001 年设定为“危机时期”），完成指数的合成。

Van den End（2006）建立了荷兰的金融稳定状况指数。他认为，金融稳定指数应当考虑金融机构的因素，因为金融机构会对实体经济产生影响（比如，流动性不足的银行会通过减少贷款的方式放大加息对经济的影响），他采用金融机构的股价波动率，用其来度量金融机构面临的不确定性和违约风险，并考虑了金融机构的偿付能力和抵御冲击的能力。这一指数在分析 6 个 OECD 国家和荷兰的金融稳定状况时取得了很好的效果。

Gersl 和 Hermanek（2007）构建了一个银行业稳定指数。由于捷克共和国的上市银行数量有限，基于金融市场价格信息的金融稳定指数并不能直接用于分析捷克的金融体系的稳定状况，因此他基于银行的流动性、利率风险、汇率风险、盈利能力、资本充足水平和资产质量这六个角度的指标形成金融稳定指数，研究了捷克 1997—2006 年的金融稳定状况，发现该指数很好地体现了捷克在 1990 年爆发银行危机后的三个阶段（从“衰退”到“复苏”，再到“稳定”）。

Albulescu（2010）构建了一个罗马尼亚稳定指数，这个指数既体现了经济体的脆弱性（如国内物价水平、预算赤字水平、汇率波动等），也考虑了国际经济形势因素（全球物价水平、经济增长水平）。

由于罗马尼亚的金融体系中银行部门发挥着重要的作用，因此指数中的金融稳健性指标多为信贷类指标，如银行的不良贷款率、资本充足水平，稳定指数还融入了对金融部门发展状况的度量（如罗马尼亚的金融发展水平、利率自由化水平等）。指数很好地反映了，罗马尼亚1998年发生银行业危机及2008年受美国次贷危机影响的状况。

郭红兵和杜金岷（2014）认为，在构建金融稳定指数时，由于各指标对稳定指数的影响程度是不同的，应当设定不同的权重。他们基于无约束的误差修正模型（Unrestricted Error Correction Model，UECM）模型的参数估计结果构造各指标的权重系数，发现利率、房价对中国金融稳定状况的影响程度最高。他们还根据稳定指数的平均值和标准差设定稳定指数的上下边界，发现指数很好地解释了欧债危机时期中国金融不稳定的状况。

徐国祥、郭建娜和陈燃萍（2017）认为，金融稳定体现为金融体系能抵御冲击、金融功能正常运行，他们建立的金融稳定指数的权重是根据经济增长指标对各变量的脉冲响应结果计算得到的，测算结果尤其符合2008年、2015年中国金融体系的实际情况。此外，他们还通过交叉谱分析，发现这一指数对GDP指数等指标具有领先能力，且结果在统计上是稳健的。

2.3 系统性风险

2.3.1 风险形成理论研究

（1）早期理论分析

早期的理论文献主要可分为“金融脆弱性”、“银行挤兑”、“信息不对称”、“风险传染”。Minsky（1982）提出了著名的“金融脆弱性”理论，Minsky的金融脆弱性是系统性的，在经济扩张时期内生形成，也就是说，经济周期波动不是由外部冲击引起的，经济周期的历史表明，资本主义经济是“内在”不稳定的（Skott，1994；瞿强，

2004）。Diamond 和 Dybvig（1983）提出了银行挤兑理论，他们认为存款者的羊群行为引发银行挤兑，如果存款者认为银行不会发生挤兑问题，银行将会幸存，如果存款者认为其他人会去挤兑，那么他的最优策略是取款，存款者竞相取款的行为形成了银行挤兑（常巍和任少华，2004；邹新月和李思慧，2009）。Mishkin（1990）在 Akerlof（1970）、Stiglitz 和 Weiss（1981）提出的信息不对称理论基础上，认为该理论能够很好地解释金融危机的本质及其对实体经济产生的重要影响。Chakravorti（1996）从多边净额结算支付系统的视角分析了银行间的风险传染效应。Elsinger（2006）从网络视角研究了银行间的风险传染。

（2）危机后的分析

在不同的时代背景（20 世纪 70－80 年代的墨西哥货币危机与阿根廷货币危机、20 世纪 90 年代的欧洲货币危机）下，Krugman（1979）、Obstfeld（1994，1996）和 Krugman（1996）形成了第一代、第二代货币危机模型（刘明兴和罗俊伟，2000）。Krugman（1979）认为危机源于错误的政府政策。Obstfeld（1994，1996）和 Krugman（1996）则将危机归因于预期而非政府政策。1997—1998 年发生的亚洲金融危机引起了诸多学者的兴趣，McKinnon 和 Pill（1997，1998）强调了有效的银行监管的重要性，他们认为，为应对市场失灵而形成的政府对银行的隐形担保制度产生了道德风险问题，与不充分的审慎监管一起引发了银行的过度借贷，随着风险不断积聚，最终导致危机的爆发。关于类似的研究，可见 Mishkin（1999）、Krugman（1999）和 Corsetti 等（2001）。

（3）其他视角分析

另外，也有学者从财政赤字、金融自由化等分析了系统性风险的成因（Mihaljek 和 Tissot，2003；Dell'Ariccia 和 Marquez，2006）。以 Bernanke（1990，1994，1999）为基础形成的“金融加速器”理论研究风险的形成，通过将金融摩擦纳入分析框架，“金融加速器”理论能够解释在信息不对称情况下微小的冲击通过金融系统放大的机制（杜清源和龚六堂，2005；何德旭和张捷，2009）。Borio（2003）则将系统性风险划分为时间维度与横截面维度。根据国际货币基金组织等在2011年的报告中明确指出系统性风险存在两大维度：时间维度的系统性风险指作用在金融体系内、金融系统与实体经济之间的金融系统内在的顺周期性产生的累积放大机制，横截面维度的系统性风险则反映了金融系统在特定时间点的风险分布（IMF、BIS和FSB，2011）。

2.3.2 系统性风险的典型特征

（1）外部性明显

长期以来，负外部性被认为是系统性风险的重要来源（Duarte和Eisenbach，2018；葛鹏飞和黄秀路，2019）。根据李敏（2019），系统性风险的负外部性特点，可以理解为由于金融机构逐利而不限制自己的高风险行为，导致风险蔓延至其他机构，最终影响到整个金融体系的稳定性。

Cont和Schaanning（2017）指出，在资本约束下，外部冲击导致金融机构出售资产，资产的降价出售会通过盯市制度传染到其他资产上，即便机构之间没有直接的联系，但它们持有共同的资产，这就会形成一种价格传导的传染（price－mediated contagion），大规模传染引发系统性风险。他们的模型显示，这种传染机制在冲击规模小于10%时对银行系统的损失贡献可达到20%，并在冲击规模超过10%后会显著上升，对整个银行系统的损失贡献接近70%。根据范亚舟（2018），这种外部性体现为两方面：金融体系自身的顺周期性，及金融机构间由于相互关联（直接的联系）和共同风险敞口（间接的联系）引发的风险扩散机制。

（2）强传染性

目前，随着全球经济一体化的持续深入、金融业务网络日趋复杂、互联网科技的普及和迅猛发展，系统性风险表现出很强的传染性，体现在传染速度快、传染范围广以及传染过程中的风险放大机制。即便系统性风险的冲击源就像巴西的蝴蝶扇动翅膀那么小，但通过多种渠道快速传染。在风险扩散的过程中，市场上的金融机构可能会同时为维护自身利益作出“迅速抛售资产”的“明智选择”，也可能会误读风险的影响程度产生过度恐慌的心理而大量抛售资产，这样一来，小小的冲击也可能迅速传染到全世界的每个角落，并且很有可能在风险传染的过程中形成“降价出售 - 市场缺乏流动性 - 以更低价格出售”的自反馈循环。

此外，系统性风险的传染性可能并不局限于金融体系内的传染性，更体现在金融体系对实体经济的影响，不仅体现在经济增速上，还体现在经济增长的质量上，甚至这种影响会波及多个国家。笔者以 2008 年美国金融危机产生的影响为例分析：

从微观层面看，根据笔者收集的数据，2008 年 9 月 15 日，美国大型金融机构 Lehman Brothers Holdings 宣布破产当日，纳斯达克指数下跌超过 3.5%，标普 500 指数下跌超过 4.7%，受此消息影响，9 月 16 日经 225 指数下跌超过 600 点，跌幅高达 4.95%；

从宏观层面看，根据 Eichengreen 等（2017）的测算，金融危机对实体经济的影响并不仅仅局限于贸易减缓、信贷可得性降低，经济增速放缓通常伴随着生产率水平的下降，危机后许多国家的全要素生产率增速明显下降，巴西和墨西哥的全要素生产率甚至转为下降，危机影响的范围也很广，发达国家、新兴市场国家等均被波及，全球范围内有 77 个国家的全要素生产率将在连续 5 年内每年下降 1%，52 个国家连续 10 年全要素生产率下降超过 1.5%。

（3）具有一定程度的隐蔽性

系统性风险的隐蔽性特点，主要体现在几方面：

第一，在全球金融体系“自由化”浪潮以及此起彼伏的“松监管 - 危机 - 紧监管 - 松监管”的大背景下，全球各地的金融机构为追求更高收益、提升国际竞争力、扩大国际影响，经营范围往往不再局限于某一个国家，金融机构之间的行业分界日趋模糊，经营的业务也逐渐日趋多元化发展，越来越多的金融机构开始采取综合经营的模式，一些大型金融机构甚至组建形成金融控股公司，这也将成为全球金融机构发展的大趋势。在此背景下，系统性风险的形成具有一定程度的隐蔽性。

第二，由于金融体系内在的顺周期性，在经济繁荣时期，金融体系处于上行期，行业偏乐观情绪，可能会表现为投资方向趋同或偏向于投资高收益高风险的领域，系统性风险将逐步积累。一旦经济增速放缓或由于偶然的外部冲击影响，金融体系隐藏的系统性风险会迅速暴露并传染和扩散。此外，由于信用评级公司评级也具有顺周期性的特点。根据周嘉（2015），本次国际金融危机爆发前，评级公司对一些金融产品的评级过于乐观，这会导致依赖信用评级的资本充足率监管失效。而危机后，评级公司的评级转向过大，并且会对投资者选择产品构成“误导”，信用评级的可靠性降低加剧了系统性风险的积累。

第三，随着金融业的不断发展，一些金融产品逐渐复杂化，被包装成看似“风险低收益高”，市场透明度降低，却隐藏着巨大的风险。

2.4 风险识别与度量

2.4.1 监测预警视角

从监测预警视角的代表性文献有：

史建平和高宇（2009）利用主流的早期预警系统 KLR 模型对新兴市场国家进行分析，结果显示 KLR 模型的预警绩效较好，并预测，尽管现阶段新兴市场国家尚未爆发全面的金融危机，但部分国家经济、金融形势已逐步恶化，未来发生危机的概率较高。

胡援成和康鸿（2010）采用 BP 神经网络方法构建了主权债务危机早期预警系统，分析了 54 个发展中国家 1991—2006 年宏观经济及债务状况，研究显示该系统能够较好地预警未来三年内出现的主权债务危机事件。郑国忠（2014）分析比较了面板 Logit 及 BP_Adaboost 模型对新兴经济体债务危机预警的效果，研究显示，相对于经典的 KLR 模型的指标体系而言，包含国内、中间及外在冲击三种因素指标体系预警效果更佳，危机关于国内、中间因素反应更大，外部冲击则具有短期传染性，但长期非主导因素。此外，林谦和王宇（2007）认为，早期预警系统是以已经发生过危机的国家为基础建立的预警体系，直接运用国外的预警模型对我国的金融安全和金融危机的状况和程度进行监测存在一定的局限性，应结合我国国情进行早期预警系统的设计。

2008 年国际金融危机爆发前，几乎没有一家权威的预测机构发出预警信号，因此，早期预警系统的理念、方法、关于危机的定义以及监测内容应当与时俱进、不断推陈出新（解凤敏和何凌云，2011）。

2.4.2　风险传染视角

关于风险传染的代表性文献，主要是通过矩阵法、网络模型来分析金融机构间风险的传染效应，详见 Upper 和 Worms（2004）、马君潞等（2007）、Müller（2006）、黄聪和贾彦东（2010）。

Upper 和 Worms（2004）基于德国银行资产负债表数据构建矩阵法模型估计银行系统的双边风险传染，发现在损失率大于 40% 的情况后随着损失率逐步增加，银行间风险传染的“多米诺骨牌效应”显著增强。马君潞等（2007）考虑到数据的可得性，选用矩阵法估算了我国银行系统的双边传染风险，分析了不同损失率情况下，单个银行倒闭及多个银行同时倒闭的传染效应。

Müller（2006）设计了网络模型，基于瑞士国家银行的银行层面银行间市场数据，发现对于瑞士的银行业同业市场而言，信用额度传染渠道比传统的风险敞口传染渠道更重要。黄聪和贾彦东（2010）基于中国银行间支付数据，构建了一个由五类银行组成的银行间流动性风险传染网络，研究发现，四大国有银行在银行间网络起着关键作用。

从风险传染视角度量系统性风险的研究还有以下几类模型，如共同风险（Co－Risk）模型，基于金融市场数据，关注金融机构由于共同风险因素（采用了相同的商业模式或会计准则）形成的系统性关联（IMF，2009）。Segoviano 和 Goodhart（2009）提出了危机依存度矩阵模型（Distress－Dependence Matrix）。Giesecke 和 Kim（2011）提出了违约强度模型法（Default Intensity Model）。

2.4.3 评估系统性风险损失视角

关于评估系统性风险损失视角的代表性文献见 Adrian 和 Brunnermeier（2011，2016）、Acharya 等（2010，2012，2017）、Brownlees 和 Engle（2016）。

Adrian 和 Brunnermeier（2011，2016）提出了“CoVaR”的理念，其中的“Co”表示条件，CoVaR 衡量的是一个金融机构遭遇金融压力时整个金融体系的在险价值（VaR）。ΔCoVaR 是金融机构分别处于金融危机时和正常状态时 CoVaR 的差值，衡量了该金融机构对系统性风险的贡献。

Acharya 等（2010，2012，2017）提出边际期望损失（Marginal Expected Shortfall，MES）和系统性期望损失（Systemic Expected Shortfall，SES）方法。MES 度量了未发生危机时单个金融机构对系统性风险的边际贡献。SES 则度量了发生危机时单个金融机构对系统性风险的边际贡献。

在 Acharya 等（2010）基础上，Acharya 等（2012）、Brownlees 和 Engle（2016）提出了 SRISK 方法衡量系统性风险。其他方法还有 Lehar（2005）、Gray 和 Jobst（2010），他们提出和完善或有权益分析（Contingent Claims Analysis，CCA），目前应用这类方法的研究较少。

2.5 系统性风险的主流度量方法

2008 年美国次贷危机的爆发，引发了监管当局和学术界对系统性风险概念和度量的深入思考与理念革新。此前，传统的金融监管体系侧重于关注个体金融风险，而忽视了金融体系的系统性风险，导致金融体系、宏观经济受到严重影响，风险迅速传染扩散到许多国家。

2.5.1 矩阵法

由于银行间存在着相互关联，存在着风险传染效应（Freixas、

Parigi 和 Rochet，2000；Allen 和 Gale，2000），当单家银行的损失超过可供清偿的资本总额时，银行会发生倒闭，从而引起另一家银行倒闭，最终导致发生系统性风险。

矩阵法的核心思想是信息熵越低表明银行系统更有序，用系统的复杂性大小来判断风险的大小，主要通过基于银行间资产负债表构建初始矩阵，求解最优信息熵矩阵即银行间风险敞口矩阵，并通过设定不同损失率水平分析一家银行倒闭引发的传染效应（巴曙松等，2011）。早期的代表性文献见 Sheldon 和 Maurer（1998）、Furfine（2003）。

Upper 和 Worms（2004）基于德国银行资产负债表数据构建矩阵法模型估计银行系统的双边风险传染，发现在损失率低于 40% 的情况下，受损资产的最高百分比仍然很低，但随着损失率逐步增加，银行间风险传染的“多米诺骨牌效应”显著增强，特别是当损失率超过 75% 时，大约 100 家银行将遭受冲击，此时传染效应最强。

李宗怡和李玉海（2005）使用矩阵法分析我国银行业同业拆借市场，估算结果表明，1996—2002 年，我国银行间风险传染效应基本局限于第一轮，在 1996 年，因风险传染而可能倒闭的银行数目高达 15 家，相当于银行系统资产的 90.70%，而到 2002 年，倒闭银行的数量、资产占比均呈现显著下降。

马君潞等（2007）考虑到 21 世纪初期我国大部分银行尚未上市、银行业可用数据长度较短且银行间相互关联数据中仅可获取同业拆借数据，而矩阵法所需数据易于获取、对数据的要求低，他们基于 2003 年银行业的资产负债表数据，采用矩阵法估算了我国银行系统的双边传染风险，分析了不同损失率情况下，单个银行倒闭及多个银行同时倒闭的传染效应。结果表明，在单个银行倒闭的情况下，在 127 家商业银行中 125 家银行的单独倒闭并不具有传染效应，但他们模拟发现，假如两家大型银行倒闭，会产生传染效应，两家银行引发的传染效应与损失率之间的变化关系存在异质性，且其中一家银行更容易引发银行间风险传染。在多家银行同时倒闭的情况下，随着银行数量增加，系统性危机发生的门槛有所降低，但传染过程与影响程度并未发生明显变化。当这家银行加入倒闭银行组后，系统性风险发生的概率显著增加，即多家银行倒闭情况下传染影响的严重程度取决于倒闭组银行的构成。类似的研究还可见史永奋和崔林林（2013）。

随着中国金融体系的发展与完善，一些学者在传统模型基础上进行了一定程度的改进。国内研究方面，高国华和潘英丽（2012）研究了61家银行2009年的银行间市场双边传染风险，从信用违约和流动性风险两个角度分析传染效应，研究发现：2009年我国受违约冲击可能破产的银行数量显著下降，抵御风险能力明显增强；从银行类型看，中国银行、工商银行、建设银行、交通银行、农业银行在银行间市场具有系统重要性影响，他们认为，这类银行的破产将引发平均25家银行产生10%以上的资本损失。

王明亮等（2013）认为，Allen和Gale（2000）提出的三种银行间市场结构（完全市场结构，银行间均相互拆借；非完全市场结构，银行只和相邻银行拆借；不连通市场结构，银行只与几个银行拆借）和Freixas等（2000）提出的货币中心结构（银行只和几家中心银行拆借，银行之间不相互拆借）并不能很好地反映我国银行现状，他提出，在银行间市场同类型银行之间的拆借更频繁，且小银行有向大银行拆借资金的倾向，即“拆借偏好”，应当考虑这些因素。基于2011年资产在千亿规模以上的50家银行的数据，研究发现，具有拆借偏好的银行间市场传染效应相对于货币中心和完全市场结构时更为严重。

邹薇和李娜（2014）指出，非银行金融机构自2000年以来能够参与同业拆借市场，他们基于矩阵法的测算结果表明，考虑非银行金融机构的银行间市场的传染源银行数量与系统性风险均显著提高。

钱水土和金崇赞（2016）将产能过剩行业企业贷款违约作为冲击，研究了18家商业银行2008—2015年的风险传染效应，结果表明，我国银行业冲击阈值逐年增加，商业银行抵御外部冲击能力逐渐增强，小型股份制商业银行与城市商业银行更容易受到其他银行的风险传染。

唐振鹏、冉梦、黄蓝青（2020）综合考虑银行挤兑冲击、流动性冲击、信用违约冲击这三种系统性风险传染途径的影响。模型结果显示，部分股份制商业银行的倒闭有可能引发其他银行的倒闭，其具有显著的传染效应。研究认为，这与相关银行的同业负债在当年同业负债市场上占有相当大的比重有关。

国外研究方面，de Souza、Silva 和 Tabak（2016）基于银行资产负债表数据，通过网络模型计算银行金融压力水平，并与银行的违约概率结合，形成一种全新的网络模型。结果表明，对于巴西银行业，由于中型银行相对大型银行的违约概率较高，中型银行是系统性风险的主要贡献者。

2.5.2　网络模型

国外方面，Müller（2006）指出，矩阵法研究衡量的是银行间源于存贷业务的风险传染，银行间风险传染的渠道还存在另一种渠道——信用额度，他设计出了一种网络模型，具有如下特点：在银行间市场存在一个或者几个重要银行，这些银行与市场上的许多银行进行交易，且银行间债务很大，重要银行的倒闭将导致许多银行直接或间接地受到影响，而且它们在传导或停止传导溢出效应方面具有关键作用。基于瑞士国家银行的银行层面银行间市场数据，Müller 构建了完整的银行间风险敞口矩阵，研究发现对于瑞士的银行业同业市场而言，信用额度传染渠道比传统的风险敞口传染渠道更重要，银行间连接的结构也对银行间市场的系统稳定性有很大影响。

国内方面，基于中国银行间支付数据，黄聪和贾彦东（2010）构建了一个由政策性银行、四大国有商业银行、股份制商业银行、农村信用社和外资银行组成的银行间流动性风险传染的网络模型度量中国银行网络的稳定性，研究发现，四大国有银行在银行间网络起着关键作用，其中任何一家银行在发生流动性冲击会对整个网络产生严重影响，股份制银行的联系较广，但对网络的影响小于四大国有银行。

贾彦东（2011）在黄聪和贾彦东（2010）的基础上扩展，利用网络模型计算的冲击损失（由该金融机构违约风险引发的全系统直接损失相对于金融系统资金总量的比率）和合作博弈模型测算的 Sharpley

值（包括该机构与不包括该机构的系统性风险水平之差，即该机构对系统性风险的“贡献”）度量了特定时点单个金融机构对系统性风险的“直接贡献”和“间接参与贡献”，研究综合考虑各银行的两类“贡献”测算得到总的系统性风险“贡献”（即金融机构的系统重要性），结果与黄聪和贾彦东（2010）的研究一致，大型国有银行、股份制银行基本为中国最重要的银行，且从2007年到2010年排名变化不大，但中小银行和外资银行的排名变化较大。

基于2006—2011年银行间市场中各类金融机构拆出与拆入资金数据构建金融机构间关联网络模型，分析金融危机前后我国银行业系统性风险的特征。结果显示：2006—2011年任一类型金融机构对其债权人违约均不足以引发违约传染，即这一阶段银行业不会发生系统性风险（李守伟、何建敏和孙婧超等，2014）。

周海林、盖曦和吴鑫育（2015）在银行同业拆借市场网络模型中考虑银行风险投资与存款波动因素的影响，结果表明，系统性风险在金融危机各个时期的传导效应不尽相同。在我国适度宽松的货币政策与四万亿财政刺激政策的背景下，银行业流动性增大，经济开始复苏，银行收益增加也一定程度上增加了银行的流动性，因此模型模拟的银行没破产数目在2009年第1季度到2011年第4季度较金融危机前有所下降，但自2012年第1季度开始，银行业系统性风险传导效应转为上升。

方意（2017）在传统仅包括银行破产的网络模型基础上加入去杠杆－降价抛售机制，研究中国房地产贷款违约冲击与地方政府融资平台违约冲击对银行体系系统性风险的影响。研究发现，房地产贷款违约冲击引起的传染风险是系统性风险的重要来源，大型商业银行、股份制商业银行、城市商业银行的传染损失依次增加；对于地方政府融资平台贷款违约冲击，结果显示大型商业银行受平台贷款违约的影响明显小于股份制和城市商业银行；与传统的网络模型相比，引入新传染机制的网络模型的传染损失更高，传统网络模型忽视了这一重要的传染机制，降低了其作为风险预警指标的效力。

中国人民银行西安分行课题组的白鹤祥、袁庆春和钱皓等（2018）

构建了以影子银行为中心节点的金融机构间网络模型，并采用模拟方法分析不同情境下影子银行风险的传染效应，发现网络集中程度越高，系统性风险越高。

其余研究如隋聪和王宗尧（2015）、左振宇、李守伟和何建敏（2012）从银行业网络结构的特点角度进行了研究。

2.5.3　CoVaR 模型

CoVaR 的理念和方法，最早由 Adrian 和 Brunnermeier（2011）提出，并发表于 2016 年第 7 期的《American Economic Review》上。目前，由于 CoVaR 是基于金融市场数据生成，能够动态反映各金融机构对系统性风险的贡献，在国内外已形成诸多研究成果。

陈建青、王擎和许韶辉（2015）通过构建静态和动态 CoVaR 模型研究我国金融行业间的系统性金融风险溢出效应，发现金融行业间的系统性金融风险溢出效应具有正向性及非对称性，在正常风险水平下，我国金融行业间的风险溢出效应与市场繁荣程度正相关，但在金融危机前期维持较高水平。

殷克东、任文菡和肖游（2017）运用我国上市金融机构的股价日度数据，基于 CoVaR 构建系统性风险溢出效应的静态和动态测度模型，测算了我国银行、证券、保险、信托业四大金融行业对金融业整体及各金融行业之间的风险溢出效应。

严伟祥、张维和牛华伟（2017）通过构建 DCC - GARCH 模型捕捉金融行业间的动态相关性，并将该模型与 CoVaR 方法相结合，度量某一金融行业陷入困境时对其他金融行业的风险溢出贡献，结果显示，金融行业间存在很强的风险溢出效应，但是不同的行业对其他行业的风险溢出程度存在动态变化。

史仕新（2019）使用 ΔCoVaR 的方法，基于中国 20 家商业银行 2007 年 1 季度—2018 年 3 季度的中间业务的季度数据，发现不同时期的系统性风险差异较大，其中国有银行的系统性风险是温和上升的，但股份制银行和城商行的系统性风险波动较大。

Manguzvane 和 Muteba（2019）利用 CoVaR 模型对南非银行业系

统性风险进行建模。结果显示，2008 年全球金融危机后一段时间，样本银行的 ΔCoVaR 值呈现大幅波动。从整个样本期的平均水平看，First Rand 银行是 ΔCoVaR 值最高的银行，这意味着它是南非最具有系统重要性的银行，而 African 银行对系统性风险的贡献最小，ΔCoVaR 值接近于 0，不同银行对系统性风险的贡献差异很大，因此应当对不同银行实行差别化的金融监管。研究还发现，即便是南非的小银行（如 Capitec 银行），也和大银行一样能对系统性风险产生影响，因此，监管机构在考虑个体金融机构风险的微观审慎监管基础上，也应该考虑这些小银行对系统性风险的影响，采取宏观审慎监管的理念。

2.5.4 系统性风险指数（SRI）法

Kleinow 等（2014、2017）设计了系统性风险指数（Systemic Risk Index，SRI）。这种指数综合考虑了系统性风险贡献（Systemic Risk Contribution，SRC）与系统性风险敏感度（Systemic Risk Sensitivity，SRS）。其中，SRC 被定义为在单个金融机构处于危机时（即收益率低于其 VaR 时），金融体系的收益率与这个金融机构的收益率的比率的期望值，它度量了当一个金融机构处于危机时，金融体系的反应。而 SRS 被定义为在整个金融体系处于危机时，单个金融机构的收益率与整个金融体系的收益率的比率的期望值，体现了当金融体系处于危机时，单个金融机构的响应，即敏感度。SRI 为两指标的均值，考虑了风险的传染与转移，是一种综合性指标。

朱波和卢露（2014）采用了 Kleinow 等（2014，2017）的 SRI 指数方法，度量了中国 14 家上市银行 2007—2013 年的系统性风险，逐年分析的结果显示上市银行对银行体系的系统重要性具有“时变”特点，如国有银行中的 ZGYH，在样本期的系统重要性排名是动态变化的。

2.5.5 边际期望损失（MES）和系统性期望损失（SES）法

周强和杨柳勇（2014）指出，系统性风险贡献（ΔCoVaR）侧重于反映银行个体风险对系统性风险贡献的影响，SRISK 指标侧重于反映规模、杠杆率等银行层面的因素，而边际期望损失（MES）则侧重于反映市场风险。宋清华和姜玉东（2014）通过 DCC－GARCH 模型和非参数估计计算我国 14 家上市银行的边际预期损失，并结合资产规模和杠杆率等因素度量各上市银行的系统性风险，发现大型商业银行、股份制商业银行、城市商业银行的系统性风险依次递减，且随时间的变化趋势不同。

童中文和魏歆七（2017）计算了 22 家金融机构在 2010—2016 年期间的 MES 值。结果显示，中小规模的股份制银行（HXYH、PAYH、XYYH 和 PFYH）在 MES 值结果中排名居前，分别排名金融业 1—4；4 家大型的国有银行中有 1 家银行 MES 值排名为行业第 6。其余 3 家大型的国有银行（GSYH、JSYH 和 NYYH）MES 值排名居中，分别排名金融业 13、15 和 16。他们认为，这是因为这 3 家大型的国有银行的波动率较小，所以它们对系统性风险的贡献值比股份制银行和城商行的贡献值低。

吴敏灵（2018）测算了中国 2008 年以前上市的 14 家上市银行在 2008 年 4 月到 2015 年 12 月的 MES 值，这一系统性风险贡献值是基于月度频率市场数据计算得到。结果中，全样本期的 MES 均值排名显示，对系统性风险贡献排名最高的是 4 家股份制银行（排名 1—4，依次是 XYYH、PAYH、PFYH 和 HXYH），而 4 家国有银行对系统性风险的贡献最小，在行业中排名 11—14。他们认为，这是因为大型的国有银行和股份制银行相比，经营模式更稳健。

2.5.6 SRISK 方法

Acharya 等（2012）和 Brownlees 等（2016）设计 SRISK 方法，度量系统性风险。SRISK 被定义为，当系统性的危机发生时（即市场发生严重的下降时），金融机构预期的资本短缺程度。与 MES 方法相比，SRISK 方法考虑了机构的资产负债表层面信息（规模和杠杆率）。计算 SRISK 时，研究还引入了在市场下降时的预期权益的损失（他们称之为长期的 MES，即 LRMES，是系统性危机发生时机构多期的股权收益率均值，通过模拟计算得到）。单个机构的 SRISK 值越大，表示金融危机时，机构对金融体系的资本不足的贡献程度越高。所有机构的 SRISK 值总和的大小，反映了金融体系的系统性风险程度的高低。

王广龙、熊利平和王连猛（2014）分析了全球层面的 SRISK 值，发现在 2008 年危机爆发时，全球 SRISK 值显著上升，自 2009 年开始回落。受欧债危机影响，全球 SRISK 值在 2011—2012 年呈现逐渐上升态势。他指出，SRISK 指数计算源于市场数据，具有可操作性，也便于更新。但 SRISK 指数计算中关于资本充足水平的衡量，与监管使用的资本充足率，存在一定差异；SRISK 指数计算的关键是 LRMES，需通过模拟得到，对市场有效性的要求较高，并非适用于所有国家。

2.5.7 或有权益分析（CCA）法

CCA 方法的基本思想源于期权定价，其将金融机构的权益视为一种看涨期权，以资产价值为标的资产，以负债价值为期权的执行价格，认为资产的价值是随机波动的，采用违约距离（distance to default）和概率（probability of default）度量风险（Lehar，2005；Gray 和 Jobst，2010）。王培辉和袁薇（2017）基于拓展的系统或有权益分析法研究了 26 家金融机构的系统性违约风险，发现我国金融机构危机期间违约风险迅速上升，之后维持在较低水平，但自 2014 年年底开始违约风险再度提高。此外，各子行业违约概率走势相似，但数值上存在较大差异。值得注意的是，CCA 计算基于金融市场数据，而使用的负债数据通常是季度频率的。由于 CCA 模型涉及将季度数据转为日度数据，可能会引入误差（张天顶和张宇，2018）。

2.5.8 成分预期损失（CES）法

Banulescu 和 Dumitrescu（2013，2015）提出了成分预期损失（Component Expected Shortfall，CES）法，CES 被定义为 MES 和金融

机构在系统中的权重（机构的相对市值）的乘积，因而度量了金融机构对系统性风险贡献的绝对水平，CES 越大表明，机构对系统性风险的贡献越大。与 MES 方法相比，CES 还考虑了机构的特征，如杠杆率和规模。与 CES 方法相比，SRISK 方法同时使用了日度频率的市场数据和资产负债表层面的负债数据，而负债指标一般是季度频率的，因此 SRISK 方法需要假设金融机构的负债指标在每个季度期间内都是不变的，但这一假设在危机时期显然并非正确。CES 法基于日度频率的数据，并不需要引入这一假设，更贴近现实。研究显示，危机后系统性风险的平均水平上升，很大程度来源于存款机构和券商。

苏明政、张庆君和赵进文（2013）计算了 14 家上市银行在 2007—2012 年期间的 CES 值，发现在金融危机爆发期间（2007 年 10 月—2008 年 9 月），行业整体的 CES 指数呈明显的增长态势。各年 CES 均值结果显示，国有银行、股份制商业银行和城商行的 CES 均值变化方向基本相同，均在 2008 年达到峰值，并自 2009 年开始逐步下降。

张天顶和张宇（2018）度量了 39 家金融机构在 2010—2016 年期间的 CES 均值，得到了与 Banulescu 和 Dumitrescu（2015）的研究相似的结果，前 15 家系统重要性金融机构（Systemically Important Financial Institutions，SIFIs）中，有接近 70% 的机构是银行。

2.6　金融监管理念的发展历程

2.6.1　危机凸显传统监管框架的不足

（1）“个体稳定 = 金融稳定”

2008 年国际金融危机发生前，各国金融监管机构的重心是传统针对金融机构的微观审慎监管，一般指关注单个金融机构的安全与稳健，要求针对金融机构进行风险评估，防止其因经营不善和过度风险承担而倒闭，从而实现消费者保护的目的。它属于一种“自下而上”

的方法，认为只要确保每个金融机构的稳健（有时也指对单个金融市场或金融基础设施的安全性与稳健性的关注），就能实现整个金融系统的稳定，即“个体稳定＝金融稳定”（Crockett，2000；Borio，2003；王兆星，2010；Bernanke，2011）。

（2）“价格稳定＝金融稳定”

传统观点认为，价格稳定是整个金融体系稳定的充分条件，因为高通胀的经济体通常存在过度投资、资产价格泡沫等诸多问题，容易诱发金融不稳定，因此维护价格稳定的货币政策能够实现金融稳定，即“价格稳定＝金融稳定”，中央银行贯彻着这一理念，维持稳定、较低的正通货膨胀水平，并且这一理念确实实现了一段时间的价格稳定，通胀压力显著减少，经济增长稳定，甚至一些国家出现了通货紧缩或面临通缩压力（Schwartz，1995；Issing，2003；张亦春和胡晓，2010）。

2.6.2 危机后的监管理念反思

由美国次贷危机引发的国际金融危机爆发后，诸多学者深刻分析金融危机的成因，危机凸显出传统的微观审慎监管与维护价格稳定的货币政策框架仍存在一定的局限性。

例如，危机爆发前，西方国家一些银行满足甚至远远超过当时的巴塞尔协议Ⅱ的资本充足率要求，却在金融风暴中遭遇危机。危机引发了国际社会对监管有效性的思考，认识到仅仅加强针对个体金融机构风险的微观审慎监管是不够的，微观主体稳健的总和并不等于整个金融体系的稳定性，甚至可能由于“合成谬误”（即个体追求的利益最大化行为反而导致整体的利益受损）诱发系统性风险。

此外，系统重要性金融机构倒闭可能引发巨大成本与风险传染效应（周小川，2010；周小川，2011b；范小云和王道平，2012；温军伟，2012）。

同时，本次国际金融危机也暴露出货币政策仅关注通胀而忽视金融失衡导致的严重后果。由于金融体系存在着内生的顺周期性，在经济上行期，宽松的货币政策，刺激了金融机构为获取利益快速加杠杆，资产价格泡沫与市场乐观情绪相互强化。金融体系具有内在的顺周期性，风险计量模型、追求短期利益的激励机制、趋同的风险暴露以及巴塞尔新资本协议、公允价值会计准则从内部、外部两方面加强了顺周期性，金融失衡与资源错配逐步积累。而在经济下行期，金融失衡破裂，资产价格下跌引发恐慌，并自我强化，导致危机的加剧，最终导致本次国际金融危机爆发和扩散，堪称自"大萧条"以来最为严重的全球金融危机（Borio 和 Lowe，2004；威廉·怀特，2008；李文泓，2009）。

2.6.3　宏观审慎框架的内容及政策工具

根据国际货币基金组织团队（Brockmeijer 等，2011）的报告，国际金融危机前尚未形成负责金融稳定的总体政策框架，金融监管部门忽视了金融体系正在形成的巨大脆弱性：金融活动日趋复杂，难以评估风险暴露的程度以及潜在的风险溢出，金融机构过度杠杆化且紧密相连，监管部门缺乏有效的机制处理具有系统性重要性的金融机构，也难以通过宏观经济政策、微观审慎监管实现金融体系的稳定，因此亟待构建明确针对系统性风险层面的宏观审慎框架（Macroprudential Framework）。宏观审慎框架的三个核心元素是：（1）识别和监测系统性风险、识别和收集必要数据、对整个金融体系稳定性的持续风险评估（如趋势、规模、概率、时间、系统恢复能力）及其优化。（2）控制和防止风险形成系统性风险的工具集合、工具的使用规则、评估政策的效果。（3）宏观审慎政策的制度架构（包括管理机制、职责和透明度、宏观审慎政策与其他公共政策在维护金融稳定上的协调）。

按主流的监管工具作用维度分类，宏观审慎政策工具旨在解决系统性风险的两大维度：时间维度与横截面维度（也称结构维度）。因此，主要的宏观审慎工具可分类如下：时间维度的宏观审慎工具包括逆周期资本缓冲、特定部门敞口风险权重的逆周期调整、时变的系统流动性附加、时变的贷款价值比、时变的负债价值比、时变的贷款收入比上限、时变的货币错配限制、对信贷或信贷增长的时变上限或限制、动态拨备等；横截面维度的包括对未通过中央对手方清算的交易的更高资本要求、分拆与系统性风险有关的金融企业、对经营许可活动的限制（如禁止系统重要性银行的自营交易）、系统性资本附加、系统流动性附加等（Brockmeijer 等，2011）。

根据 IMF、FSB 和 BIS（2011），宏观审慎框架的常用政策工具按系统性风险的来源，可以分为：与金融系统信贷过度扩张相关的（时变的资本要求、信贷或信贷增长上限、贷款价值比上限、债务收入比上限、最低保证金要求）、与系统性风险放大机制相关的（期限错配限制、外汇贷款上限、限制货币净敞口头寸或错配等）、与减轻结构脆弱性和限制溢出效应相关的（与系统重要性相关的额外损失吸收、针对系统性风险的市场和机构披露政策等）。

宏观审慎政策工具还可以按针对融资方（借款人）与针对资金供给方（贷款人）进行细分，前者包括对借款人的金融工具或活动的定量限制，后者包括资本和拨备要求、针对金融机构资产负债表的定量限制、对金融活动征税以及其他针对机构的措施（Cerutti、Claessens 和 Laeven，2015）。

2.6.4 宏观审慎政策协调

随着金融市场国际化以及金融创新的不断推进，金融市场日趋复杂，监管机制面临金融风险跨市场、跨行业等诸多挑战，可能产生“重复监管”或“监管空缺”问题，需要建立有效的监管协调制度（吴思，2016）。

（1）与货币政策的协调

正如胡志鹏（2014）指出，中央银行的最终目标之一“币值稳定”隐含了维护金融稳定的内容，因此宏观审慎目标与货币政策目标的实现是相互影响，也是相互依赖的，也就是说，货币政策和宏观审慎政策工具并非完全独立，货币政策通过对信贷、资产价格等调控也会对宏观审慎政策的目标产生影响。因此，应用宏观审慎政策工具时应当考虑与货币政策的协调配合。

马勇和陈雨露（2013）构建了一个基于中国数据的由家庭、企业、政府、金融部门组成的一般均衡模型，研究了纳入“宏观审慎”元素的货币政策、信贷政策和金融监管政策之间的协调搭配问题。研究发现：首先，最优货币政策、信贷政策、金融监管政策青睐简单清晰的规则，复杂的多变量规则会带来福利或效率上的损失；其次，在宏观审慎的货币政策和信贷政策基础上采用逆周期的金融监管能够实现政策间的协调配合；此外，当多个工具针对同一个经济变量调整时，可能会存在政策反应过度的问题，表现为消费、就业等变量波动的加剧以及福利的损失。因此，政策当局需要针对特定问题综合分析，做好政策之间的统筹协调。

庞晓波、王作文和王国铭（2013）构建了家庭、企业和银行部门的三部门经济模型，以缓冲资本要求为宏观审慎政策工具。研究发现，当经济波动源于技术冲击时，货币政策与宏观审慎政策的合并使用存在政策冲突以及加剧经济波动的可能，而在金融冲击下，信贷产出比和产出发生同向变动，在此情况下宏观审慎与货币政策的政策组合能够实现有效地协调，取得很好的效果。因此，在国际金融危机的背景下，宏观审慎政策工具得到了各国关注，并且在宏观金融调控时，应当有效协调宏观审慎、货币政策的政策目标之间的关系，从而最大化协同效应防范系统性风险。

王爱俭和王璟怡（2014）构建了由家庭、生产企业、商业银行、房地产和政府部门组成的一般均衡模型，采用逆周期资本要求比率和贷款价值比管理的宏观审慎政策调控信贷和房地产部门。研究发现，当经济体受到技术冲击时，宏观审慎政策的引入相对于只采用货币政策的情况下仅对银行资本指标有一定的平缓作用，但其加剧了产出和投资的波动。但当经济体受到金融冲击时，引入宏观审慎政策搭配货币政策的效果很好。因此，应当根据经济体受到的具体冲击，有针对性地制定宏观审慎政策，避免货币政策与宏观审慎政策政策叠加产生非预期效果。

黄志刚和许伟（2017）分析了在商品生产部门投资效率下降的背景下，货币政策、宏观审慎政策等宏观经济政策的组合搭配的有效性。

（2）与财政政策的协调

刘泽云（2011）认为，财政政策的稳健有助于实现金融稳健，如果一国财政赤字过高，则会使得大量持有国债等的金融机构面临违约风险，甚至诱发系统性风险。因此，从防范系统性风险的角度看，财政政策也应引入宏观审慎视角，充分考虑财政高负债率以及各种形式的政府隐性债务可能对金融体系的稳定性产生的影响，更加主动地配合宏观审慎政策。他还指出，银行体系资本充足率较高时，由于私人部门信贷的账面收益更高，银行会优先考虑发放私人部门信贷，而政府债务具有流动性好、数量大的特点，在银行体系资本充足率接近最低监管要求时，银行倾向于持有政府债权，而私人部门的信贷需求得不到满足，扩大财政支出对私人部门的挤出效应大，降低了财政政策推动经济的效果。所以，宏观审慎政策也会对财政政策作用的发挥产生一定影响。

乐玉贵（2014）认为，在实现宏观审慎措施时，应当考虑财政政策的方向及重点产业导向，形成政策合力。

卜林、郝毅和李政（2016）指出，金融危机以来各国陆续推出大规模财政刺激方案，而扩张型的财政政策引发的过高赤字可能影响宏观审慎政策工具作用的发挥，因此应当在构建宏观审慎政策工具时，考虑财政政策的影响。他们构建了一个包括家庭、厂商、商业银行、地方政府、中央银行和宏观审慎部门的一般均衡模型，以贷款价值比为宏观审慎政策工具。研究发现，在货币政策维护通胀水平不变的前提下，扩张型的财政政策能够稳定产出，但也导致了货币扩张进一步增大信贷泡沫，在高信贷环境下，通过宏观审慎政策减少信贷泡沫，中央银行需要不断变化货币政策方向。因此，在给定的扩张型财政政策的背景下，货币政策和宏观审慎政策应当在制定政策时充分考虑彼此的政策目标和政策行为，从而平抑信贷波动，实现社会福利的改进。

（3）与微观审慎的协调

胡利琴、彭红枫和彭意（2012）以上市银行为研究对象，构建动态面板模型。模型中，他们采用 Z – Score（偿付能力风险）表示银行的稳定性，并选取了 3 类反映微观审慎监管的指标（流动性风险、资本充足水平、贷款方面的损失）。他们还选取了 2 个反映宏观审慎监管的指标（银行业的集中程度、银行信贷增速类指标），认为银行业越集中，相互传染的能力就越大；信贷增速过快，可能引发风险。结果显示，除贷款损失监管指标外，其余的微观审慎监管指标与银行稳定指标正相关。宏观审慎监管指标方面，行业集中度提高确实降低了银行业的稳定性，而信贷指标却与银行稳定性正相关，他们认为，这是由于我国监管发展尚处于过渡期，未来应完善监管协调机制。

2.7 金融监管：国内外发展与最新进展

2.7.1 国外金融监管最新进展

美国建立金融稳定监督委员会，加强对系统重要性金融机构监管（史晨昱和李嘉，2010）。英国设立金融政策委员会，维护金融体系的稳定性（陈听雨，2010）。欧盟组建欧洲系统性风险管理委员会，监测和预警系统性风险（樊宇，2009）。G20 伦敦峰会宣布将金融稳定论坛（Financial Stability Forum，FSF），升级为金融稳定理事会（Financial Stability Board，FSB），包括中国在内的 G20 成员国携手开发宏观审慎工具并扩大监管范围，促进和维护全球金融稳定（邱壑，2009）。

2.7.2 中国金融监管发展历程

关于中国金融监管的发展历程，笔者以“金融稳定”为主线，根据政府网站、相关研究、新闻报道收集（巴曙松，2006；中国人民银行金融稳定局，2008；蒋海，2009；闫海，2010；贾彦东，2011；陈雨露，2017；易纲，2018；钮文新，2018；卓尚进，2018；谢怀筑和邱晓东，2018），笔者整理形成，如表 2 - 1 所示。

表 2-1　　中国金融监管发展历程表

时间	中国金融监管发展历程表
2003 年	《中国人民银行法》中将央行的基本职能从“金融业的监督管理”升级为“金融稳定”。
2003 年	《中国人民银行法》新增“国务院建立金融监督管理协调机制”。
2003 年	中国人民银行金融稳定局成立，维护金融稳定。
2004 年	银、保、证监会（简称“三会”）公布监管分工合作备忘录，建立监管联席会议机制。
2006 年	“十一五”规划纲要提出，建立健全银行、证券、保险监管机构间以及同宏观调控部门的协调机制。
2008 年	国务院提出，由中国人民银行会同“三会”设立金融监管协调机制，形式为部际联席会议，加强监管政策和法规的协调，维护国家金融安全。
2009 年	中国人民银行开始根据宏观审慎政策框架，设计逆周期措施。
2010 年	中国人民银行引入差别准备金动态调整措施。
2010 年	中央经济工作会议提出，健全宏观审慎政策框架。
2011 年	“十二五”规划纲要提出，构建逆周期的金融宏观审慎管理制度框架。同时，强化对系统重要性金融机构的监管。
2013 年	国务院要求，由人民银行牵头成立金融监管协调部际联席会议制度。
2016 年	“十三五”规划纲要提出，加强金融宏观审慎管理制度建设，统筹监管系统重要性金融机构。
2016 年	宏观审慎评估体系（MPA）建立。
2017 年	党的十九大报告指出，健全货币政策和宏观审慎政策双支柱调控框架。
2017 年	全国金融工作会议决定设立国务院金融稳定发展委员会，国务院副总理马凯担任主任，人民银行承担办公室职责，负责统筹协调金融稳定和改革发展重大问题。
2018 年	十九届三中全会通过的《党和国家机构改革方案》，将拟定银行业重要法律法规草案和审慎监管制度的职责划入人民银行。
2018 年	新一届国务院金融稳定发展委员会成立，国务院副总理刘鹤担任主任，人民银行行长易纲担任办公室主任。截至 2018 年 9 月，金融稳定发展委员会已召开三次，负责研究部署打好防范化解重大风险攻坚战等，维护金融稳定。
2019 年	中国人民银行设立宏观审慎管理局，牵头建立宏观审慎政策框架和基本制度，负责系统重要性金融机构的评估。
2019 年	明确中国人民银行负责牵头建立宏观审慎管理框架和系统性风险的防范。

续表

时间	中国金融监管发展历程表
2020 年	中国人民银行及银保监会发布《关于建立逆周期资本缓冲机制的通知》。
2020 年	明确中国人民银行负责牵头建立宏观审慎管理框架和系统性风险的防范。
2021 年	中国人民银行发布《宏观审慎政策指引（试行)》，健全宏观审慎政策框架。
2021 年	明确中国人民银行负责牵头建立宏观审慎管理框架和系统性风险的防范。

附注 1：笔者根据政府网站、相关研究、新闻报道收集和整理后制作。

2011 年，中国政府提出，要构建逆周期的金融宏观审慎管理制度框架（周小川，2011b)。2017 年 7 月，习近平总书记在全国金融工作会议中强调，防止发生系统性金融风险是金融工作的永恒主题，要以强化金融监管为重点，以防范系统性金融风险为底线，加强宏观审慎管理制度建设（刘冲，2017)。十九大报告更是明确指出，健全货币政策和宏观审慎政策双支柱调控框架，健全金融监管体系，守住不发生系统性金融风险的底线（易纲，2018)。

中国政府的“十三五”规划纲要明确提出，要加强金融宏观审慎管理制度建设，加强统筹协调，改革并完善适应现代金融市场发展的金融监管框架，健全符合我国国情和国际标准的监管规则（彭兴韵，2018)。2017 年 7 月，习近平总书记在全国金融工作会议上宣布设立国务院金融稳定发展委员会，旨在强化金融监管协调，提高统筹防范风险能力，更好地促进金融服务实体经济，更好地保障国家金融安全（吕进中，2018)。2017 年 11 月，国务院金融稳定发展委员会主任马凯在会议中指出，要强化金融监管协调，提高统筹防范风险能力，更好地促进金融服务实体经济，更好地保障国家金融安全（董方冉，2017)。2018—2019 年，新一届国务院金融稳定发展委员会成立、中国人民银行明确牵头负责宏观审慎政策管理框架的构建、混业监管大趋势下“一委一行两会”的金融监管新格局形成……中国政府采取多项举措，维护金融体系的稳定（王勇，2018；王爱俭、方云龙和王璟怡，2019；王勇，2019)。2020 年 9 月，中国人民银行、银保监会发布《关于建立逆周期资本缓冲机制的通知》，就宏观审慎政策工具箱中的“逆周期资本缓冲”工具的集体方式。

2.8 小结：学术问题的提出

本章中，对金融稳定、系统性风险和宏观审慎相关文献从多层次、全方位地进行了分析，厘清了研究脉络，提出了四个学术问题，作为探讨和分析的方向。

第一，通过对系统性风险度量方法的评述，发现 CoVaR 模型具有诸多优势，有助于全面、动态地分析金融机构的系统性风险的发展情况。考虑到中国是一个银行主导型的国家，采用 CoVaR 模型研究中国银行业的系统性风险情况具有重要意义。中国银行业的系统性风险究竟在怎样变化？各银行对于银行体系的系统重要性会发生变化吗？哪些银行对于银行体系的系统重要性排名更高？第 3 章的主题为探索数字经济时代中国上市银行的系统性风险：CoVaR 视角。

第二，目前，银行业的效率状况是学术界关注的热点问题之一。2017 年习近平总书记指出，中国经济将追求“更高质量”和“更有效率”，提高全要素生产率。自 2011 年开始，中国开始构建宏观审慎框架。在宏观审慎框架的背景下，中国银行业的发展，对支持实体经济的健康发展，具有非常重要的现实意义。因此，将样本期选为 2012—2017 年，样本银行为中国的上市银行。第 4 章的主题为基于宏观审慎框架背景的中国上市银行效率。

第三，长期以来，学术界对“金融稳定”的研究是很多的。商业银行的多元化经营是获取更高利润，在行业竞争中存活下去的重要手段之一，但多元化也伴随着风险。第 5 章的主题为金融稳定与银行多元化。在第 5 章中，笔者将通过高频关键词，分析金融稳定的研究热点，然后对金融稳定的研究文献进行述评，创新性通过构建面板门限模型研究了银行多元化与稳定之间的关系，题目为银行业稳定性案例分析：以中国上市银行的多元化为例。

第四，“宏观审慎”理念的萌芽始于 20 世纪 70 年代，国际金融危机以来，已经在许多国家得到应用。但是，研究宏观审慎政策有效性的文献仍然比较有限。宏观审慎政策能有效维护金融稳定、降低危机发生的概率吗？第 6 章的主题为宏观审慎政策的有效性研究。笔者通过手工收集和整理了全球 108 个国家或地区的跨国面板宏观审慎政策、金融稳定等相关数据，运用面板 Logit 模型，创新性地研究了宏观审慎政策在全球层面的有效性。在此基础上，笔者进一步研究了两大类宏观审慎工具的有效性，同时也研究了宏观审慎政策在不同经济体之间的有效性。

第3章　探索数字经济时代中国上市银行的系统性风险：CoVaR视角

3.1　引　　言

目前，全球已进入数字经济时代（Jiang 和 Zhang，2020）。“数字经济”这一概念，最初是由 Tapscott（1995，2014）提出的。随着科技的快速发展，人们对于数字经济的认识和理解日渐明晰。二十国集团（G20）报告中将数字经济定义为“使用数字化的知识和信息作为关键生产要素、以现代信息网络作为重要载体、以信息通信技术的有效使用作为效率提升和经济结构优化的重要推动力的一系列经济活动”（G20，2016）。国际货币基金组织（IMF）则通过“所有经济部门的数字化”来定义数字经济的广义形式，将“运用互联网”视为是“数字化”的具体实践之一。IMF 指出，21 世纪是数字经济的时代。在这一时代，将数据和互联网融合起来的一系列经济活动迅速增长，对社会发展产生着深远影响（IMF，2018）。从更具体的层面看，在数字经济时代，金融业数字化进程逐渐加快，将金融和科技相结合的金融科技（Fintech）应运而生并发挥着日益重要的作用。可以说，在数字经济时代，对于金融业而言，金融科技等“金融+数字化”业态发展既带来机遇，也带来挑战。在此背景中，传统金融监管的理念亟待发展和更新。

在数字经济时代，对系统性风险的监管应得到进一步发展。由于系统性风险具有“明显的外部性”和“强传染性”的特点，在后危机时代，迫切需要加强对系统重要性金融机构（Systemically Important Financial Institutions，SIFIs）的金融监管和防范系统性风险。2008年国际金融危机爆发后，全球金融监管体系持续改革，其重要内容之一就是优化金融监管框架，尤其是加强对系统重要性金融机构的监管。国际金融危机表明，大型金融机构对系统性风险的贡献很大，这推动了旨在防范“大而不倒（too big to fail）”金融机构风险的金融监管改革。然而，正如Greene等（2010）指出的，金融机构规模较小，并不意味着产生的风险就小。他们以长期资本管理公司（LTCM）为例，指出一家规模相对较小的金融机构也可能会影响到金融体系的稳定（Greene等，2010）。

在数字经济时代，随着金融科技的蓬勃发展，我们既应当关注大型金融机构引起的系统性风险，也应当考虑小型金融机构可能引发的系统性风险。在数字经济时代，信息技术的发展加快了客户享受金融服务的速度，他们可以获得越来越多样化甚至定制化的金融产品。然而，金融风险并不会在数字经济时代消失。与监管要求相对较高的大型机构相比，小型机构可能对于金融环境的变化表现得更敏感，在金融创新领域可能承担更多风险，也就相对更容易促进风险积累。此外，在数字经济时代，金融风险能够以更快速度将风险传染到整个金融系统，并且风险传染的隐蔽性可能更高。因此，所有金融机构（尤其是小型机构）的系统性风险应得到精确评估，其重要性不容忽视。

中国政府始终高度重视防范系统性风险，维护金融稳定。近年来，防范系统性金融风险的重要性，进一步被提到新的高度。习近平总书记2017年在全国金融工作会议上的讲话中指出，金融是实体经济的血脉。因此，金融体系的稳定性，对于实体经济的稳定和发展，具有重要意义。会议决定，设立国务院金融稳定发展委员会（简称“金融委”），并指出了防范系统性风险的重要性，中国央行在宏观审慎管理和防范系统性风险的作用应当得到强化（China Daily，2017）。习近平总书记在党的十九大的报告中，将防范化解重大风险列为三大攻坚战之一，并强调要健全金融监管体系，守住不发生系统性金融风险的底线（求是网，2018）。2018 年，中国人民银行、银保监会和证监会联合印发《关于完善系统重要性金融机构监管的指导意见》，明确指出由金融委办公室组织人民银行等各部门，识别中国的系统重要性金融机构，完善金融监管体系，维护金融体系稳定（人民网，2018）。2019 年，中国人民银行新设宏观审慎管理局，负责评估系统重要性金融机构（中国政府网，2019a）。中国人民银行也对数字经济时代的金融监管表示关注，启动金融科技创新监管试点，目标是提升金融监管的专业性、统一性和穿透性（中国政府网，2019b）。

在本章中，我们的目标是测算数字经济时代中国上市银行的系统性风险。选取中国银行业为研究对象的原因是：首先，中国属于银行主导型国家，中国的银行业在金融体系中发挥着重要作用。在中国的金融体系中，银行最有可能引发系统性风险，这是因为宏观金融结构中银行的比重很高（李稻葵，2012）。其次，根据金融稳定理事会（Financial Stability Board，FSB）发布的报告，四家中国的银行（中国银行、中国工商银行、中国农业银行、中国建设银行）被列入全球系统重要性银行名单（FSB，2019）。并且，中国是一个发展中国家，金融机构的资产规模扩张速度很快，如 2018 年中国银行业总资产已达到全球第一（光明网，2019；中国网，2019）。如何有效地度量金融机构对系统性风险的贡献？这一问题具有重要的研究价值。我们以《银行家》（The Banker）于 2019 年 6 月 30 日发布的报告为基础（The Banker，2019），收集和整理了 2018 年中国前 25 家银行和全球前 10 家银行的数据（见表 3－1 和表 3－2）。数据表明，中国的银行在全球发挥着重要作用，中国的“四大行”（GSYH、JSYH、NYYH、ZGYH）在 2018 年和 2019 年在排名中都名列前茅（Jiang 和 He，2018）。来自中国的“四大行”、来自美国的三家银行、来自英国的一家银行、来自日本的一家银行的一级资本分别占全球前10家银行一级资本总额的51.915%、34.232%、6.950%、6.903%。正如Khiari和Ben Sassi（2019）等研究指出，目前研究发展中国家系统性风险度量的文献尚不多。因此，对发展中国家系统性风险开展研究会比较有趣，并有助于丰富现有的研究。并且，随着中国银行业在世界上发挥越来越重要的作用，研究中国银行业的系统性风险、准确地识别对银行体系具有系统重要性的金融机构，不仅对于维护中国的金融稳定，而且对维护全球金融体系的稳定性都具有重要意义。

表3－1　　中国在全球银行排名前25的银行及基础信息

Abbr	英文缩写	英文全名	类型	一级资本	WR	CR
GSYH	ICBC	Industrial and Commercial Bank of China Limited	A1	337.539	1	1
JSYH	CCB	China Construction Bank Corporation	A1	287.461	2	2
NYYH	ABC	Agricultural Bank of China Limited	A1	242.895	3	3
ZGYH	BOC	Bank of China Limited	A1	229.970	4	4
JTYH	BOCOM	Bank of Communications Co.,Ltd.	A1	101.435	11	5
ZSYH	CMB	China Merchants Bank Co.,Ltd.	A2	75.392	19	6
YZYH	PSBC	Postal Savings Bank of China	A1	68.555	22	7
XYYH	IB	Industrial Bank Co.,Ltd.	A2	68.078	23	8
PFYH	SPDB	Shanghai Pudong Development Bank Co.,Ltd.	A2	67.941	24	9
ZXYH	CITIC	China CITIC Bank Corporation Limited	A2	64.397	26	10
MSYH	CMBC	China Minsheng BankingCorp.,Ltd.	A2	62.270	28	11
GDYH	CEBC	China Everbright Bank Company Limited Co.,Ltd	A2	46.666	39	12
PAYH	PAB	Ping An Bank Co.,Ltd.	A2	32.078	55	13
HXYH	HXB	Hua Xia Bank Co.,Limited	A2	31.871	56	14
BJYH	BOB	Bank of Beijing Co.,Ltd.	A3	28.271	61	15
SHYH	BOS	Bank of Shanghai Co.,Ltd.	A3	23.507	68	16
GFYH	CGB	China Guangfa Bank Co.,Ltd.	A2	22.898	73	17
JSuYH	BOJS	Bank of Jiangsu Co.,Ltd.	A3	18.108	92	18

续表

Abbr	英文缩写	英文全名	类型	一级资本	WR	CR
ZhSYH	CZB	China Zheshang Bank Co. ,Ltd.	A2	14. 906	107	19
NJYH	BONJ	Bank of Nanjing Co. ,Ltd.	A3	11. 769	124	20
NBYH	BONB	Bank of Ningbo Co. ,Ltd.	A3	11. 360	129	21
CQNS	CRCB	Chongqing Rural Commercial Bank Co. , Ltd.	A3	10. 362	137	22
HSYH	HSBC	Huishang Bank Corporation Limited	A3	10. 148	142	23
SHNS	SRCB	Shanghai Rural Commercial Bank Co. , Ltd.	A3	9. 316	156	24
HZYH	HZB	Bank of Hangzhou Co. ,Ltd.	A3	8. 327	170	25

注：在后续的上市样本银行2011—2018年及全样本期的CoVaR和ΔCoVaR等数据表及相关分析中，我们用银行的汉语拼音缩写（“Abbr”）指代该银行；表中，“WR”和“CR”分别表示一家银行的全球排名及在前25家中国银行中的排名；“类型”指的是银行的所有制类型，其中“A1”“A2”“A3”分别指“国有商业银行”（即state - owned commercial banks（SOE）银行，简称为“国有银行”）、股份制银行（joint - stock commercial banks（JOI）银行）、城市商业银行（city commercial banks（CCB），简称为“城商行”）；一级资本的单位是十亿美元。

表3-2　　　全球排名前10的银行及基础信息

英文全名	国家	一级资本	WR
Industrial and Commercial Bank of China Limited（中国工商银行）	中国	338	1
China Construction Bank Corporation（中国建设银行）	中国	287	2
Agricultural Bank of China Limited（中国农业银行）	中国	243	3
Bank of China Limited（中国银行）	中国	230	4
JP Morgan Chase（摩根大通）	美国	209	5
Bank of America（美国银行）	美国	189	6
Wells Fargo（富国银行）	美国	168	7
Citigroup（花旗集团）	美国	158	8
HSBC（汇丰银行）	英国	147	9
Mitsubishi UFJ（三菱UFJ銀行）	日本	146	10

注：表中，“WR”表示银行在全球银行中的排名；一级资本的单位是十亿美元。

本章的主要研究问题为：(1) 如何能实现每家银行对银行业系统性风险贡献的有效度量？(2) 系统性风险会随着时间而发生变化吗？(3) 对于中国银行业而言，对银行体系具有系统重要性的银行会随着时间发生变化吗？并且，在样本期内，哪家银行对系统性风险的贡献最大？

研究的具体安排是：我们首先分别从静态、动态模型视角构建了一系列条件风险价值（Conditional Value at Risk，CoVaR）模型来测算中国银行业的系统性风险，对系统性风险的研究既包括逐年层面的分析，也包括覆盖全样本期的总体分析。其次，在上述研究基础上，我们对系统性风险开展进一步的研究，研究包括四个方面：(1) 研究了极端情况时一家银行对系统性风险的贡献；(2) 在动态模型中，考虑了金融科技、非银行金融机构因素的作用；(3) 我们还对另一种类型的系统性风险进行研究，即银行风险敞口（bank exposures）；(4) 我们比较了传统的指标法和基于CoVaR模型的市场法测算结果并进行分析。最后，我们对优化金融监管、维护金融稳定提出建议。

目前，在系统性风险度量领域，识别金融机构具有的系统重要性的评估方法主要可以分为两类：指标法和市场法。指标法主要基于经验判定，从多个方面的指标评估金融机构的系统重要性（徐超，2011）。我们以巴塞尔银行监管委员会（BCBS，2012；BCBS，2013）的报告为基础绘制图3-1，对系统重要性评估指标体系进行说明。具体而言，BCBS的指标体系分为两个方面：评估全球重要性银行（G-SIBs）和国内系统重要性银行（D-SIBs）。该指标体系由四或五个大类指标组成，每个大类指标中由多个子指标组成。在度量一家银行的系统重要性时，我们首先计算每个子指标，然后按照等权重加权的方式计算每个大类指标，最后形成等权重加权的系统重要性指数。

与指标法相比，基于日度或季度金融市场数据的市场法，直接地度量了一个金融机构对整个金融系统系统性风险的贡献，有助于基于定量的结果实现对系统重要性金融机构的识别。并且，市场法基于金融市场的数据，较指标法能够更好地反映金融机构的特点。我们将在3.3节进一步讨论基于指标法和基于市场法（采用CoVaR建模）的结果差异。

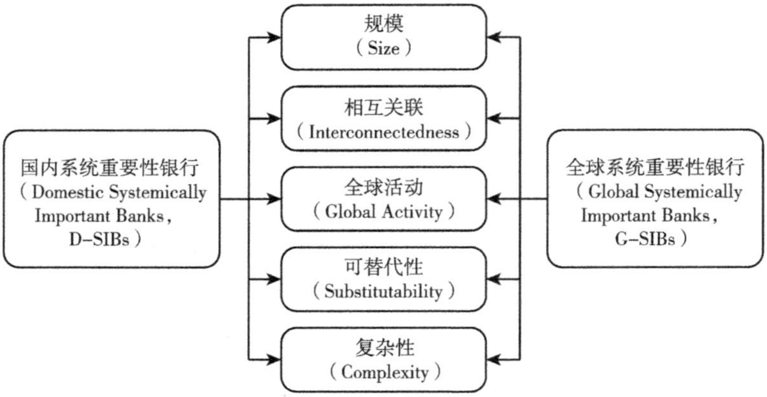

图3-1　巴塞尔委员会评估银行系统重要性的指标体系

注：笔者根据BCBS（2012，2013）绘制。

本章采用的核心模型“CoVaR”是“条件风险价值”（Conditional Value at Risk）的缩写。目前基于CoVaR模型的研究正在系统性风险领域得到越来越广泛的应用，并可从不同的视角分析系统性风险。CoVaR的理念，最早是由Adrian和Brunnermeier（2011）提出的。这一模型经过多年发展，发表在2016年第7期的美国经济评论（American Economic Review）上。CoVaR的基本思想源于风险价值（Value at Risk，VaR），度量的是一家金融机构在一定的置信水平下的最大损失。CoVaR的前缀，即“Co”，表明“VaR”是条件的。银行体系的CoVaR可定义为：以金融机构的状态为条件时银行体系的最大损失，而ΔCoVaR是指一家银行处于压力状态时的CoVaR与该银行处于正常状态时的CoVaR之差，它刻画了银行对银行体系系统性风险的贡献（Adrian和Brunnermeier，2016）。

本章将基于市场法的CoVaR模型选为核心模型，主要是从几个方面考虑：第一，传统金融监管聚焦于金融机构的个体风险，采用VaR等风险指标分析，但并未从金融体系层面看待风险，尤其是没有充分考虑金融机构对金融体系的风险溢出效应。而CoVaR可以有效地衡量金融机构对系统性风险的贡献。正如 Adrian 和 Brunnermeier（2016）所指出的，银行业存在两种情况：（1）银行体系中存在一些彼此之间高度关联的大型银行。当这些大型银行陷入困境时，风险就会转移到其他银行，并在整个行业引发系统性影响。（2）银行体系中包括一些小型银行，但这些小型银行可能会引发“羊群效应”，并可能触发危机。一家银行对系统性风险的溢出效应可用 CoVaR 来建模。第二，CoVaR 模型不仅可以衡量金融机构处于困境时和正常状态时对金融体系的贡献，而且还可以评估当金融体系陷入困境时（即金融危机爆发时）金融机构的风险敞口。第三，基于金融市场数据的 CoVaR 模型有助于实现对系统性风险贡献变化情况的动态刻画。

采用基于金融市场数据建模的 CoVaR 模型，已在国内外越来越多的研究中得到应用。Drakos 和 Kouretas（2015）基于英国和美国金融机构从 2000 年到 2012 年的日度数据，测算了上市的金融机构对系统性风险的贡献情况。他们发现，两个国家的数据都显示出，危机爆发后，所有的金融机构对系统性风险的贡献都是增加的。此外，对于英国而言，对系统性风险贡献最大的是银行；对于美国而言，对系统性风险贡献最大的金融机构，是美国本土的银行。邓小峰（2019）选取了 17 家上市的金融机构，采用周度数据来计算 CoVaR。他发现，在样本期（2010—2017 年）内，当银行业处于压力状态时，对整个金融市场的风险溢出效应比其他类型的金融机构更强。他们还度量了当其他金融行业处于压力状态时，对银行的风险溢出效应的大小。结果表明，中国的银行业能够很好地承受外部的冲击，风险溢出效应值并不高。王薇、张勇和王运玺（2018）采用 CoVaR 方法，研究了 14 家银行，发现虽然 HXYH 和 XYYH 规模不大（本章统一采用银行的拼音缩写表示这些银行），但 CoVaR 模型计算结果显示，这两家银行对银行系统的风险溢出效应值甚至比 ZGYH、GSYH 这类国有银行还要高，因此他们建议，在进行银行监管时，也应该考虑加强对这类规模相对小、但风险溢出效应大的银行的监管。Verma 等（2019）采用 CoVaR 模型分析印度银行业，他们的研究基于 31 家印度银行（包括

18 家国有银行和 13 家私营银行）的周度频率数据。在计算印度银行的 CoVaR 值时，他们的 CoVaR 模型融入了两方面的特征信息：（1）资产负债表层面数据（银行的杠杆率、规模、市净率等）；（2）流动性和风险覆盖方面的指标（如短期的流动性利差、信用利差、贷款利率、股票市场的波动性和收益率等）。他们发现，国有银行在危机时期与私营银行相比更稳定。

Girardi 和 Ergün（2013）构建动态 CoVaR 模型分析了 74 家金融机构 2000 年到 2008 年的系统性风险贡献。他们发现，存款机构比其他金融机构对系统性风险的贡献更大。此外，他们观察到金融机构的规模对 ΔCoVaR 有正向且统计上显著的作用。López – Espinosa 等（2012）基于 2001—2009 年的数据，对国际大型银行的系统性风险贡献进行了度量。结果显示，危机时期的平均系统性风险贡献高于危机前时期。此外，CoVaR 还可用于其他领域（如主权债务市场中的溢出效应）。郑棣、严予若和雷蕾（2019）发现，2006 年以来，大型银行的流动性风险指标比较稳定，股份制银行风险最高，而城商行的风险波动很大。他们基于 14 家银行 12 年的季度财务数据，应用 CoVaR 模型，分析银行流动性风险的溢出效应。结果显示，股份制银行对整个体系的风险的贡献度最高，他们认为，这可能是因为股份制银行追求盈利的动机更强，并且在同业市场上较为活跃。Reboredo 和 Ugolini（2015）构建 CoVaR 模型分析了欧洲主权债务市场从 2000 年到 2012 年的系统性风险情况。研究发现，各主权债务市场的系统性风险具有相似的趋势。Bernal 等（2016）指出，CoVaR 模型能够评估单个金融机构处于压力状态时的影响，他们将该模型应用于度量一国债券市场对欧元区债券市场的溢出效应。

本章基于 CoVaR 模型，研究了中国 16 家上市银行 2011—2018 年期间的系统性风险贡献水平，对现有研究的主要贡献如下：

第一，基于金融市场的日度数据，构建一系列 CoVaR 模型，计算了样本银行处于正常状态、压力状态时的 CoVaR，然后得到样本银行对系统性风险的贡献，即 ΔCoVaR。通常来说，采用 CoVaR 进行系统性风险建模的文献侧重于对银行整个样本期的系统性风险水平进行分析。本研究在此基础上，从逐年视角进行分析，有助于刻画系统性风险水平的动态变化，分析样本银行在整个银行体系中系统重要性排名发生的变化。

第二，我们分别构建了静态 CoVaR、动态 CoVaR 和风险敞口 CoVaR 模型来分析中国的上市银行。具体的贡献可细分为三个方面：(1) 基于金融市场的日度数据，构建传统的静态 CoVaR 模型，采用逐年分析和总体分析相结合的方法来度量样本银行的系统性风险贡献 (ΔCoVaR)。(2) 考虑到银行体系收益率和银行收益率“时变”特性，引入 7 种状态变量建立动态 CoVaR 模型。(3) 从反向视角，将银行体系收益率和银行收益率在模型中的角色互换，构建了 Exposure ΔCoVaR 模型测算了整个银行体系不稳定时单个银行的风险敞口，这将有助于银行进行风险管理。

第三，我们还通过采用 1% 的分位数来考虑银行面临的极端情况，进一步地丰富对中国银行业系统性风险贡献的分析。

第四，我们在基准模型基础上，考虑了金融科技和非银行金融机构的影响。

第五，我们采用了指标法，并通过引入 Spearman 秩相关系数分析了基于指标法和基于 CoVaR 模型的市场法结果，并分析了产生差异的原因。

最后，我们就加强金融监管和维护金融稳定形成结论和建议。

本章的其余部分结构安排如下。在 3.2 节中，我们介绍了基于市场法的系统性风险估计方法，包括静态、动态和风险敞口 CoVaR 模型，并对样本进行了介绍。在 3.3 节中，我们首先采用静态 CoVaR 模型对每家银行对系统性风险的贡献进行建模。然后，我们在 CoVaR 建模时引入状态变量，增强系统性风险贡献估计过程中的动态性，构建动态 CoVaR 模型。在此基础上，我们对研究进行拓展，分别测算了银行在极端情况下的系统性风险贡献、另一种类型的系统性风险（银行风险敞口）、考虑金融科技和非银行金融机构影响后的系统性风险贡献。我们还分析了基于指标法和基于市场法（采用 CoVaR 建模）的结果差异。3.4 节形成本章的结论和建议。

3.2 模型构建与数据来源

3.2.1 静态 CoVaR 模型

传统的静态 CoVaR 模型（文中简称为“静态模型”）是建立在传统的 VaR 概念基础上的。根据 Adrian 和 Brunnermeier（2016），银行 i 的 VaR 值的定义见式（3.1），VaR 被定义为条件概率分布的第 q 个分位数。

$$\Pr(X^i \leqslant VaR_q^i) = q\% \tag{3.1}$$

银行体系的 CoVaR 可定义为：在金融机构 i 处于压力状态 $E(X^i)$ 时，银行体系的最大损失。参考式（3.1），我们可以将 CoVaR 定义为式（3.2）。具体而言，如果银行处于压力状态，q＝5；如果银行处于正常状态，q＝50。

$$\Pr(X^{bank} \mid E(X^i) \leqslant CoVaR_q^{bank \mid E(X^i)}) = q\% \tag{3.2}$$

式中，i 和 $bank$ 分别指银行 i 和整个上市银行体系（bank system）。其中，X^i和X^{bank}则分别表示，银行 i 的股价收益率水平和根据上一个交易日银行市值加权平均计算的银行体系收益率水平。

在式（3.3）中，银行处于压力状态时的 CoVaR（q%，取 5%）与处于正常状态时的 CoVaR（$q=50\%$）的差值，即为 ΔCoVaR，反映了这家银行对于整个银行体系系统性风险的贡献。贡献水平越高，则表明这家银行对银行体系的系统重要性程度越高。换言之，一家银行在 ΔCoVaR 方面的排名可被视为其在银行体系中具有的系统重要性排名。

$$\Delta CoVaR_q^{bank \mid i} = CoVaR_q^{bank \mid X^i = VaR_5^i} - CoVaR_q^{bank \mid X^i = VaR_{median}^i} \tag{3.3}$$

根据 Adrian 和 Brunnermeier（2016），计算银行体系的静态 ΔCoVaR 时，首先要通过建立X^{bank}和X^i之间的分位数回归方程［见式（3.4），其中α_q^i、β_q^i和ε_q^i分别表示回归方程的截距项、斜率项和随机干扰项］，并分别取$X^i = VaR_q^i$和$X^i = VaR_{median}^i$（即收益率的 5% 和 50%

分位数）时银行体系收益率（X^{bank}）的预测值，得到压力状态和正常状态时的 CoVaR。

$$X^{bank \mid X^i} = \alpha_q^i + \beta_q^i X^i + \varepsilon_q^i \qquad (3.4)$$

两种状态时 CoVaR 的差值，即$\Delta CoVaR_q^{bank \mid i}$，体现了银行 i 对整个银行体系的系统性风险的贡献大小。

此外，使用各样本银行中文名称的汉语拼音首字母组成其缩写，文中均使用缩写指代各银行；为简便起见，考虑到 CoVaR 和 ΔCoVaR 均为建模中的重要的元素，后文在说明模型构建时使用“静态 CoVaR 模型”和“动态 CoVaR 模型”指代对应模型，在分析结果时使用 CoVaR 和 ΔCoVaR 以实现对结果的精确阐述；在逐年分析中，使用特定年份的数据进行计算，在总体分析中以全样本期数据为基础进行测算；由于 CoVaR 和 ΔCoVaR 分别表示银行在压力状况时的银行体系的损失水平及其对银行系统性风险的贡献，CoVaR 和 ΔCoVaR 数值较小，且均为负值，为方便不同银行间的比较，表格中取其绝对值，并将原始数值放大 1000 倍。结果的数值越大，则表示相应的风险水平越高，所有 CoVaR 和 ΔCoVaR 计算结果均保留小数点后 2 位。

3.2.2　动态 CoVaR 模型

动态 CoVaR 模型（文中简称为“动态模型”）是在静态 CoVaR 模型基础上构建的。正如 Scaillet（2005）指出，度量风险的恰当模型应考虑市场状态的“时变”特点。动态模型通过引入状态变量，使得X^i和X^{bank}随着状态变量（包括一组变量，取状态变量的滞后一期项，记为向量$StateVars_{t-1}$）的变化而变化，即体现出它们的“时变”特点。因此，在这一部分，本书将银行 i 和银行体系的收益率分别记为X_t^i和X_t^{bank}。

根据 Adrian 和 Brunnermeier（2016），具体的计算步骤是：

第一，建立X^i与状态变量$StateVars_{t-1}$之间的分位数回归方程，刻画银行股价收益率和状态变量之间的关系，见式（3.5）。其中，$\varepsilon_{q,t}^i$、α_q^i和ω_q^i分别表示回归方程的随机干扰项、截距项和斜率项。令分位数分别取 5% 和 50%，得到压力状态和正常状态时银行 i 的 VaR。

$$X_t^i = \alpha_q^i + \omega_q^i StateVars_{t-1} + \varepsilon_{q,t}^i \tag{3.5}$$

第二，通过建立X_t^{bank}与X^i和$StateVars_{t-1}$之间的分位数回归方程［如式（3.6）所示，分位数取 q% =5%，其中截距项等的定义与式（3.5）中相近］，并结合已计算得到的两种状态时的 VaR，得到对应情况的 CoVaR，其差值即为 ΔCoVaR。根据式（3.6），在计算两种状态时的 CoVaR 之差时，由于回归方程的截距项和状态变量部分均是相同的，ΔCoVaR 实际上就是两个方程中的斜率项与 VaR 项之差的乘积，由此可以直接计算出 ΔCoVaR。

$$X_t^{bank|X^i} = \alpha_q^i + \mu_q^i X_t^i + \theta_q^i StateVars_{t-1} + \varepsilon_{q,t}^i \tag{3.6}$$

在选择动态 CoVaR 模型的状态变量时，Adrian 和 Brunnermeier（2016）指出，状态变量应该是具有流动性，并且可交易，同时能够体现收益率在不同状态时的“时变”特点。在此基础上，笔者综合考虑了中国数据的可得性，并结合相关文献（陈守东和王妍，2014；田娇和王擎，2015；麦木蓉和彭涛，2017；陈国进、钟灵和张宇，2017），从利率风险、期限结构、信用价差、流动性价差、房地产业收益率、股票市场收益率和波动率七个方面选择状态变量，数据由笔者手工收集和整理得到，见表 3－3。

表 3－3　　构建动态模型时采用的状态变量

序号	状态变量	定义
1	利率风险	6 个月期国债到期收益率的变化。
2	期限结构	10 年期国债到期收益率与 6 个月期国债到期收益率之间利差的变化。
3	信贷价差	10 年期银行间固定利率 AAA 级企业债到期收益率与 10 年期国债到期收益率之间利差的变化。
4	流动性价差	6 个月期上海银行间同业拆借利率（SHIBOR）与 6 个月期国债到期收益率之间的利差。
5	房地产业收益率	用沪深 300 地产指数的收益率度量。
6	股票市场波动率	沪深 300 指数的日度收益率的 22 天滚动标准差。
7	股票市场收益率	沪深 300 指数的收益率。

3.2.3　Exposure CoVaR 模型

在动态 ΔCoVaR 模型中，通过对静态 ΔCoVaR 模型引入状态变量，使得X_t^i和X_t^{bank}随着状态变量的变化而变化，即“时变”特点。在这一部分，本书构建 Exposure CoVaR 模型［文中也称为“风险敞口（Exposure）模型”］，研究的是在整个银行体系处于压力状态时，银行 i 的最大损失（即银行的风险敞口）。

Exposure CoVaR 模型可以视为动态 CoVaR 模型的拓展，主要思路是在动态 ΔCoVaR 的基础上，从反向视角，将银行体系收益率和银行收益率在模型中的角色互换。具体的计算步骤是：

首先，建立银行体系的收益率水平X^{bank}与状态变量$StateVars_{t-1}$之间的分位数回归方程，见式（3.7）。状态变量的定义与动态 ΔCoVaR 模型中相同。α_q^{bank}、β_q^{bank}和ε_q^{bank}分别表示回归方程的截距项、斜率项和随机干扰项。令分位数分别取 5% 和 50%，对方程进行参数估计，利用回归预测值得到压力状态和正常状态时银行体系的 VaR。

$$X_t^{bank} = \alpha_q^{bank} + \omega_q^{bank} StateVars_{t-1} + \varepsilon_{q,t}^{bank} \tag{3.7}$$

然后，通过建立X^i与X_t^{bank}和$StateVars_{t-1}$之间的分位数回归方程［见式（3.8），分位数取 q% = 5%，截距项等的定义与式（3.7）相近］，并结合已算得的两种状态时银行体系的 VaR，得到对应情况的 CoVaR，其差值即为 Exposure ΔCoVaR。与式（3.6）计算方法同理，可计算得到 Exposure ΔCoVaR。

$$X_t^{i \mid X^{bank}} = \alpha_q^{bank} + \mu_q^{bank} X_t^{bank} + \theta_q^{bank} StateVars_{t-1} + \varepsilon_{q,t}^{bank} \tag{3.8}$$

3.2.4　样本描述性统计

正如 IMF（2018）指出，数字经济时代可认为是从 2001 年开始。其时，2001 年仅有三家商业银行（PAYH、PFYH 和 MSYH）在中国 A 股市场上市。综合考虑样本银行的数量和数字经济的发展，本书的样本期从 2011 年开始，涵盖了“十二五”规划（2011—2015 年）的整个时期以及“十三五”规划（2016—2020 年）的一部分。“十二五”规划指出，中国政府计划提高信息化水平。在此期间，伴随着传统银行业务转型与金融科技的出现，数字经济迅速发展。根据国家统计局（NBSC）发布的数据（NBSC，2019），中国数字经济的发展水平（可通过互联网宽带接入用户数量衡量）从2011年的15 000.1万户增加到2018年的40 738.2万户。此外，国际互联网带宽从2011年的1 389 529兆比特每秒（Mbps）增长到2018年的8 946 570兆比特每秒（Mbps）。由于数据收集于2018年底完成，样本期选为2011—2018年。此外，截至2018年底，共有28家上市银行。其中，16家银行拥有足够数量的样本期数据。因此，选取这16家银行为样本。

表3-4为中国上市银行的各类基础信息，其中上市交易所中的“SZ”和“SH”表示该银行在上海或深圳证券交易所上市；类型“A1”、“A2”、“A3”，分别表示国有商业银行、股份制商业银行和城市商业银行。上市银行的员工总数和总资产数据，反映了银行的规模水平，由笔者根据上市银行最新披露的2018年财务报表收集整理而得。根据中国银保监会（CBIRC）公开披露的统计数据，截至2018年4季度，中国商业银行总资产规模合计为209.9638万亿元。由表3-4可得，样本商业银行2018年年末的总资产规模为151.5277万亿元，样本银行的总资产在全部商业银行中占比达到72.1685%。因此，样本对中国银行业具有很好的代表性。

表3-4　　中国上市银行（16家样本银行）基础信息

ID	证券代码	拼音缩写	上市交易所	类型	首发上市日期	2018年员工人数（单位：人）	2018年总资产（单位：十亿元）
1	000001	PAYH	SZ	A2	1991-04-03	34 626	3 418.5920
2	002142	NBYH	SZ	A3	2007-07-19	13 684	1 116.4234
3	600000	PFYH	SH	A2	1999-11-10	55 692	6 289.6060
4	600015	HXYH	SH	A2	2003-09-12	41 283	2 680.5800
5	600016	MSYH	SH	A2	2000-12-19	58 338	5 994.8220
6	600036	ZSYH	SH	A2	2002-04-09	74 590	6 745.7290
7	601009	NJYH	SH	A3	2007-07-19	10 721	1 243.2690
8	601166	XYYH	SH	A2	2007-02-05	63 044	6 711.6570
9	601169	BJYH	SH	A3	2007-09-19	14 760	2 572.8650
10	601288	NYYH	SH	A1	2010-07-15	473 691	22 609.4710

续表

ID	证券代码	拼音缩写	上市交易所	类型	首发上市日期	2018年员工人数（单位：人）	2018年总资产（单位：十亿元）
11	601328	JTYH	SH	A1	2007-05-15	89 542	9 531.1710
12	601398	GSYH	SH	A1	2006-10-27	449 296	27 699.5400
13	601818	GDYH	SH	A2	2010-08-18	44 982	4 357.3320
14	601939	JSYH	SH	A1	2007-09-25	345 971	23 222.6930
15	601988	ZGYH	SH	A1	2006-07-05	310 119	21 267.2750
16	601998	ZXYH	SH	A2	2007-04-27	56 415	6 066.7140

3.3　实证分析

3.3.1　样本银行系统性风险贡献水平测算（静态模型）

3.3.1.1　逐年分析

表3-5显示了2011年中国上市银行的CoVaR和ΔCoVaR计算结果。从CoVaR角度看，在压力状态下（即银行的收益率水平为5%的分位数时），NJYH的损失水平最高，CoVaR值为25.14633，XYYH、ZSYH、PAYH、BJYH的CoVaR值也较高，数值均超过24，这些银行均属于城市商业银行或股份制商业银行。而国有商业银行中，GSYH的CoVaR值最高，为23.88224，排名第6，NYYH、JTYH、ZGYH、JSYH的CoVaR值分别是23.17065、22.74604、21.15210、20.91417，在16家样本上市银行中分别排名8、12、15、16位。

从ΔCoVaR角度看，ZSYH的ΔCoVaR最高，为16.74956，XYYH、NJYH、BJYH、JTYH、PFYH、GDYH的数值也很高，分别是16.24485、16.20399、15.78765、15.58119、15.37350。在上市银行ΔCoVaR排名中，前7家银行中仅有JTYH一家属于国有商业银行，其他银行均为股份制或城市商业银行。从CoVaR或ΔCoVaR角度看，国有银行在压力状态下的损失水平和对系统性风险的贡献在2011年总体上与股份制银行或城市商业银行相比偏低。

表3-5　　样本银行2011年CoVaR和ΔCoVaR数据表

ID	缩写	CoVaR	排名	ΔCoVaR	排名
1	PAYH	24.08497	4	13.61975	11
2	NBYH	23.11711	9	14.62399	8
3	PFYH	22.18197	13	15.38258	6
4	HXYH	22.98013	11	14.23884	10
5	MSYH	23.48360	7	13.43085	12
6	ZSYH	24.22131	3	16.74956	1
7	NJYH	25.14633	1	16.20399	3
8	XYYH	24.27829	2	16.24485	2
9	BJYH	24.03582	5	15.78765	4
10	NYYH	23.17065	8	12.57292	13
11	JTYH	22.74604	12	15.58119	5
12	GSYH	23.88224	6	14.44146	9
13	GDYH	23.01566	10	15.37350	7
14	JSYH	20.91417	16	11.78933	15
15	ZGYH	21.15210	15	12.05942	14
16	ZXYH	22.03692	14	11.34594	16

由表3-6可知，从总体上看，2012年上市银行的CoVaR和ΔCoVaR值较2011年有所降低，见图3-2。其中，GDYH的CoVaR值最高，为19.09726。ZXYH、JSYH、HXYH、MSYH、NJYH、XYYH、JTYH的CoVaR排名居于样本银行前50%。从ΔCoVaR角度看，GDYH的ΔCoVaR也是最高的，为12.10316，JSYH、ZXYH、HXYH、GSYH、JTYH、XYYH的ΔCoVaR数值排名分别为2到7。可见，部分国有银行（JSYH、GSYH和JTYH）的系统性风险贡献在行业的相对水平上有所提高。但其他国有银行（ZGYH和NYYH）的系统性风险贡献排名变化不大，在行业中处于相对较低的水平，ΔCoVaR数值仅为7.84269和8.70314。ΔCoVaR的数值小于10的有8家银行，分别是ZSYH9.91700，MSYH9.63079，PFYH8.87486，NYYH8.70314，

ZGYH7.84269，NBYH7.80324，BJYH7.48211，PAYH6.61225（其中PAYH 为 2011—2015 年间的最小值）。

表 3-6　　样本银行 2012 年 CoVaR 和 ΔCoVaR 数据表

ID	缩写	CoVaR	排名	ΔCoVaR	排名
1	PAYH	15.79850	13	6.61225	16
2	NBYH	16.79517	9	7.80324	14
3	PFYH	15.33424	16	8.87486	11
4	HXYH	17.88585	4	10.94163	4
5	MSYH	17.41785	5	9.63079	10
6	ZSYH	15.75110	14	9.91700	9
7	NJYH	17.29374	6	10.02819	8
8	XYYH	17.08625	7	10.05565	7
9	BJYH	15.55580	15	7.48211	15
10	NYYH	16.60097	10	8.70314	12
11	JTYH	16.95405	8	10.12504	6
12	GSYH	16.42272	11	10.55811	5
13	GDYH	19.09726	1	12.10316	1
14	JSYH	18.44663	3	11.54934	2
15	ZGYH	15.81887	12	7.84269	13
16	ZXYH	18.72082	2	11.19387	3

表 3-7 显示，2013 年上市银行的 CoVaR 值整体较 2012 年有所提高，排名最低的 XYYH 的 CoVaR 值为 25.81136，这一数值相当于上一年度 CoVaR 值最高的 GDYH（19.09726）的 135.15740%。其中，GSYH、JTYH、ZGYH、HXYH、NJYH、ZSYH 的 CoVaR 值在行业中处于较高水平，为 32.73006、32.54679、32.04432、31.88585、31.54368、31.47868。从对系统性风险的贡献角度看，排名最高的是 JTYH，ΔCoVaR 值为 21.10090，其次是 HXYH、BJYH、MSYH、ZGYH 和 NJYH，ΔCoVaR 值均超过 18，范围在 18.10280 到 20.01801 之间。

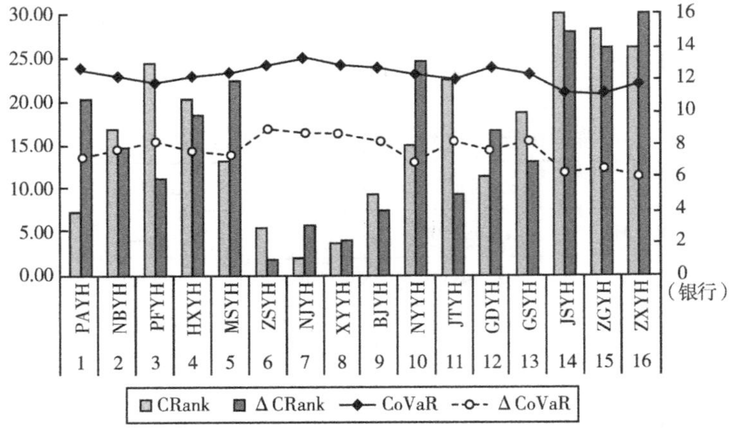

(A)

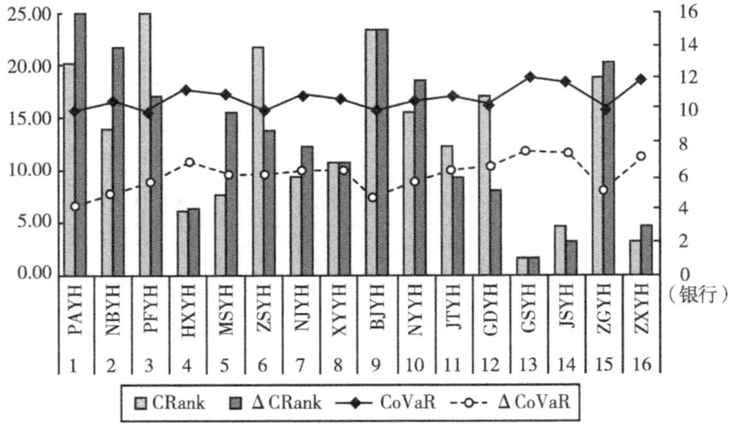

(B)

图 3-2　CoVaR 和 ΔCoVaR 测算结果：(A) 2011；(B) 2012

注：图中，变量 CRank 和 ΔCRank 分别为各银行的 CoVaR 和 ΔCoVaR 值排名。左坐标轴表示各银行的 CoVaR 和 ΔCoVaR 值，右坐标轴表示各银行的 CoVaR 和 ΔCoVaR 值排名，本章中图 3-2 至图 3-11 同。

表 3-7　　样本银行 2013 年 CoVaR 和 ΔCoVaR 数据表

ID	缩写	CoVaR	排名	ΔCoVaR	排名
1	PAYH	28.08841	13	14.60726	16
2	NBYH	28.51443	12	15.76968	11
3	PFYH	26.11090	15	15.67070	12
4	HXYH	31.88585	4	20.01801	2
5	MSYH	31.29962	7	18.67777	4
6	ZSYH	31.47868	6	15.90407	10

续表

ID	缩写	CoVaR	排名	ΔCoVaR	排名
7	NJYH	31.54368	5	18.10280	6
8	XYYH	25.81136	16	15.19095	13
9	BJYH	31.00879	8	19.70345	3
10	NYYH	29.26673	11	16.58906	9
11	JTYH	32.54679	2	21.10090	1
12	GSYH	32.73006	1	16.76765	8
13	GDYH	29.43033	10	17.45024	7
14	JSYH	29.64987	9	14.97461	14
15	ZGYH	32.04432	3	18.32894	5
16	ZXYH	27.63566	14	14.81387	15

由表3-8可见，与2013年相比，2014年上市银行的CoVaR值和ΔCoVaR值的波动的幅度变动不大的水平，见图3-3。但CoVaR值的排名发生了变化，HXYH、PAYH、BJYH、NBYH、XYYH、ZXYH分别排名1到6，数值为27.50209、25.88011、25.08538、24.90441、24.42830、23.77748。与2013年相比跻身CoVaR值排名前列的3家国有银行（GSYH、JTYH、ZGYH）的位置发生了变化，位置分别是8、16和7，数值为23.18603，20.99627和23.55826。

从对系统性风险的贡献角度看，排名最高的是PAYH，ΔCoVaR值16.97159，排名为2到8的是PFYH、HXYH、XYYH、NBYH、GSYH、ZSYH、ZGYH，数值范围在13.95701到16.20814之间。对系统性风险贡献最小的为ZXYH，数值仅为8.68375，也是2012—2013两年间唯一一个数值小于10的银行。

表3-8　　样本银行2014年CoVaR和ΔCoVaR数据表

ID	缩写	CoVaR	排名	ΔCoVaR	排名
1	PAYH	25.88011	2	16.97159	1
2	NBYH	24.90441	4	14.81218	5
3	PFYH	22.78397	11	16.20814	2
4	HXYH	27.50209	1	15.77808	3
5	MSYH	21.83704	12	11.66049	12
6	ZSYH	21.68383	13	14.09487	7
7	NJYH	23.08503	9	11.92983	11

续表

ID	缩写	CoVaR	排名	ΔCoVaR	排名
8	XYYH	24.42830	5	15.12846	4
9	BJYH	25.08538	3	13.78779	9
10	NYYH	21.29479	14	12.62011	10
11	JTYH	20.99627	16	11.11041	14
12	GSYH	23.18603	8	14.14967	6
13	GDYH	22.93994	10	10.63355	15
14	JSYH	21.05612	15	11.17053	13
15	ZGYH	23.55826	7	13.95701	8
16	ZXYH	23.77748	6	8.68375	16

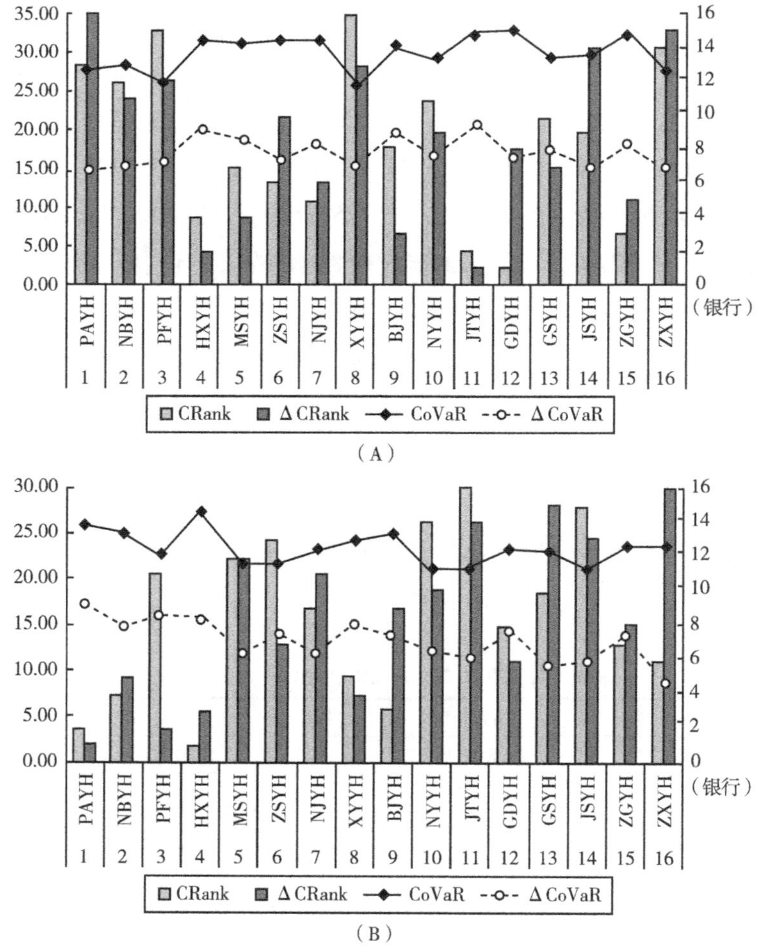

图 3－3 CoVaR 和 ΔCoVaR 测算结果：（A）2013；（B）2014

由表 3－9 可见，与 2014 年相比，2015 年上市银行的 CoVaR 值和 ΔCoVaR 值的波动幅度非常之大，CoVaR 值大于 50 的银行就有 11 家，占样本的比例为 68.75%，最高的是 BJYH CoVaR 值为 55.38835，2—11 名的是 MSYH、HXYH、NBYH、PFYH、ZGYH、XYYH、ZXYH、NJYH、PAYH 和 NYYH，CoVaR 值为 55.22998、54.91578、54.66080、53.54797、52.13271，51.67560、51.36857、50.56100、50.42984 和 50.31560。位于 12—14 名的 JTYH、GDYH、GSYH CoVaR 值为 49.98036、48.85316、48.69608，JSYH 和 ZSYH 并列 15 名，CoVaR 值均为 47.40531。

表 3－9　　样本银行 2015 年 CoVaR 和 ΔCoVaR 数据表

ID	缩写	CoVaR	排名	ΔCoVaR	排名
1	PAYH	50.42984	10	34.13713	5
2	NBYH	54.66080	4	31.62158	7
3	PFYH	53.54797	5	30.56663	11
4	HXYH	54.91578	3	37.52991	1
5	MSYH	55.22998	2	31.46501	8
6	ZSYH	47.40531	15	26.94386	16
7	NJYH	50.56100	9	28.37653	14
8	XYYH	51.67560	7	35.50302	2
9	BJYH	55.38835	1	28.83820	12
10	NYYH	50.31560	11	35.47615	3
11	JTYH	49.98036	12	31.44716	9
12	GSYH	48.69608	14	28.73415	13
13	GDYH	48.85316	13	30.88475	10
14	JSYH	47.40531	15	35.36475	4
15	ZGYH	52.13271	6	33.51836	6
16	ZXYH	51.36857	8	27.22279	15

2015 年由于股灾的原因，CoVaR 值的最低值和 2011—2014 年 4 年之间的最高的相比，例如 2013 年 GSYH 的 32.73006 是这 4 年间最高的，2015 年最低值（47.40531）和 2013 年最高值（32.73006）相比，前者是后者的 144.83722%，2015 年最高值（55.38835）和 2013 年最高值（32.73006）相比，前者是后者的 169.2278%，用 2015 年最低值（47.40531）和 2011—2014 年 4 年间的最低值即 2012 年的 PFYH（15.33424）相比，前者是后者的 309.14678%。

从对系统性风险的贡献角度看，2015 年 ΔCoVaR 值排名最高的是 HXYH37.52991，其中 ΔCoVaR 值大于 30 的也是 11 家，占总样本比例也是 68.75%，第 2—11 名的是 XYYH、NYYH、JSYH、PAYH、ZGYH、NBYH、MSYH、GDYH、PFYH 数值均高于 2011—2014 年其自身最高值，分别是 35.50302、35.47615、35.36475、34.13713、33.51836、31.62158、31.46501、31.44716、30.88475、30.56663。第 12—16 名的 ΔCoVaR 值为数值 28.83820、28.73415、28.37653、27.22279、26.94386 。100% 的样本 ΔCoVaR 值超过 25。采用 2015 年的最小值（26.94386）和 2011—2014 年间的最高值即 2013 年的 JTYH（21.10090）相比较，前者是后者的 127.69057% 。2015 年的最大值（37.52991）和 2013 年的最大值（21.10090）相比是 177.82611%，2015 年的最小值（26.94386）和 2011—2014 年间的最小值即 2012 年的 PAYH（6.61225）相比是 407.48399% 。

由表 3－10 可见，与 2015 年相比，2016 年上市银行的 CoVaR 值和 ΔCoVaR 值的从 2015 年的激烈波动转为小幅度的波动。数值与 2014 年的范围比较相似，见图 3－4。CoVaR 值在 17.16888—26.44851 区间。BJYH26.44851 为第 1 名，有 14 家银行 CoVaR 值大于 20，占总样本比例为 87.5%，区间是 20.00810—26.44851，第 2—14 名为 MSYH、ZSYH、GSYH、NYYH、NJYH、NBYH、PFYH、XYYH、ZXYH、GDYH、JSYH、ZGYH、HXYH。其中 BJYH 和 MSYH 的 CoVaR 值 2015、2016 连续两年都是第 1 和第 2 名的状况。

表 3－10　样本银行 2016 年 CoVaR 和 ΔCoVaR 数据表

ID	缩写	CoVaR	排名	ΔCoVaR	排名
1	PAYH	19.93735	15	13.99415	6
2	NBYH	21.38516	7	11.33991	14
3	PFYH	21.37110	8	10.40440	15
4	HXYH	20.00810	14	13.80191	8
5	MSYH	23.33893	2	11.44233	13
6	ZSYH	23.04939	3	15.09686	2
7	NJYH	22.00512	6	12.36201	12
8	XYYH	21.36164	9	14.71095	3
9	BJYH	26.44851	1	13.43544	9

续表

ID	缩写	CoVaR	排名	ΔCoVaR	排名
10	NYYH	22. 38124	5	13. 31413	11
11	JTYH	17. 16888	16	10. 10568	16
12	GSYH	22. 98808	4	16. 07476	1
13	GDYH	21. 07383	11	14. 52363	4
14	JSYH	20. 95179	12	13. 85189	7
15	ZGYH	20. 35813	13	14. 36396	5
16	ZXYH	21. 24886	10	13. 34509	10

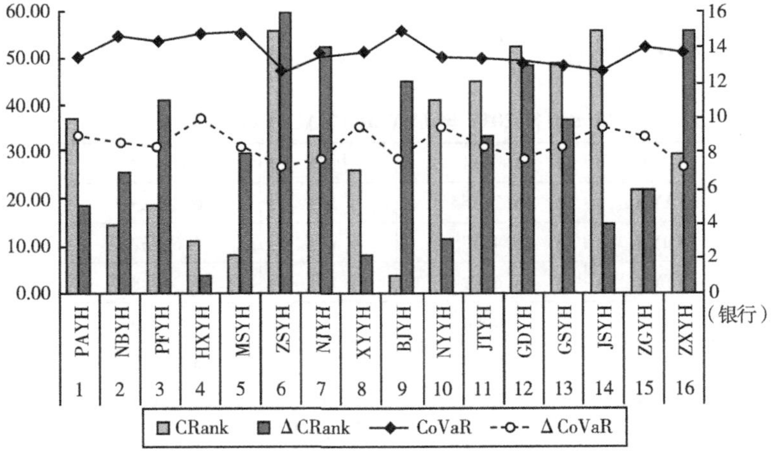

（A）

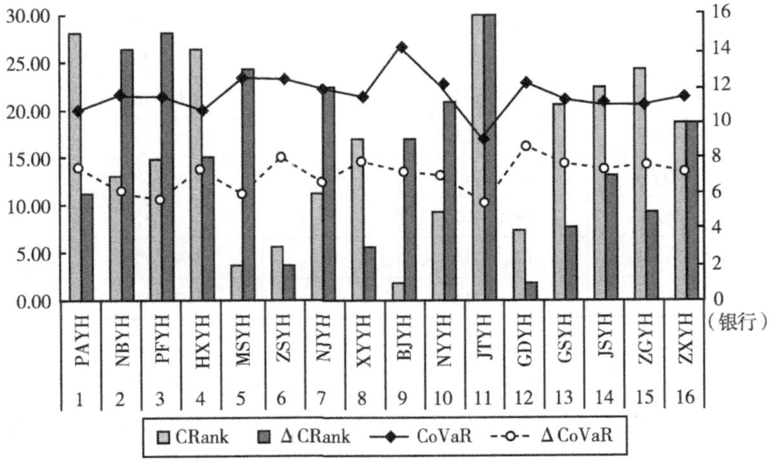

（B）

图3-4　CoVaR 和 ΔCoVaR 测算结果：（A）2015；（B）2016

由表3-11可见，2017年，除JTYH的CoVaR较2016年上升5.42%外，所有银行的CoVaR和ΔCoVaR均有一定程度的下降，从总体上看银行体系的系统性风险水平有所降低。从CoVaR值的排名看，NYYH、NJYH、GDYH、XYYH和GSYH排名前5，这意味着在这些银行处于困境时，银行体系的损失水平较高。从ΔCoVaR的结果看，排名前5的银行中有3家国有银行（GSYH、NYYH和JSYH）、2家股份制银行（XYYH和GDYH），这些银行在处于困境时对银行系统性风险水平的贡献较高，如排名第1的XYYH的ΔCoVaR值是ΔCoVaR值最小的PFYH的2.07倍。

表3-11　　样本银行2017年CoVaR和ΔCoVaR数据表

ID	缩写	CoVaR	排名	ΔCoVaR	排名
1	PAYH	16.96255	13	6.38623	15
2	NBYH	16.45735	15	6.65462	13
3	PFYH	15.67074	16	5.36888	16
4	HXYH	18.96949	8	8.31086	9
5	MSYH	17.08069	12	6.59616	14
6	ZSYH	17.29961	11	9.27154	7
7	NJYH	20.04917	2	9.93437	6
8	XYYH	19.58485	4	11.11675	1
9	BJYH	19.27167	6	7.94094	11
10	NYYH	21.00266	1	10.13875	3
11	JTYH	18.09925	9	8.08318	10
12	GSYH	19.54228	5	10.82857	2
13	GDYH	19.69111	3	9.96358	5
14	JSYH	19.03407	7	10.02735	4
15	ZGYH	17.89516	10	8.48671	8
16	ZXYH	16.62010	14	7.28251	12

由表3-12可见，2018年，从整体水平上看，上市银行的CoVaR和ΔCoVaR值都有一定幅度的增加，即便是CoVaR和ΔCoVaR值排名最低的XYYH，数值水平也较上年相同指标最高值高，反映了风险水平的上升，见图3-5。具体分析，从CoVaR值看，排名前5的银行有4家为股份制银行，2家为城商行。与2017年相比，除JTYHCo-

VaR排名提高外，其他国有银行的CoVaR排名均有所下降。从ΔCoVaR值看，对系统性风险贡献较高的前6家银行分别是ZSYH、JSYH、NYYH、ZXYH、PAYH和ZGYH。

表3-12　　样本银行2018年CoVaR和ΔCoVaR数据表

ID	缩写	CoVaR	排名	ΔCoVaR	排名
1	PAYH	32.42619	12	19.50911	5
2	NBYH	33.10535	8	17.26844	12
3	PFYH	35.79370	2	19.26576	7
4	HXYH	32.49312	11	16.96074	13
5	MSYH	34.64284	6	17.62382	11
6	ZSYH	34.69788	5	24.50129	1
7	NJYH	35.48007	3	15.44870	15
8	XYYH	28.51292	16	14.35353	16
9	BJYH	35.43899	4	19.00533	9
10	NYYH	32.52114	10	20.02332	3
11	JTYH	33.93624	7	18.14438	10
12	GSYH	29.24585	15	19.10824	8
13	GDYH	30.34568	14	15.98905	14
14	JSYH	32.53411	9	21.62444	2
15	ZGYH	31.73888	13	19.48496	6
16	ZXYH	36.78129	1	19.79411	4

3.3.1.2　总体分析（全样本期）

表3-13显示了全样本时期各上市银行的CoVaR和ΔCoVaR计算结果。总的来说，在样本期内，CoVaR值排名前50%的银行均属于股份制商业银行或者城市商业银行。股份制商业银行中，PFYH的CoVaR值超过30，在上市银行业中排名第1。城市商业银行中，NJYH的CoVaR值最高，在上市银行业内排名第2，而NBYH和BJYH的CoVaR值也均超过28，在行业内属于较高水平。此外，部分股份制银行如ZXYH和GDYH，CoVaR值在行业内属于较低水平，分别排名12和15。国有银行的CoVaR值与股份制或城市商业银行相比略低，

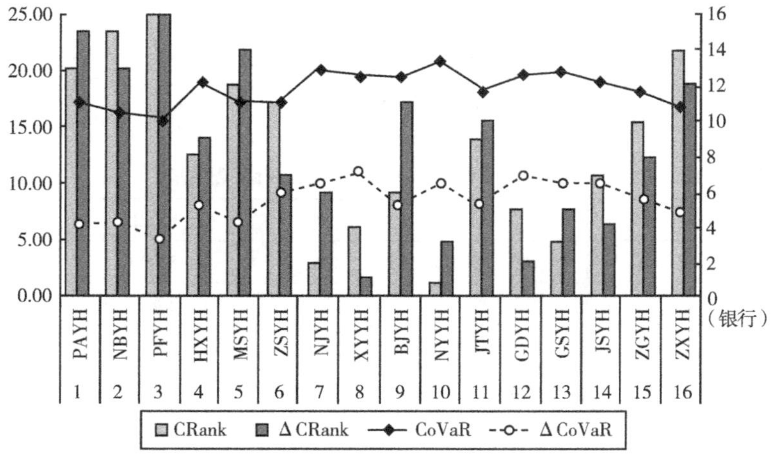

（A）

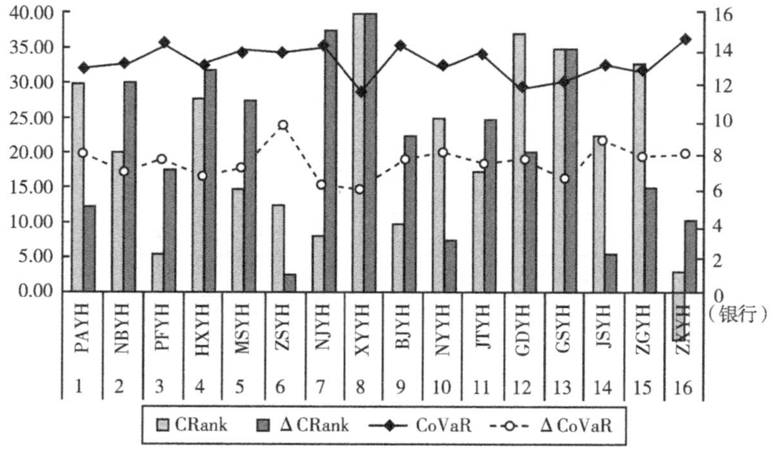

（B）

图 3－5　CoVaR 和 ΔCoVaR 测算结果：（A）2017；（B）2018

GSYH、NYYH 的 CoVaR 值排名分别是 10 和 11，而 JSYH、ZGYH、JTYH 分别排名 13、14 和 16。

从 ΔCoVaR 角度看，全样本期上市银行 ΔCoVaR 排名前 50% 的银行中有 3 家属于国有商业银行（GSYH、NYYH 和 JSYH），5 家属于股份制商业银行（ZSYH、HXYH、PFYH、XYYH、MSYH）。3 家城市商业银行排名为行业 9－11 名。具体看，国有银行中，GSYH、NYYH 和 JSYH 分别居于行业 3、5、7 名，对系统性风险的贡献在行业中属于偏高或中等水平。而 JTYH 和 ZGYH 的 ΔCoVaR 值排名仅为 13 和

15，对系统性风险的贡献较低；股份制银行中，ZSYH 和 HXYH 对系统性风险的贡献较高，排名行业第 1 和第 2，而 GDYH 和 ZXYH 则排名行业 14 和 16。

表 3 – 13　　样本银行全样本期 CoVaR 和 ΔCoVaR 数据表

ID	名称	CoVaR	排名	ΔCoVaR	排名
1	PAYH	28. 16048	9	15. 45902	12
2	NBYH	28. 87700	5	15. 95066	9
3	PFYH	30. 26408	1	17. 24721	4
4	HXYH	28. 89288	4	17. 46645	2
5	MSYH	29. 21309	3	16. 12949	8
6	ZSYH	28. 47579	6	17. 92490	1
7	NJYH	29. 26144	2	15. 77377	10
8	XYYH	28. 39661	7	16. 80694	6
9	BJYH	28. 24122	8	15. 68571	11
10	NYYH	27. 80126	11	16. 86102	5
11	JTYH	25. 83761	16	15. 35397	13
12	GSYH	27. 98296	10	17. 37590	3
13	GDYH	26. 03865	15	15. 01931	14
14	JSYH	26. 24672	13	16. 70059	7
15	ZGYH	26. 17819	14	14. 99823	15
16	ZXYH	27. 15799	12	14. 01766	16

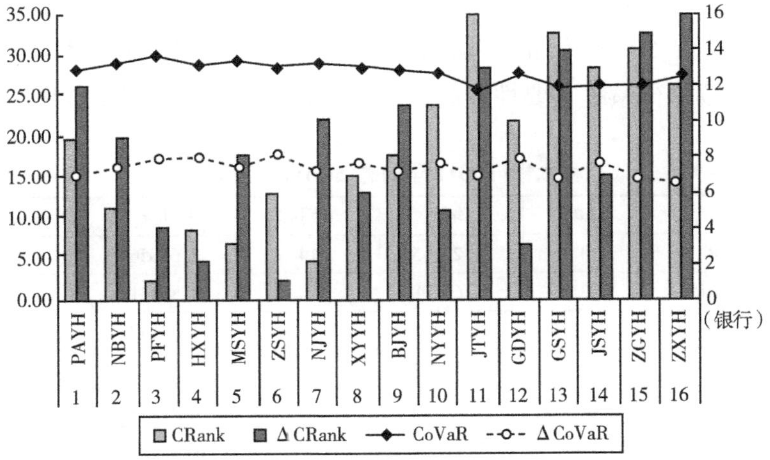

图 3 – 6　CoVaR 和 ΔCoVaR 计算结果（2011—2018）

结合逐年计算结果，我们发现，由于国际和国内经济金融形势变化，不同年度上市银行整体的风险水平有一定差别，并且在 2013 年银行业“钱荒”、2015 年“股灾”爆发、2018 年“中美贸易战”期间，风险水平较以往显著上升。此外，大部分上市银行的 CoVaR 和 ΔCoVaR 排名是动态变化的。

3.3.2 样本银行系统性风险贡献水平测算（动态模型）

3.3.2.1 逐年分析

由表 3－14 可知，2011 年，从均值水平看，对银行体系的系统性风险贡献最高的前 7 家银行包括 3 家股份制银行、2 家国有银行和 2 家城商行，分别是 HXYH、XYYH、ZSYH、GSYH、NJYH、NYYH 和 BJYH。其中，HXYH 的 ΔCoVaR 最高，为 16.55152，其余 6 家银行的数值也均超过 15。从 ΔCoVaR 值的标准差水平看，HXYH、XYYH 和 ZSYH 这 3 家股份制银行的 ΔCoVaR 值波动在行业中属于较低水平，说明它们对银行体系的系统重要性排名较为稳定；GSYH、NJYH、NYYH 的 ΔCoVaR 标准差分别排名 6、7 和 8，在行业中处于较高水平，表明它们的系统重要性排名具有一定程度的波动性。国有银行根据系统重要性排序，依次为 GSYH、NYYH、JSYH、JTYH 和 ZGYH。股份制银行中，系统重要性较高的前 3 家银行为 HXYH、XYYH、ZSYH。城商行系统重要性较高的前 2 家银行为 NJYH 和 BJYH。

表 3－14　　样本银行 2011 年动态 ΔCoVaR 统计表

ID	缩写	年度	均值	均值排名	标准差	标准差排名
1	PAYH	2011	14.20615	14	2.65056	9
2	NBYH	2011	14.62198	10	2.82131	4
3	PFYH	2011	14.20788	13	2.62492	11
4	HXYH	2011	16.55152	1	2.57170	12
5	MSYH	2011	14.06244	15	2.30199	14
6	ZSYH	2011	16.05495	3	2.23010	15
7	NJYH	2011	15.51865	5	2.69222	7
8	XYYH	2011	16.32260	2	2.63983	10

续表

ID	缩写	年度	均值	均值排名	标准差	标准差排名
9	BJYH	2011	15.34326	7	2.14436	16
10	NYYH	2011	15.46491	6	2.65603	8
11	JTYH	2011	14.53407	11	2.84025	3
12	GSYH	2011	15.74878	4	2.73340	6
13	GDYH	2011	14.88043	9	2.95286	2
14	JSYH	2011	14.93399	8	2.98717	1
15	ZGYH	2011	14.36881	12	2.80913	5
16	ZXYH	2011	12.92378	16	2.40114	13

2012 年的结果显示（见表 3－15），ΔCoVaR 值排名靠前的 7 家银行中，有 6 家银行属于 2011 年对系统性风险贡献大的银行，包括 HXYH、ZSYH、XYYH、GSYH、NJYH 和 NYYH。BJYH 的 ΔCoVaR 值排名上升，对系统性风险的贡献排名进入前 5，见图 3－7。与 2011 年相比，2012 年银行业总体的 ΔCoVaR 值均值水平有所降低，标准差也略有降低。按银行类型细分，我们发现国有银行的系统重要性排序与 2011 年完全一致，股份制银行系统重要性较高的前 5 家银行，有 4 家银行在 2011 年也属于股份制银行中系统重要性程度较高的银行，城商行的系统重要性较高的前 2 家银行与 2011 年时相同。总之，虽然一些银行的排名略有变化，但 2012 年它们对银行系统性风险的贡献，在股份制银行、国有银行和城商行中的相对水平基本是不变的。

表 3－15　　　　样本银行 2012 年动态 ΔCoVaR 统计表

ID	缩写	年度	均值	均值排名	标准差	标准差排名
1	PAYH	2012	12.70728	8	2.35634	6
2	NBYH	2012	12.49731	9	2.52780	2
3	PFYH	2012	12.34166	10	2.23124	9
4	HXYH	2012	14.60535	1	2.12518	13
5	MSYH	2012	12.33145	11	2.02772	14
6	ZSYH	2012	14.35952	2	1.90831	16
7	NJYH	2012	13.21971	6	2.31604	8
8	XYYH	2012	14.32403	3	2.19336	10
9	BJYH	2012	13.79981	4	1.91061	15
10	NYYH	2012	12.93968	7	2.35330	7

续表

ID	缩写	年度	均值	均值排名	标准差	标准差排名
11	JTYH	2012	11.97975	14	2.40356	5
12	GSYH	2012	13.62924	5	2.15824	11
13	GDYH	2012	12.16171	12	2.52681	3
14	JSYH	2012	12.01016	13	2.64853	1
15	ZGYH	2012	11.57873	15	2.42546	4
16	ZXYH	2012	11.49921	16	2.14807	12

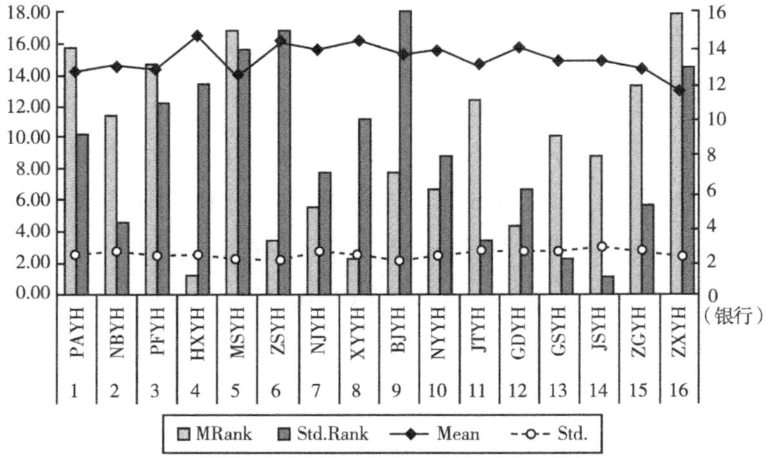

（A）

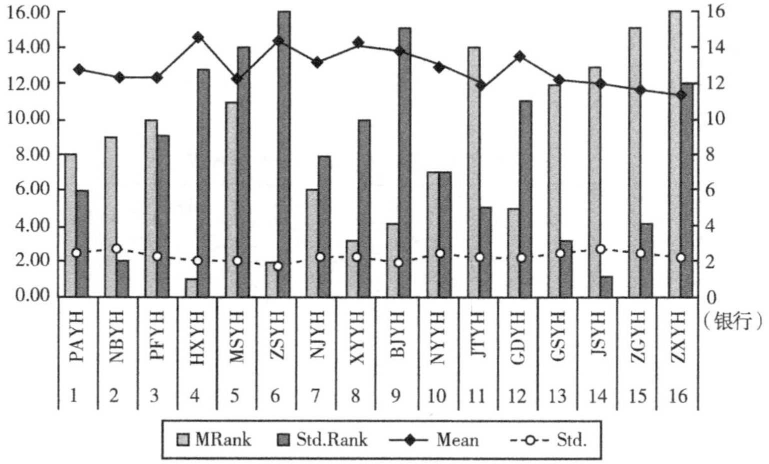

（B）

图 3－7　ΔCoVaR 均值及标准差：（A）2011；（B）2012

注：左轴表示基于动态模型测算的各银行 ΔCoVaR 均值和标准差，右轴表示该银行 CoVaR 均值和标准差在行业内的排名（图 7 到图 11 同）。

由表3－16可见，2013年，与2012年相比，行业的系统性风险贡献的均值和标准差水平，均有所提高。从ΔCoVaR的排序看，系统重要性较高的前7家银行，由4家股份制银行、2家国有银行和1家城商行组成，系统重要性最高的银行与2011、2012年一致，为HXYH，排名第2、3的为ZSYH和GSYH。股份制银行中，HXYH、ZSYH、XYYH和PAYH，对系统性风险贡献较高；国有银行中，GSYH、JSYH和ZGYH系统重要性程度较高；城商行中，NBYH系统重要性程度较高。

表3－16　　样本银行2013年动态ΔCoVaR统计表

ID	缩写	年度	均值	均值排名	标准差	标准差排名
1	PAYH	2013	14.35216	7	3.39434	12
2	NBYH	2013	14.78535	4	3.93708	8
3	PFYH	2013	14.18970	10	3.41274	11
4	HXYH	2013	15.71981	1	3.65128	10
5	MSYH	2013	13.03076	15	3.15007	14
6	ZSYH	2013	15.14676	2	3.04573	15
7	NJYH	2013	14.05128	11	4.01346	6
8	XYYH	2013	14.77198	5	3.90473	9
9	BJYH	2013	13.29395	14	3.17120	13
10	NYYH	2013	14.01843	12	4.55405	3
11	JTYH	2013	13.67171	13	4.32346	5
12	GSYH	2013	14.81228	3	4.00613	7
13	GDYH	2013	14.19080	9	4.62552	2
14	JSYH	2013	14.71058	6	4.84328	1
15	ZGYH	2013	14.31002	8	4.52781	4
16	ZXYH	2013	11.45993	16	2.88369	16

2014年，从ΔCoVaR结果看，行业的系统性风险贡献均值水平略有下降，但标准差水平从3.84028提升到6.55390，波动性明显加大，JSYH、GDYH、ZGYH、NYYH和JTYH的ΔCoVaR值的标准差分别达到了8.79632、8.67851、8.49223、7.96004和7.95919，相当于其2013年标准差的1.7—1.8倍。HXYH、ZSYH、GSYH、XYYH和

BJYHΔCoVaR 值分别排名 1 – 5，表明它们对银行体系的系统性风险贡献在行业中属于较高水平，见表 3 – 17。

表 3 – 17　　样本银行 2014 年动态 ΔCoVaR 统计表

ID	缩写	年度	均值	均值排名	标准差	标准差排名
1	PAYH	2014	13. 34173	9	4. 39789	16
2	NBYH	2014	13. 46569	8	6. 01656	10
3	PFYH	2014	13. 15914	12	5. 57660	11
4	HXYH	2014	14. 71690	1	6. 45855	8
5	MSYH	2014	12. 35332	15	5. 46080	12
6	ZSYH	2014	14. 63481	2	5. 18002	14
7	NJYH	2014	13. 52685	7	7. 11687	6
8	XYYH	2014	14. 23354	4	6. 41772	9
9	BJYH	2014	13. 60324	5	5. 43449	13
10	NYYH	2014	13. 56008	6	7. 96004	4
11	JTYH	2014	12. 76824	14	7. 95919	5
12	GSYH	2014	14. 33229	3	6. 47609	7
13	GDYH	2014	13. 19912	10	8. 67851	2
14	JSYH	2014	13. 16804	11	8. 79632	1
15	ZGYH	2014	12. 82051	13	8. 49223	3
16	ZXYH	2014	11. 25286	16	4. 44048	15

由表 3 – 18 可见，2015 年，上市银行整体的 ΔCoVaR 值的均值和标准差水平均较往年显著提升。2014 年行业 ΔCoVaR 均值和标准差为 13. 38352 和 6. 55390，而 2015 年行业 ΔCoVaR 均值和标准差则分别达到了 27. 14898 和 12. 28136，增幅高达 102. 85% 和 87. 390%。具体分析，4 家国有银行（JSYH、ZGYH、NYYH 和 JTYH）的 ΔCoVaR 均值进入行业前 5。此外，股份制银行中，GDYH 和 HXYH、XYYH 分别排名行业 2、7 和 8；城商行中，NJYH 和 NBYH 分别排名行业 6、10。值得注意的是，在这一年，所有银行的 ΔCoVaR 均值水平均较往年显著提高，JSYH 的 ΔCoVaR 的均值水平最高，达到了 32. 27750，相当于其 2014 年均值水平的 2. 451 倍，而 ZXYH 的 ΔCoVaR 值在行业中属

于较低水平（19.96861），但也超过了2014年ΔCoVaR值最高的HXYH（14.71690）。

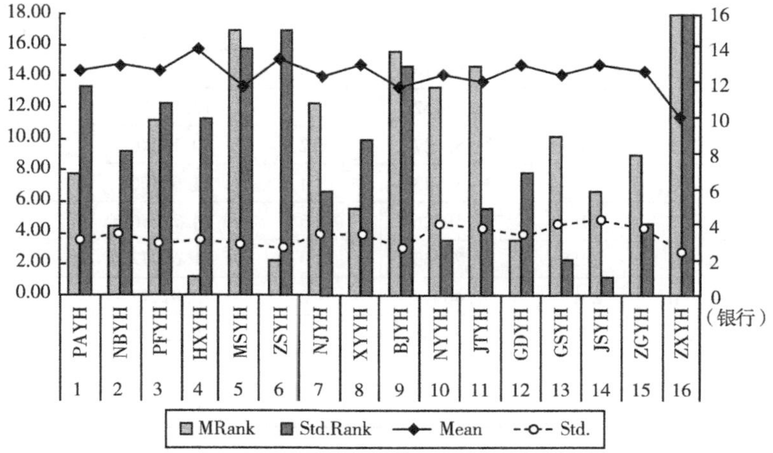

（A）

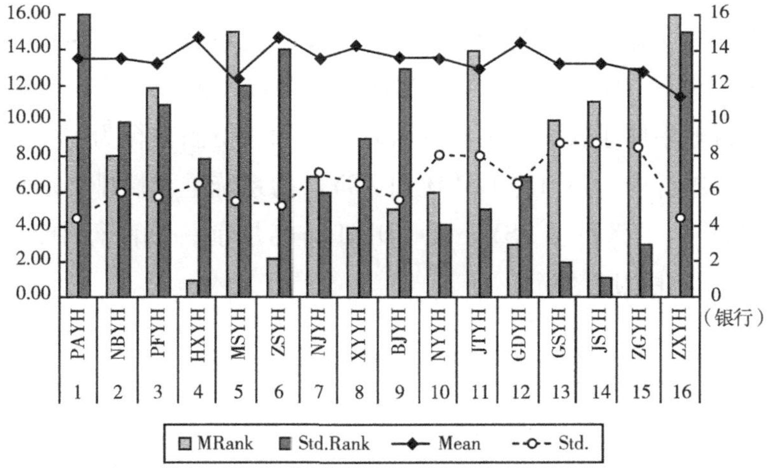

（B）

图3-8　ΔCoVaR均值及标准差：（A）2013；（B）2014

表3-18　　　样本银行2015年动态ΔCoVaR统计表

ID	缩写	年度	均值	均值排名	标准差	标准差排名
1	PAYH	2015	22.04976	15	8.63748	15
2	NBYH	2015	26.38208	10	11.76712	9
3	PFYH	2015	24.44255	13	10.18689	12
4	HXYH	2015	28.09997	7	12.00408	8

续表

ID	缩写	年度	均值	均值排名	标准差	标准差排名
5	MSYH	2015	23.73581	14	10.31781	11
6	ZSYH	2015	25.36630	11	9.66944	14
7	NJYH	2015	28.61713	6	13.41078	6
8	XYYH	2015	28.05152	8	12.54525	7
9	BJYH	2015	24.82427	12	10.16046	13
10	NYYH	2015	30.81743	4	14.90306	4
11	JTYH	2015	29.50326	5	14.72056	5
12	GSYH	2015	27.76333	9	11.62272	10
13	GDYH	2015	31.40314	2	15.91217	2
14	JSYH	2015	32.27750	1	16.53691	1
15	ZGYH	2015	31.08100	3	15.77887	3
16	ZXYH	2015	19.96861	16	8.32822	16

由表3-19和图3-9可见，2016年，行业的ΔCoVaR值的均值水平较上一年明显下降，为15.44929；波动性也略有下降，为6.75267。HXYH、JSYH、GSYH、ZSYH、NBYH和ZGYH的ΔCoVaR值的均值水平在行业中属于较高水平，以国有银行和股份制银行为主。具体分析，国有银行中，JSYH、GSYH和ZGYH的系统重要性排名居前；股份制银行中，HXYH、ZSYH和GDYH排名居前；城商行中，NBYH的系统重要性程度最高。

表3-19　　样本银行2016年动态ΔCoVaR统计表

ID	缩写	年度	均值	均值排名	标准差	标准差排名
1	PAYH	2016	15.30783	12	4.90385	15
2	NBYH	2016	16.16109	5	6.57667	9
3	PFYH	2016	15.41749	10	5.62364	12
4	HXYH	2016	16.80512	1	6.61897	8
5	MSYH	2016	14.00421	15	5.77019	11
6	ZSYH	2016	16.16242	4	5.33740	14
7	NJYH	2016	15.39976	11	7.34510	6
8	XYYH	2016	15.83986	8	6.93795	7
9	BJYH	2016	14.19941	14	5.52149	13
10	NYYH	2016	15.63714	9	8.20109	4
11	JTYH	2016	15.24992	13	7.95770	5

续表

ID	缩写	年度	均值	均值排名	标准差	标准差排名
12	GSYH	2016	16. 19361	3	6. 42776	10
13	GDYH	2016	15. 95589	7	8. 54230	2
14	JSYH	2016	16. 58765	2	9. 06015	1
15	ZGYH	2016	16. 07744	6	8. 53394	3
16	ZXYH	2016	12. 18981	16	4. 68453	16

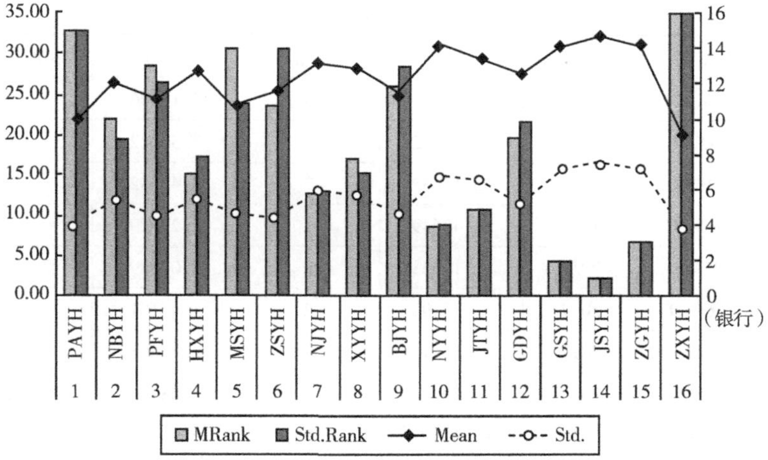

（A）

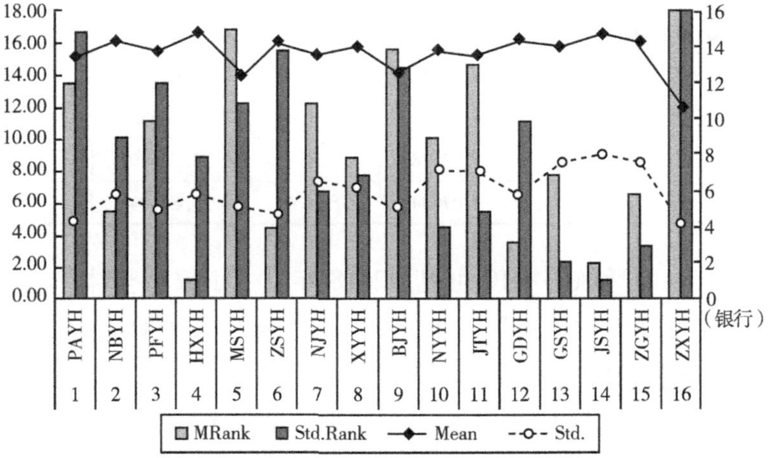

（B）

图 3－9　ΔCoVaR 均值及标准差：（A）2015；（B）2016

根据表 3－20，2017 年，行业的 ΔCoVaR 值的波动性继续下降，仅为 2.36987；均值水平为 2011—2017 年来最低水平，表明所有银行对系统性风险的贡献均显著下降。从均值的排名看，5 家股份制银行（HXYH、ZSYH、PAYH、XYYH 和 PFYH）分别排名 1、2、3、5、7。3 家城商行（NBYH、BJYH 和 NJYH）分别排名 6、8、9。国有银行中的 GSYH、JSYH 和 NYYH 分别排名行业 4、10、11。

表 3－20　　　样本银行 2017 年动态 ΔCoVaR 统计表

ID	缩写	年度	均值	均值排名	标准差	标准差排名
1	PAYH	2017	12.67271	3	2.11106	11
2	NBYH	2017	12.35132	6	2.36022	8
3	PFYH	2017	12.15482	7	2.45582	6
4	HXYH	2017	13.47649	1	2.29379	9
5	MSYH	2017	11.14733	12	2.00489	14
6	ZSYH	2017	13.35190	2	1.97101	15
7	NJYH	2017	11.56116	9	2.37608	7
8	XYYH	2017	12.49948	5	2.08884	12
9	BJYH	2017	11.68791	8	2.04885	13
10	NYYH	2017	11.20795	11	2.54161	5
11	JTYH	2017	10.81110	15	2.75473	4
12	GSYH	2017	12.57662	4	2.27973	10
13	GDYH	2017	11.10243	13	3.09988	1
14	JSYH	2017	11.31800	10	2.94532	2
15	ZGYH	2017	11.02678	14	2.78570	3
16	ZXYH	2017	10.07004	16	1.80034	16

由表 3－21 和图 3－10 可见，2018 年，上市银行整体的 ΔCoVaR 值的均值较 2017 年下降 4.10%，而波动性水平增幅为 24.0%。ΔCoVaR 均值较高的前 8 家银行中有 4 家国有银行（JSYH、GSYH、ZGYH 和 NYYH）、4 家股份制银行（HXYH、GDYH、XYYH 和 ZSYH），而城商行如 NBYH、NJYH 的系统性风险贡献水平属行业中等水平，分别为 16.97817 和 16.66844，但也超过了 2017 年 ΔCoVaR 均值水平的最大值。

表 3 – 21　　　　样本银行 2018 年动态 ΔCoVaR 统计表

ID	缩写	年度	均值	均值排名	标准差	标准差排名
1	PAYH	2018	15.81887	13	3.25358	15
2	NBYH	2018	16.97817	9	3.95631	9
3	PFYH	2018	16.02904	12	3.57180	11
4	HXYH	2018	17.59502	2	3.85276	10
5	MSYH	2018	14.81416	15	3.37117	13
6	ZSYH	2018	16.98572	8	3.32542	14
7	NJYH	2018	16.66844	10	4.50906	6
8	XYYH	2018	17.04033	7	4.08399	7
9	BJYH	2018	15.36664	14	3.43835	12
10	NYYH	2018	17.14597	6	4.79719	5
11	JTYH	2018	16.44714	11	4.91921	4
12	GSYH	2018	17.27874	3	4.06071	8
13	GDYH	2018	17.17972	5	5.17592	2
14	JSYH	2018	17.79432	1	5.17691	1
15	ZGYH	2018	17.20586	4	5.10169	3
16	ZXYH	2018	13.00222	16	3.22268	16

从全样本期的动态 ΔCoVaR 结果看（见表 3 – 22 和图 3 – 11），从均值水平看，对系统性风险贡献最高的前 7 家银行由 3 家国有银行和 4 家股份制银行组成，分别是 HXYH、XYYH、JSYH、GSYH、ZSYH、NYYH 和 GDYH。其中，HXYH 的 ΔCoVaR 均值达到了 17.20101，其余几家银行的 ΔCoVaR 均值也均超过 16.0。从 ΔCoVaR 值的波动性看，MSYH 和 ZXYH 的标准差水平较低，分别为 14.81416 和 13.00222。而系统重要性排名居前的 JSYH、GDYH、ZGYH、NYYH 和 XYYH 的标准差水平在行业中处于较高水平，反映出它们在银行体系的系统重要性是动态变化的。

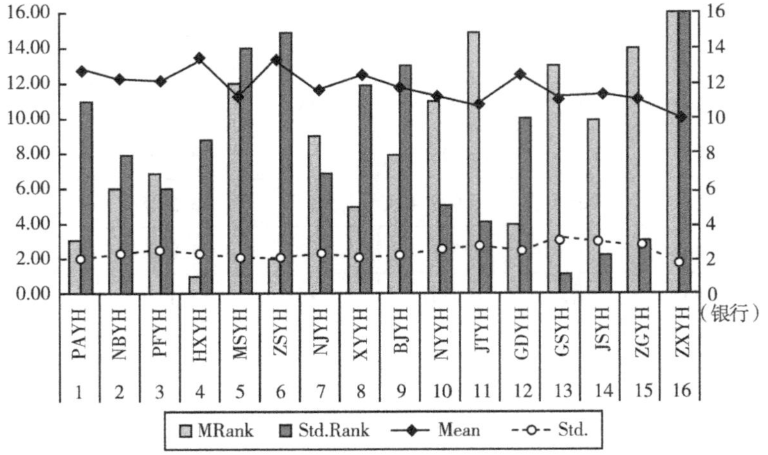

（A）

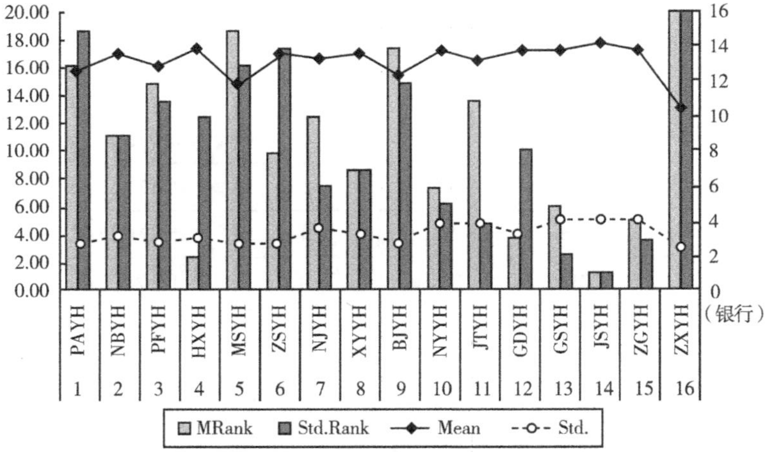

（B）

图 3－10　ΔCoVaR 均值及标准差：（A）2017；（B）2018

表 3－22　　样本银行全样本期动态 ΔCoVaR 统计表

ID	缩写	年度	均值	均值排名	标准差	标准差排名
1	PAYH	2018	15. 05961	14	5. 26902	15
2	NBYH	2018	15. 90944	10	7. 18897	10
3	PFYH	2018	15. 24658	13	6. 31330	11
4	HXYH	2018	17. 20101	1	7. 27315	9
5	MSYH	2018	14. 43928	15	6. 25652	12
6	ZSYH	2018	16. 51213	5	5. 92573	14

续表

ID	缩写	年度	均值	均值排名	标准差	标准差排名
7	NJYH	2018	16. 07674	8	8. 19557	6
8	XYYH	2018	16. 64107	2	7. 56789	7
9	BJYH	2018	15. 27070	12	6. 24528	13
10	NYYH	2018	16. 35651	6	9. 21225	4
11	JTYH	2018	15. 62721	11	9. 02495	5
12	GSYH	2018	16. 54759	4	7. 31389	8
13	GDYH	2018	16. 26631	7	9. 77645	2
14	JSYH	2018	16. 60670	3	10. 14420	1
15	ZGYH	2018	16. 06496	9	9. 69424	3
16	ZXYH	2018	12. 79963	16	5. 10661	16

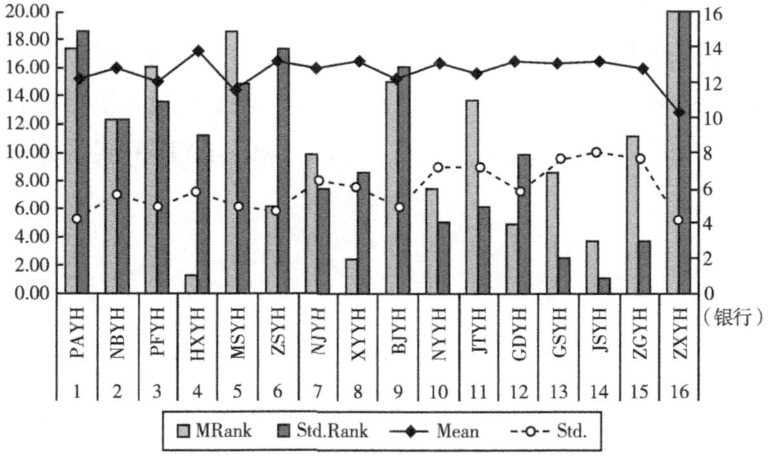

图 3－11　全样本期 ΔCoVaR 均值及标准差：(2011—2018)

3.3.2.3　比较分析：静态和动态模型

在前文中，我们首先构建静态 CoVaR 模型评估样本银行的系统重要性。然后，我们引入状态变量，基于动态 CoVaR 模型进行分析。在本小节中，我们对整个样本期内静态和动态 CoVaR 模型得出的整体分析结果进行比较。

图3－12 显示了全样本期静态和动态 ΔCoVaR 的排名结果。我们发现，国有银行中，GSYH 和 NYYH 的动态 ΔCoVaR 排名与静态 ΔCoVaR 排名相比并未发生较大变化，它们的动态 ΔCoVaR 系统重要性排名分别为第 4 和第 6、而静态 ΔCoVaR 分别排名为第 3 和第 5。JTYH 的系统重要性排名略有提升，基于动态模型的 ΔCoVaR 排名第 11，而基于静态模型的 ΔCoVaR 排名第 13。与静态模型相比，JSYH 和 ZGYH 的系统重要性排名分别提高了4 和6，达到了第3 和第9。城商行中，动态和静态 ΔCoVaR 排名结果差异并不大，NBYH 和 BJYH 的系统重要性排名均提高了 1，分别为第 10 和第 12；NJYH 的系统重要性排名则小幅提升到第 8。股份制银行中，采用动态 ΔCoVaR 方法融入了银行业状态变量的影响后，ZXYH 的排名并未发生变化，而 PAYH 的系统重要性程度略有降低，它们对银行体系的系统性风险贡献水平较低；HXYH 的排名变动仅为 1，无论从静态、动态 ΔCoVaR 看，其对银行体系的系统性风险的贡献在行业中都是很高的。此外，PFYH、MSYH 的系统重要性程度显著降低；ZSYH 的系统重要性程度略有降低，但在行业中仍居于前 5；XYYH 和 GDYH 的系统重要性排名则显著提高。

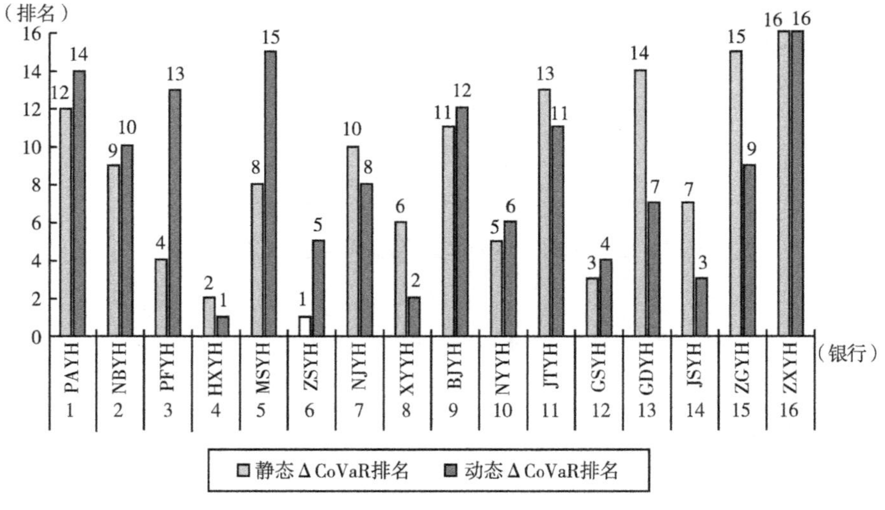

图3－12　静态、动态 ΔCoVaR 排名结果对比

注：左轴为样本银行的静态和动态 ΔCoVaR 值排名。

静态 ΔCoVaR 是基于传统的 CoVaR 模型计算得出的。由图可见，在静态模型中，有 7 家银行（ZSYH、HXYH、GSYH、PFYH、NYYH、XYYH、JSYH）的系统性风险贡献高于其他银行。而在动态模型中，上述 7 家银行中有 6 家银行（HXYH、XYYH、JSYH、GSYH、ZSYH、NYYH）的系统性风险贡献水平较其他样本银行高。同时，由于动态模型的计算过程中融入了一系列状态变量，因此可认为动态 ΔCoVaR 计算结果中包含了更多的信息，并且动态 ΔCoVaR 的时变性更强。因此，准确的系统性风险评估应该基于动态模型，而静态模型可被视为一种度量系统性风险的方法，并且基于这种模型计算能够更快地开展系统重要性银行识别。

3.3.2.4　扩展性研究

（1）极端情况时单个银行的系统性风险贡献值测算

在前文中，本研究基于分位数回归方程构建模型，测算银行的系统性风险贡献值（即 ΔCoVaR 值）。具体而言，在构建 CoVaR 模型时，文献通常采用 5% 的分位数来定义银行的压力状态，如 Khiari 和 Ben Sassi（2019）等采用了同样的做法。

在这一部分，我们探索采用 1% 的分位数，构建动态 CoVaR 模型，计算出 ΔCoVaR 值（即银行处于压力状态和正常状态下的条件风险值 CoVaR 之差），从而对银行在极端情况下的系统性风险贡献值进行测算。基于动态模型的 ΔCoVaR 值逐年测算结果，见图 3 – 13、图 3 – 14、图 3 – 15、图 3 – 16。研究发现，在极端情况（即采用 1% 的分位数建模）时，所有银行的系统性风险贡献都较前文中银行处于压力状态（即采用 5% 的分位数建模）时的系统性风险贡献更高。

由图 3 – 13、图 3 – 14、图 3 – 15、图 3 – 16 可见，2015 年，样本银行的 ΔCoVaR 值较其他年度更高。此外，各银行 2018 年的 ΔCoVaR 值均明显低于 2015 年，但总体上仍高于其他年度。由此可见，当银行体系面临严重冲击事件（如 2015 年发生的“股灾”）时，单个银行对银行体系的系统性风险贡献值明显更高，即存在着“放大效应”(amplification effect)。与没有极端事件发生的“平静”时期相比，极端事件的发生（如 2015 年的“股灾”、2018 年的“中美贸易战”）显著提高了各银行在极端情况时对银行体系系统性风险的贡献。因此，考虑到极端事件冲击产生的“放大效应”，在银行体系面临严重冲击时，及时、准确地测算各银行对系统性风险的贡献情况，加强对银行尤其是银行体系中具有系统重要性的银行的识别，对于监管部门维护金融稳定尤为关键。

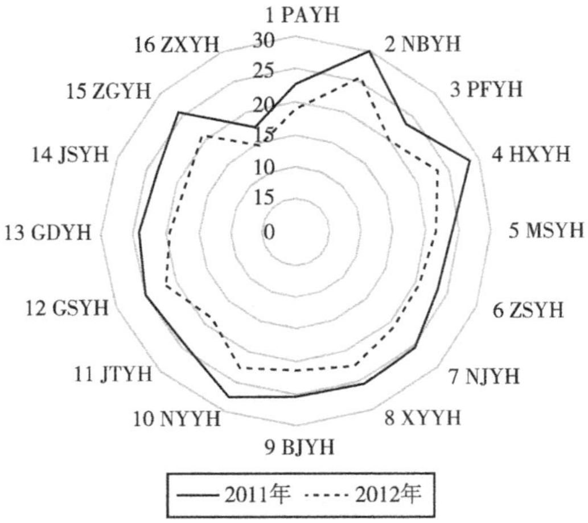

图 3-13　动态 ΔCoVaR 值测算结果

（2011—2012，极端情况）

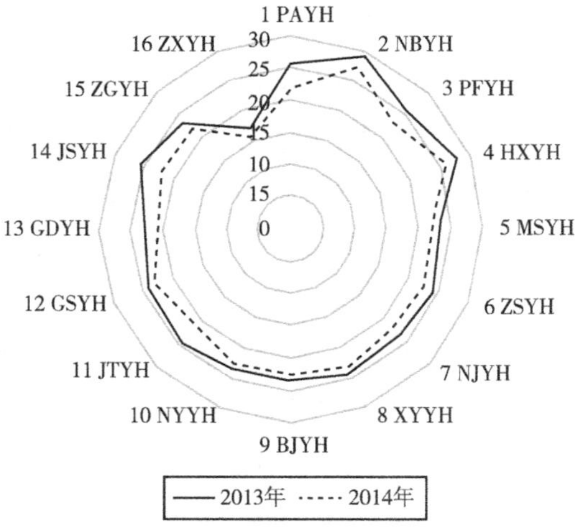

图 3-14　动态 ΔCoVaR 值测算结果

（2013—2014，极端情况）

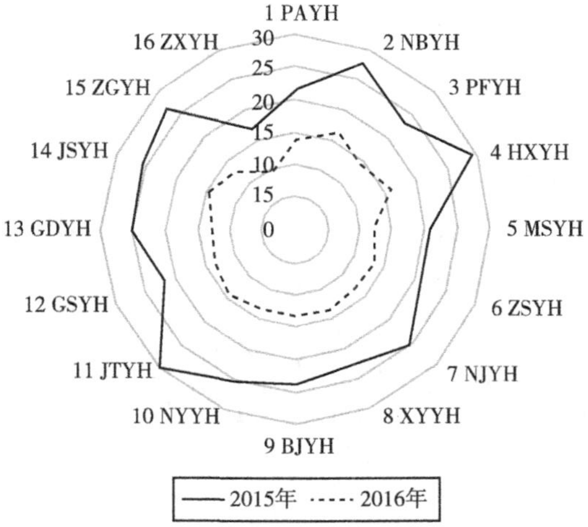

图 3－15　动态 ΔCoVaR 值测算结果

（2015—2016，极端情况）

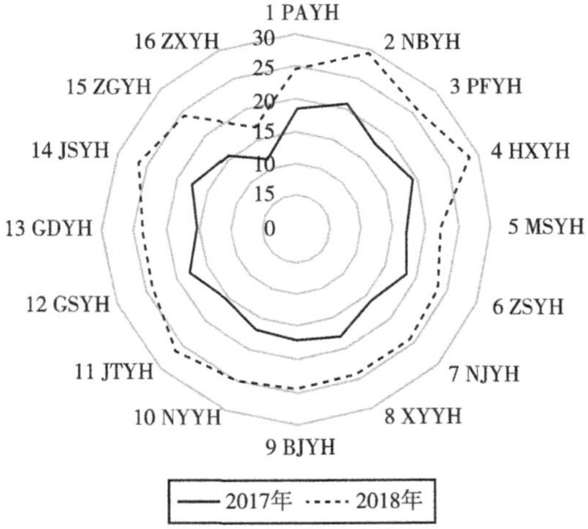

图 3－16　动态 ΔCoVaR 值测算结果

（2017—2018，极端情况）

在此基础上，我们绘制了图 3－17 至图 3－20，以更加直观地呈现样本中许多银行的 ΔCoVaR 值排名随着时间变化而动态变化的情况。此外，样本银行中，HXYH 和 ZXYH 的排名比较稳定。

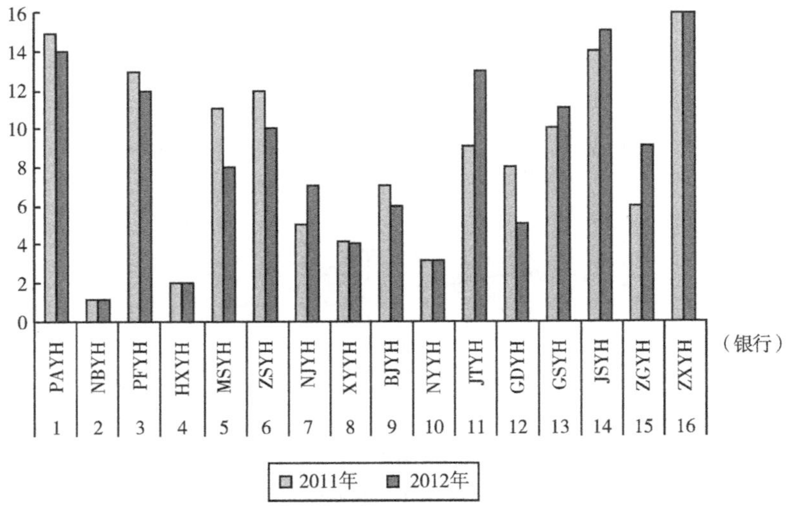

图 3-17 动态 ΔCoVaR 值的排名结果
（2011—2012，极端情况）

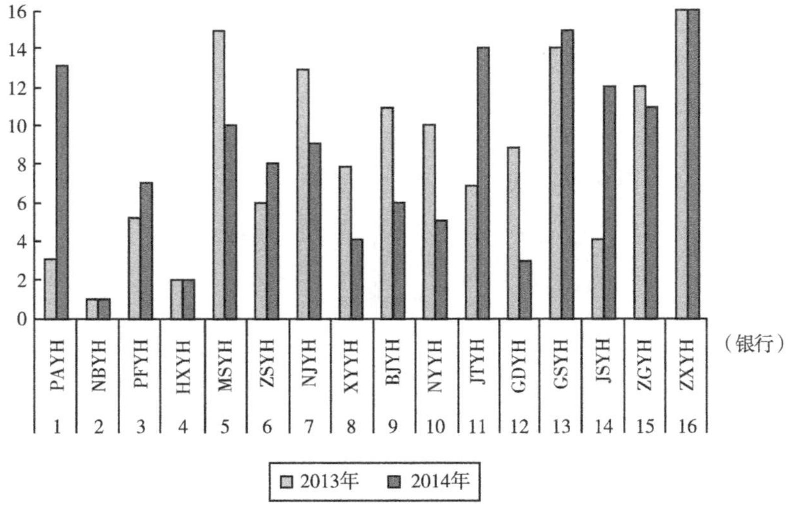

图 3-18 样本银行动态 ΔCoVaR 值的排名结果
（2013—2014，极端情况）

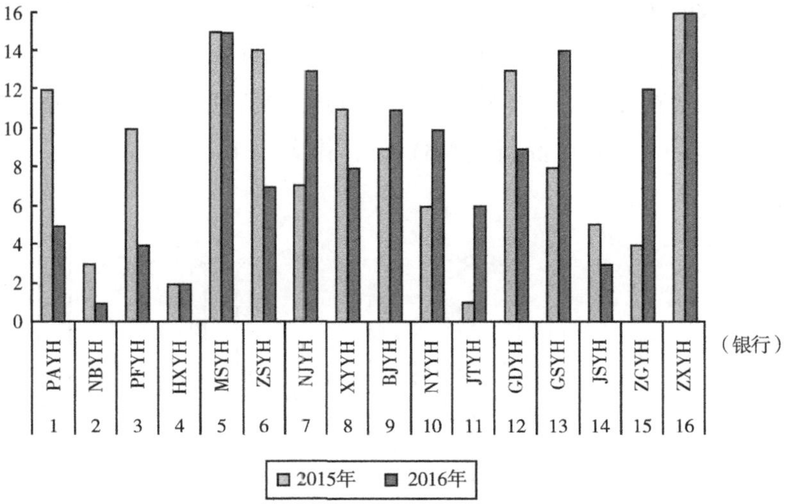

图 3－19　样本银行动态 ΔCoVaR 值的排名结果

（2015—2016，极端情况）

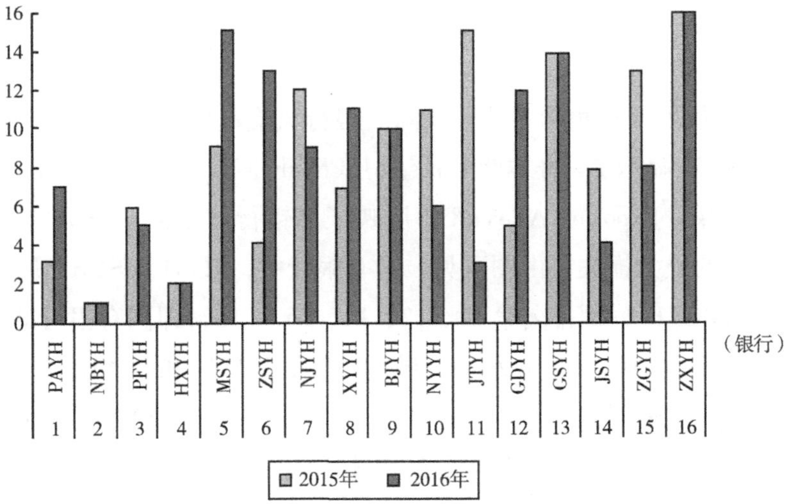

图 3－20　样本银行动态 ΔCoVaR 值的排名结果

（2017—2018，极端情况）

由图3－21可知，在极端情况下，除ZXYH外，所有样本银行的ΔCoVaR值的增长量均超过10。在ΔCoVaR值排名前8位的银行中，有4家国有银行（JTYH、NYYH、JSYH、ZGYH），其排名分别是第3、4、5、6位；3家股份制银行（HXYH、PFYH、XYYH）分别排在第2、7、8位；1家城商行（NBYH），排名第1。

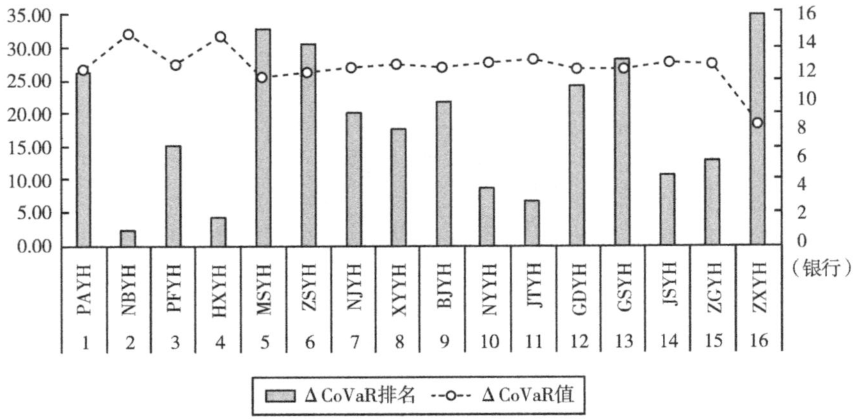

图3－21　动态ΔCoVaR值测算结果和排名结果（极端情况）

注：图中，左轴和右轴分别是样本期内各银行ΔCoVaR均值及排名结果。

（2）从另一视角看系统性风险：银行风险敞口（Bank Exposures）

图3－22显示了全样本期Exposure ΔCoVaR值（简称“E－ΔCoVaR”）及排名结果。Exposure ΔCoVaR值反映了当银行体系处于压力状态时，单个银行的最大损失。由图可见，国有银行中，JTYH、JSYH、NYYH、GSYH和ZGYH分别排名第11、12、14、15和16，即国有银行的风险敞口在银行业中属于较低水平。城商行中，NBYH和NJYH分别排名第1和5。股份制银行中，ZXYH、PAYH、HXYH、XYYH分别排名第2、3、4和6。综上可知，当银行体系处于压力状态时，上市银行中股份制银行和城商行（除BJYH外）受到的影响更大；而国有银行在系统处于压力状态时，受到的影响相对较低，表现出很好的稳定性。

（3）考虑金融科技和非银行金融机构的影响

在这一部分，我们对动态CoVaR模型进行了改进，在模型中加入金融科技（Fintech）和非银行金融机构（NBFIs）的因素作为状态变量。具体而言，这两种因素分别用中证指数（CSI）的金融科技股票指数、非银行金融机构股票指数的收益率来衡量。选择这两个变量的原因时：第一，金融科技（即Fintech）是金融业发展的未来趋势。金融科技改变了传统金融机构的业务模式，形成了数字经济时代的金融创新。第二，非银行金融机构被中国央行认为在中国金融体系中发挥着日益重要的作用（杨坚等，2017）。因此，应当考虑非银行金融机构的潜在影响。第三，它们都符合状态变量选择原则的要求。为了和前文开展的逐年银行系统性风险分析结果做对比，本部分的样本期与之前相同，即也分别以各年为样本期开展逐年分析。考虑到金融科技（Fintech）指数发布时间始于2014年7月，因此度量系统性风险时以2015年至2018年的金融科技指数为基础开展建模。如图3－23所示，从2015年到2018年，排名前八的银行中，JSYH、NYYH、GSYH和ZGYH这四家SOE银行分别排名第1、第2、第3、第4。ZSYH、HXYH和XYYH三家JOI银行分别排名第5至第7位。此外，1家CCB银行（即NBYH）排名第8。

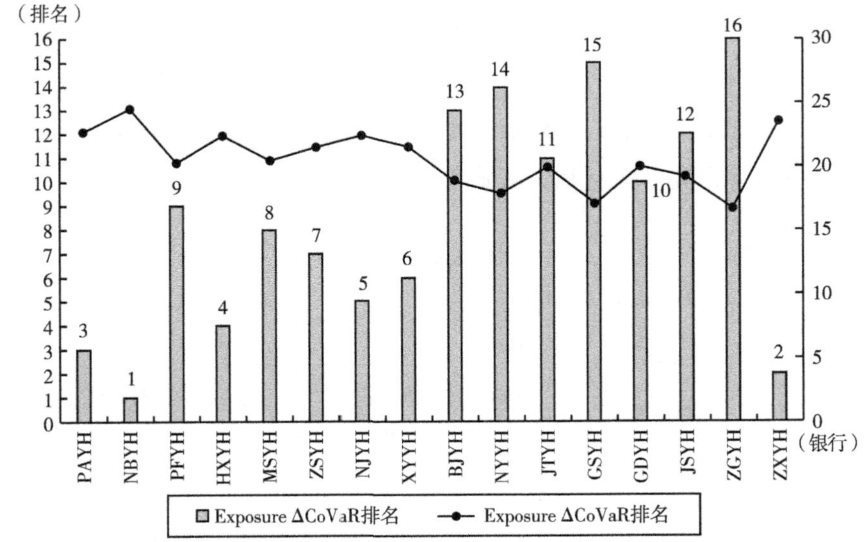

图3－22　全样本期 Exposure ΔCoVaR 模型值及排名结果

注：左轴和右轴表示全样本期各银行的 Exposure ΔCoVaR（银行体系处于压力状态和正常状态时 Exposure CoVaRs 之差）的值和排名。

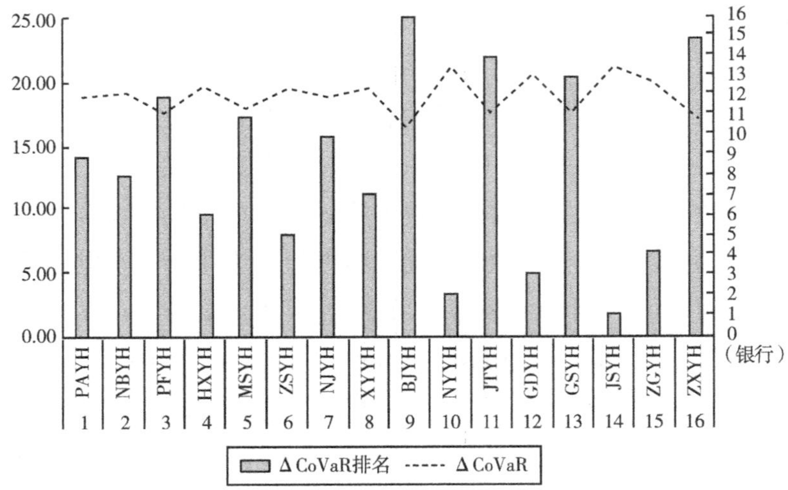

图 3－23　全样本期 ΔCoVaR 测算结果（改进模型）及排名结果

注：左轴和右轴表示各银行动态 ΔCoVaR 的值和排名。相关数据是基于改进的动态模型计算得出的，该模型考虑了样本期（2015—2018 年）金融科技和非银行金融机构的影响。

（4）指标法与市场法：结果差异与可能原因

在本部分中，我们以 2018 年样本银行的数据为基础，基于指标法的思路，对样本银行进行系统性风险评估，变量列表如表 3－23 所示。根据图 3－24 和图 3－25，从指标法的角度来看，5 家国有银行（GSYH、ZGYH、JSYH、NYYH、JTYH）分别排名第 1 至第 5；6 家股份制银行（XYYH、ZSYH、PFYH、ZXYH、MSYH、GDYH）的系统性风险处于中等水平；2 家股份制银行和 3 家城商行的系统性风险处于较低水平。

表 3－23　　指标法变量列表

No.	Indicators	Definition
1	规模（Size）	总资产
2	相互关联（Interconnectedness）	金融系统内部资产和负债，包括同业拆借、同业拆入、卖出回购货币资金、同业拆入、同业借款、卖出回购金融资产等。
3	可替代性（Substitutability）	贷款和预付款、手续费和佣金收入以及客户存款。
4	复杂性（Complexity）	衍生金融资产和正在交易或可供出售的金融资产。

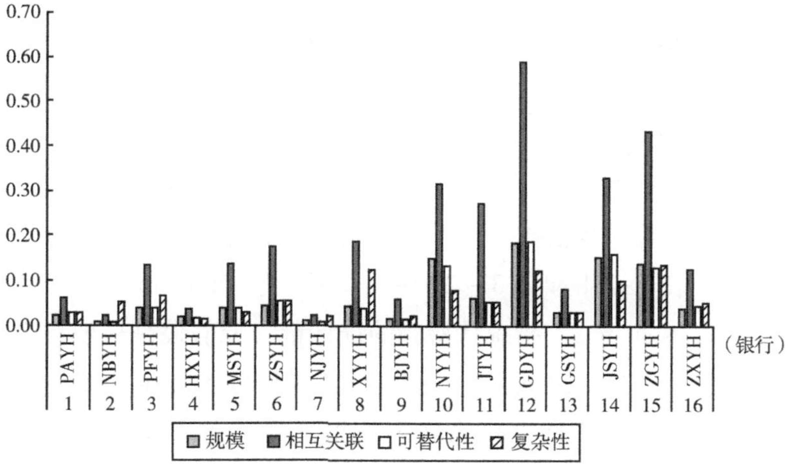

图 3－24　系统重要性各组成元素评估结果（指标法）

注：图中，"size"、"interc"、"subs" 和 "complx" 分别指银行的规模（size）、互联性（interconnectedness）、可替代性（substitutability）和复杂性（complexity）四项指标的数值；"系统重要性"（systemic importance）基于四类指标加权平均获得，度量了银行的系统重要性；"排名"（ranking）指代银行的系统重要性排名；左轴和右轴是指基于整个样本期内的指标法计算得到的各银行系统性风险评估结果和排名。

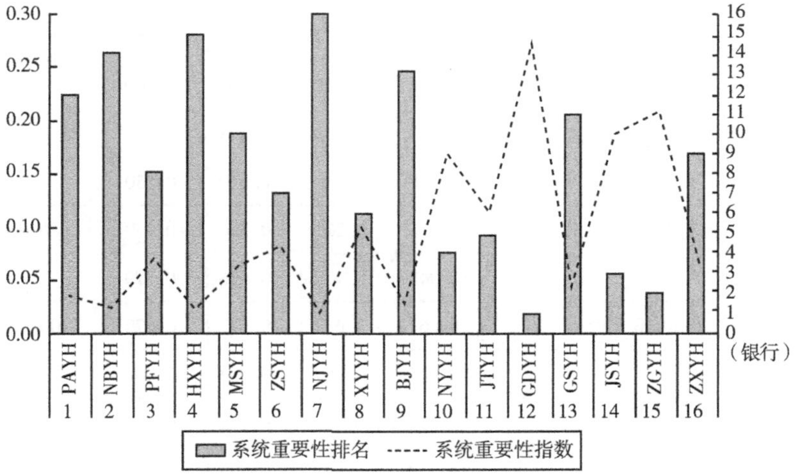

图 3－25　系统重要性评估结果（指标法）

然而，根据前文中基于金融市场数据计算得到的 ΔCoVaR 值结果，我们发现，大型的国有银行对系统性风险的贡献并不总是最大，这与文献（de Souza 等，2016；欧阳红兵和康小康，2017）得出的结论一致。此外，一些股份制银行甚至一些城商行对中国银行业系统性风险的贡献超过了国有银行，而国有银行的规模则高于股份制银行和城商行。

那么，银行的规模与其系统性风险指标排名之间具有什么样的关系呢？我们计算了规模排名和系统性风险指标排名之间的 Spearman 秩相关系数。表 3－24 和表 3－25 中，“R” 为 “Ranking（排名）” 的缩写。“Test statistics” 指统计检验的统计量（原假设是规模排名与系统性风险指标的排名之间是独立的）。如果检验统计量小于给定的显著性水平（5%），则两个排名之间的相关关系在 95% 的置信水平下具有统计学意义。“Proportion” 指的是，在 95% 的置信水平下，样本银行的规模排名和用各类模型计算得到的系统重要性排名之间的相关关系在 5% 的显著性水平上具有统计学意义的年份个数，在表格中指定时期内全部年份个数中所占的比例。

表 3－24　　Spearman 秩相关系数计算结果

Spearman's rank correlation	2011	2012	2013	2014	Proportion（%）
R（指标法）	0.953	0.977	0.977	0.959	100.000
Test statistics	0.000	0.000	0.000	0.000	/
R（ΔCoVaR，基于静态模型）	－0.371	0.253	－0.138	－0.162	0.000
Test statistics	0.158	0.345	0.610	0.550	/
R（ΔCoVaR，基于动态模型，5%）	－0.018	－0.221	0.106	－0.079	0.000
Test statistics	0.948	0.412	0.696	0.770	/
R（风险敞口 ΔCoVaR，5%）	－0.662	－0.682	－0.677	－0.679	100.000
Test statistics	0.005	0.004	0.004	0.004	/
R（ΔCoVaR，基于动态模型，1%）	－0.312	－0.191	－0.012	－0.124	0.000
Test statistics	0.240	0.478	0.966	0.649	/
R（ΔCoVaR，基于改进的动态模型，5%）	/	/	/	/	0.000
Test statistics	/	/	/	/	/

注：“R” 指的是基于相应模型计算结果得到的银行的系统重要性排名。

表3-25　　　　Spearman 秩相关系数计算结果

Spearman's rank correlation	2015	2016	2017	2018	Proportion（%）
R（指标法）	0.953	0.977	0.974	0.974	100.000
Test statistics	0.000	0.000	0.000	0.000	/
R（ΔCoVaR，基于静态模型）	0.074	0.356	0.524	0.544	50.000
Test statistics	0.787	0.176	0.037	0.029	/
R（ΔCoVaR，基于动态模型，5%）	0.359	0.238	-0.191	0.447	0.000
Test statistics	0.172	0.374	0.478	0.083	/
R（风险敞口ΔCoVaR，5%）	-0.659	-0.653	-0.694	-0.679	100.000
Test statistics	0.006	0.006	0.003	0.004	/
R（ΔCoVaR，基于动态模型，1%）	-0.082	-0.082	-0.188	-0.079	0.000
Test statistics	0.762	0.762	0.485	0.770	/
R（ΔCoVaR，基于改进的动态模型，5%）	0.482	0.200	0.303	0.491	0.000
Test statistics	0.059	0.458	0.254	0.053	/

我们发现，银行规模排名和用指标法得出的系统重要性排名之间的相关性在5%的水平上显著。这是因为银行规模是指标法构建系统性风险指标时的重要组成部分，并且其他因素也很可能会受银行规模的影响。例如，大型银行的存款和贷款通常比小型银行多。换言之，银行规模直接或间接地影响基于指标法的系统性风险指标。

如果银行的规模直接决定了其在银行体系中具有的系统重要性，那么我们预计下表中所有相关性都会是显著的。并且，相关系数一定为正吗？基于市场法的结果显示，对中国而言，银行规模只和银行的风险敞口之间具有负相关关系，并且相关性在5%水平上显著。当银行体系陷入困境时，大型银行的最大损失小于小型银行的最大损失，说明大型银行更具有稳定性。

此外，我们发现，银行的规模排名与静态ΔCoVaR值排名之间存在显著的正相关关系，但仅在2017年和2018年时存在。对于三个动态模型（采用5%分位数的基准动态模型，考虑极端情况、采用1%分位数的动态模型，融合金融科技和非银行金融机构因素的改进动态模型）而言，规模排名和基于动态ΔCoVaR值排名之间的相关性在

5%的水平上不显著。并且，相关系数在某些年份为正，在其他年份则为负。

我们从几个方面分析出现这种情况的可能原因：首先，在数字经济时代，互联网的普及和信息技术的发展尤其是金融科技的发展，令小银行无需具有相当数量的分支机构也能够通过互联网与大银行开展竞争，并且能够向中国甚至其他国家的客户提供服务。但是，小银行可能不像大银行那样有足够的经验和措施来防范互联网上的银行活动带来的风险。因此，当一家小银行陷入困境时，它可能比大银行形成更多的系统性风险。其次，基于同样的原因，当小银行发生危机时，人们可能会认为银行太小而难以处理好风险。因此，这些客户可能变得过于“理性”而不信任银行。他们可能认为，当危机事件发生时，对于他们来说明智的选择是尽快从小银行提取现金。而互联网能够让人们以比以前更快的方式地提取现金，这可能会一定程度上加速银行挤兑，增加数字经济时代的系统性风险。此外，在数字经济时代，客户只需点击鼠标就可以选择多样化的互联网银行服务（即金融产品）。与此同时，银行的服务可能对客户不够透明，一些产品可能存在高风险。从这个角度看，小银行就可能会增加系统性风险。

此外，根据 Acharya 和 Yorulmazer（2007）的文献，目前监管机构认为金融体系存在“规模大而不倒”的现象，这引起了研究人员和监管者研究大银行对系统性风险的影响的兴趣。然而，在现实中，也可能出现“太多而不能倒”的情况，同样也值得关注。他们指出，小银行有可能会和大银行投资于相同的方向，从而增加银行之间投资的相关性，并且很多小银行都可能采取这种做法。如此一来，个体银行层面的风险演变成系统性风险。在这种情况下，小银行也可能会引发系统性风险（Acharya 和 Yorulmazer，2007）。Varotto 和 Zhao（2018）提出了小银行可能引发系统性风险的另一种原因：由于小银行在某个地区的银行业中占有相当程度的比重。这种情况类似于本书中研究的城商行。当人们发现，本地的这家小银行发生了破产，人们也许会担忧，本地的其他银行会不会也发生破产？甚至本地小银行的破产也许预示着系统性银行危机在全国范围内爆发？或者小银行的破产也许会引发银行体系的连锁反应？因此，我们认为，金融监管的改革和发展应与时俱进，并通过基于市场法的系统性风险评估方法加以改进和完善。

目前，越来越多的实证研究着眼于系统性风险领域，一些研究开始关注小银行对系统性风险影响的重要性。Manguzvane 和 Muteba（2019）运用 CoVaR 模型对北非银行业的系统性风险进行建模。结果显示，全球金融危机以来，样本银行的 ΔCoVaR 值出现了明显的波动。根据样本期间的 ΔCoVaR 均值，First Rand 是 ΔCoVaR 最高的银行，说明它是对北非银行业最具系统重要性的银行。此外，非洲银行（African bank）贡献的系统性风险最小，CoVaR 值接近于零。显然，不同银行对系统性风险的贡献是不同的，因此监管应该有所区别。此外，研究还发现北非的一家小银行，即 Capitec 能和大银行一样对系统性风险产生影响。并且，他们观察到，在危机时期，Capitec 对系统性风险的贡献显著增加。因此，在关注金融机构个体风险的微观审慎监管的基础上，监管机构还应考虑小银行对系统性风险的影响，采用宏观审慎监管的理念。

另一项研究（陈忠阳和刘志洋，2013）通过 ΔCoVaR 来度量系统性风险，发现城商行对银行体系的系统性风险贡献大于国有银行。该研究认为，这可能是因为国有银行和城商行都有政府信用支持，但国家信用高于地方政府的信用。因此，市场将产生国家将救助国有银行的预期（因为它们有国家信用支持），使它们不太可能在危机后引发挤兑或影响整个银行体系的稳定性。然而，股份制银行没有国家信用支持，也不像城商行和国有银行那样分布广泛。因此，股份制银行比国有银行对系统性风险的贡献更大，即规模不是影响系统性风险贡献的唯一因素。我们的研究可以从另一个角度丰富现有研究，并提供实证参考。基于风险敞口的 CoVaR 模型结果表明，在样本期内，当银行体系陷入困境时，全部的股份制银行和大多数的城商行受到的影响高于国有银行。换言之，当银行业陷入困境时，国有银行在银行业中更具有稳定性。

3.4 结论与分析

本章首先指出，中国是一个银行主导型国家。随着全球经济进入数字经济时代，研究数字经济时代中国银行业的系统性风险具有重要意义。本章基于静态、动态和改进的 CoVaR 模型，定量地测度了2011—2018 年间中国 16 家上市商业银行的系统性风险。本章的研究结论与分析为：

第一，基于市场法的 CoVaR 模型是指标法的有益补充。并且，与传统的指标法相比，市场法可以为加强金融监管提供更多信息。根据指标法的指标体系和本书的统计检验结果，我们发现，通过指标法识别的系统重要性银行总是大银行。然而，研究显示，对于中国来说，银行的系统重要性排名不能简化为银行规模的排名。此外，在数字经济时代，银行规模排名并非总是和系统性风险指标排名之间具有正相关关系，有时甚至与系统性风险指标排名（即系统重要性排名）呈负相关关系。当我们假设银行处于极端情况或考虑金融科技和非银行金融机构的影响时，该结论仍然成立。

第二，系统性风险会随着时间的推移而变化。基于 CoVaR 模型，我们测算了 16 家上市银行 2011 年至 2018 年的系统性风险。并且，我们对样本银行在整个样本期的系统性风险状况进行整体分析。研究发现，随着国内外经济金融形势的变化，不同时期的系统性风险水平有所不同。在数字经济时代，信息传递比以前更快，客户可以享受数字经济时代带来的好处，同时我们也需要知道风险也可能传递得更快。在数字经济时代对系统性风险的定期评估，可以为监管者提供及时的预警，避免风险的积累和危机的发生。

第三，静态 CoVaR 模型和引入状态变量的动态 CoVaR 模型结果表明，银行的系统重要性排序随时间发生变化。因此，我们建议，对系统重要性金融机构开展的金融监管需进行动态评估，动态模型是传统静态模型的增强模型，包含更多的信息，具有时变性，能够更好地服务金融监管。此外，对中国而言，逐年分析表明，具有系统重要性的银行会随着时间而变化，尤其是对系统性风险贡献最大的银行。有趣的是，一些国有银行（大银行）具有系统重要性，这些银行也因其巨大的规模而被指标法所识别。然而，基于市场数据的结果表明，一些国有银行并不总是系统重要的，一些股份制银行和城商行（小银行）被确定为系统重要的银行。基准模型和扩展模型支持以下观点，这与我们在引言部分提出的观点不谋而合：在数字经济时代，小银行也可能加剧系统性风险，并造成系统性影响。我们通过实证和理论分析对现有的研究做出了贡献。

总体而言，我们建议在数字经济时代，系统性风险的衡量和系统重要性银行的识别应基于越来越多的基于市场的方法，包括CoVaR模型。此外，随着金融科技和非银行金融机构的发展，我们应该开发更多纳入这些金融活动影响的模型。此外，金融监管，特别是宏观审慎框架的改革，不仅应该深入考虑大银行的系统性风险贡献，还应该考虑小银行的系统性风险贡献，小银行的规模可能远不及中国的国有银行，但对银行体系仍具有系统重要性。应进一步发展差异化监管，以维护中国乃至全球的金融稳定。

第4章　基于宏观审慎框架背景的中国上市银行效率

4.1　研究背景

金融是现代经济的核心。作为一个“银行主导型”国家，中国银行业的持续健康发展对实体经济具有重要的意义（谢平和张怀清，2007；马光荣、刘明和杨恩艳，2014；Jiang 和 He，2018）。因此，中国政府一直高度重视与银行业相关的规划编制和政策制定。2012 年，党的十八大报告指出，要“全面深化经济体制改革……完善金融监管，推进金融创新，提高银行、证券、保险等行业竞争力”（胡锦涛，2012）。2013 年，政府工作报告指出，要“要进一步完善社会主义市场经济体制……深化金融体制改革，健全促进实体经济发展的现代金融体系，提高银行、证券、保险等行业竞争力”，强调了提高银行业竞争力的重要性（温家宝，2013）。“十三五”规划（2016—2020 年）强调，政府应“加快金融体制改革”“提高金融服务实体经济效率”“提高金融机构管理水平和服务质量”（中国政府网，2015，2016；周小川，2015）。

2017 年，习近平总书记在党的十九大报告中指出，“我国经济已由高速增长阶段转向高质量发展阶段”，这意味着中国将追求“更高质量”和“更有效率”的经济增长模式，促进全要素生产率进一步提升。此外，习近平总书记强调，要“深化金融体制改革，增强金融服务实体经济能力”，要“健全金融监管体系，守住不发生系统性金融风险的底线”（习近平，2017a）。

2008年次贷危机的爆发，引发了全球金融海啸。在2017年1月举行的世界经济论坛年会上，中国国家主席习近平指出，“金融资本过度逐利”和“金融监管严重缺失”，导致了本次国际金融危机的爆发。因此，我们需要加强金融市场的抗风险能力（习近平，2017b）。研究人员发现，缺乏有效的宏观审慎理念是危机爆发的重要原因（Issing，2009；周小川，2011）。多年来，国际组织、各国监管机构和学术界开始广泛地关注构建宏观审慎框架的理论与实践，并就加强宏观审慎监管和防范系统性风险达成国际共识（周小川，2011；Yellen，2011）。

宏观审慎政策的基本思想，是指从金融体系的角度来看，个体金融机构的“理性”行为可能是非理性的，可能会放大金融体系内在的波动，进而导致金融危机的爆发，因此要从系统维度来加强金融监管。例如，在繁荣时期，银行信贷急剧扩张，可能导致金融风险积聚，甚至形成金融危机；然而，在萧条时期，银行信贷又快速紧缩，人们很难从银行获得贷款，进而加剧金融不稳定。因此，宏观审慎政策的目标是降低系统性金融风险的概率和产生的巨大成本。此外，宏观审慎政策的中间目标是降低金融体系的压力，其最终目标是减少金融不稳定造成的产出损失（Baker，2013；Borio，2009）。因此，宏观审慎政策在降低系统性风险和创造好的金融环境方面发挥了重要作用（周小川，2011；张晓慧，2017）。

此外，在促进金融业对外开放水平持续提升的进程中，宏观审慎管理也将发挥着重要作用。中国人民银行研究局局长徐忠指出，在中国金融业对外开放的过程中，必须在“完善宏观审慎管理、加强金融监管、提高金融市场透明度的前提下稳步有序开放”，要“进一步增强金融体系的国际竞争力，推动新时代金融业改革发展再上新台阶”。并且，从金融服务实体经济的角度看，尤其要加强宏观审慎管理，促进金融发展与经济发展有效协同、实现双赢，让金融为实体经济的发展提供更好的资金支持（徐忠，2018a；徐忠，2018b；张健华，2012）。

目前，将宏观审慎的理念融入金融监管已成为全球趋势。例如，巴塞尔协议Ⅲ强调了宏观审慎监管的理念（周小川，2011）。随着经济金融形势的变化与发展，中国的金融监管机构持续改进和完善宏观审慎政策框架，如中国人民银行（即中国的中央银行）自 2011 年开始构建宏观审慎框架，并于 2016 年构建了宏观审慎评估体系（Macro Prudential Assessment，MPA），MPA 体系监管金融机构的定价行为、资产质量、跨境业务风险、资本和杠杆、资产和负债、流动性和信贷政策的执行情况。自 2017 年第一季度以来，中国人民银行将表外理财纳入 MPA 的广义信贷指标；中国银行业监督管理委员会（简称“银监会”）于 2012 年 1 月 1 日起，启用融入宏观审慎理念的银行业新监管标准（中国政府网，2011；李文森、姚盛敏和谢宁，2011；张琦，2011；张晓慧，2017；马腾跃，2018）。此外，2017 年 10 月，习近平总书记在党的十九大报告中指出，“加快完善社会主义市场经济体制……健全货币政策和宏观审慎政策双支柱调控框架”（习近平，2017b）。2021 年 3 月，《中华人民共和国国民经济和社会发展第十四个五年规划和 2035 年远景目标纲要》就实施金融安全战略做出具体部署时，明确提出要“完善宏观审慎管理体系”（中国政府网，2021）。

受益于改革的深化和政策框架的日益完善，中国银行业在后危机时期实现了稳定增长。根据中国银监会披露的统计数据，2012—2017 年期间，中国银行业金融机构总资产从 128.5455 万亿元增加至 252.4040 万亿元，平均增长率为 11.90%。此外，在银行业金融机构工作的员工人数从 2012 年的 336.2 万人增加到 2016 年的 409.0 万人。

在宏观审慎框架背景下，银行业的效率是否随着行业的快速增长而增长，已成为各方关注的焦点。银行是否有效运行，实现了可持续的发展？如上所述，银行业的可持续发展，尤其是中国的银行业，对经济增长非常重要，因为银行业可能会影响许多其他行业。此外，大多数研究都侧重于发达国家银行的效率。但是，发达国家和发展中国家的银行业发展并不相同。因此，对发展中国家银行业的研究将非常有趣（Ariss，2010）。并且，随着中国在全球经济体系中发挥着越来重要的作用，这些研究将具有重要意义（Jiang 和 Han，2018；Huang，2017；Wu，2018）。因此，我们对中国上市银行的研究，基于 2012—2017 年的面板数据，采用数据包络分析的效率评估方法，能够很好地研究中国银行业的现状。

因此，为了准确、全面地度量银行效率，我们回顾了以不同方式评估银行效率的相关文献，一些研究通过对会计比率进行统计分析来度量银行效率、比较不同银行的绩效。然而，使用单投入和单产出的传统效率的度量并不能全面地评估银行的绩效。此外，基于会计指标的评估仅可以在一些方面体现银行的业绩。因此，本研究的目标是有效地测量具有多投入和多产出的银行的效率，发现数据包络分析方法适合开展分析。

数据包络分析（Data Envelopment Analysis，DEA）是一种衡量决策单元（Decision Making Units，DMU，本研究中即为银行）相对效率（即与样本中的最佳表现者相比的效率水平）的有效方法。此外，DEA 适用于分析具有多投入和多产出的 DMU 的效率，从而能够全面地展现 DMU 的绩效水平。另外，我们不需要预先指定生产函数的形式。更重要的是，DEA 和 Malmquist 指数模型的结合有助于实现 DMU 效率的动态分析（Lee 和 Park，2017；张健华，2003；魏权龄，2000）。

近年来，DEA 在不同领域的效率评价中得到了广泛的应用（赵琼和姜惠宸，2014），尤其是在银行业（Chen 等，2018）。此外，DEA 一直被认为是探索银行效率的有效方法之一。例如，Staub、Souza 和 Tabak（2010）认为，采用 DEA 进行效率评估，对银行的管理人员和金融监管人士是有价值的。LaPlante 和 Paradi（2015）将 DEA 应用于评估一家加拿大银行的分行效率。Chortareas 等人（2011）使用 DEA 测量拉丁美洲国家商业银行的生产率。许多的研究者对中国银行业的效率分析感兴趣。基于 DEA 方法，张健华（2003）计算了 1997—2001 年我国 3 种类型商业银行的效率，结果表明，股份制商业银行的平均技术效率较高且稳定，而城市商业银行的平均技术效率较低且波动较大。并且，国有商业银行的平均效率是稳定的，在样本期只有 JSYH 的效率跻身商业银行前 20 名。刘汉涛（2004）对 2000 年至 2002 年包括国有商业银行和股份制商业银行在内的 15 家商业银行的技术效率进行了分析，发现银行业的平均技术效率为 0.797，表明大多数银行存在投入松弛。股份制银行的三年平均技术效率高于国有银行，而规模效率较低是造成这两类银行技术效率较低的主要原因。基于这些研究，我们可运用 DEA 方法，对银行某一年的效率进行测量。如果我们想知道，一家银行的效率在两个时期之间是增加还是下降，或者在这两个时期内是否存在技术进步？最好的选择是将 DEA 和 Malmquist 指数结合起来。庞瑞芝（2006）发现城市和股份制商业银行的效率高于国有商业银行。此外，应用 Malmquist 指数发现在 2000—2004 年期间，银行业的全要素生产率有所提高。朱南等（2012）基于 15 家商业银行 2005—2009 年的面板数据，发现在样本期内，每年国有银行的技术效率都高于股份制银行，这与以前的研究结果不同。王伟和金春红（2016）将 DEA 和 Malmquist 指数结合，分析了中国三大政策性银行 1995—2014 年的全要素生产率的变化情况，发现技术变化是政策性银行全要素生产率水平变化的主要原因。

本案例研究的结构安排如下，首先介绍了笔者测量银行效率方法，并介绍了使用的样本和构建效率评价模型所需的变量。然后，我们对数据进行了描述性统计，并对银行业进行了静态和动态的效率评价。此外，本章还根据银行的所有制类型进行了细分，对银行效率进行了进一步的分析。基于 DEA 评估结果，形成结论，并综合监管指标的发展情况，对银行业的未来发展提出一些建议。

4.2 研究设计与模型建立

4.2.1 测量银行效率

DEA 是一种非参数数学规划模型，适用于分析具有多个投入和产出的决策单元的效率，并度量每个决策单元的相对效率（Charnes 等，1981）。目前，基于 DEA 的效率评价方法，得到了越来越多的研究人员的关注。Basso 和 Funari（2017）应用 DEA 来衡量共同基金的业绩。

Allevi 等（2018）研究了绿色基金的环境绩效。因此，DEA 被认为是分析上市商业银行效率的方法之一。

DEA 的基本思想可以追溯到 Farrell 在 1957 年提出的技术效率理念。1978 年 Charnes、Cooper 和 Rhodes 设计了数据包络分析方法及其模型（CCR 模型），假定所有决策单元都处于规模收益不变的情况。1984 年，Banker、Charnes 和 Cooper 发展了 DEA 模型（即 BCC 模型），允许规模报酬可变，从而可以分析 DMU 的纯技术效率和规模效率。在 Charnes 等（1978）和 Banker 等（1984）的基础上，我们可以测量 DMU 的技术效率、纯技术效率和规模效率。

在这一部分中，我们研究了上市商业银行的效率，并将每家银行视为一个决策单元。DEA 模型可以分为投入导向型和产出导向型。由于我们对投入方面的冗余是否存在感兴趣，我们选择了投入导向型的 DEA 模型，下面的方程是基于投入导向型的：

设 DMU 的数量是 n，每个 DMU 投入和产出的类型均为 m 和 q，则DMU_j的投入和产出向量分别是$X_j=(x_{1j} \quad \cdots \quad x_{mj})^T>0$ 和 $Y_j=(y_{1j} \quad \cdots \quad y_{qj})^T>0$，$j=1, 2, \cdots, n$. v 和 u 是投入和产出的权重，$i=1, 2, \cdots, m$，$r=1, 2, \cdots, q$。基于 BCC 模型的线性形式，见式（4.1）。我们可计算得到 DMU 的纯技术效率，这里 μ_0的符号是无约束的，即μ_0可能是正数、零或者负数。

$$
\begin{aligned}
&\max_{v,u,\mu_0} z=\mu^T Y_0-\mu_0 \\
&s.t.\ \mu^T Y_j - v^T X_j - \mu_0 \leqslant 0 \\
&v^T X_0 = 1 \\
&\mu \geqslant 0,\ v \geqslant 0
\end{aligned}
\tag{4.1}
$$

BCC 模型的对偶形式见式（4.2），其中 $\lambda=(\lambda_1 \quad \cdots \quad \lambda_n)^T$，$e$ 是一个行向量，其全部元素都等于 1。

$$
\begin{aligned}
&\min\theta \\
&s.t.\ \theta x_0 - X\lambda \geqslant 0 \\
&Y\lambda - y_0 \geqslant 0 \\
&e\lambda = 1 \\
&\lambda \geqslant 0
\end{aligned}
\tag{4.2}
$$

技术效率（*TE*）可通过 CCR 模型［减少式（4.2）中的一个约束条件 $e\lambda=1$］计算得到。由于技术效率是规模效率和纯技术效率的乘积，我们可计算出规模效率（*SE*），并深入分析 DMU 的效率。请注意，技术效率和纯技术效率分别代表在规模报酬不变和可变规模报酬假设下的效率。

在 DEA 模型中，对于技术、纯技术和规模效率，效率值的取值范围是 0 到 1。如果技术效率等于 1，我们认为 DMU 是 DEA 有效的，这时 DMU 的规模效率和纯技术效率都同时等于 1。

如果 DMU 的纯技术效率等于 1，或者它的规模效率等于 1，则 DMU 被认为是弱有效的。

如果 DMU 的纯技术效率和规模效率都不等于 1，则 DMU 在纯技术效率和规模效率方面都不是有效的。

如果纯技术效率和技术效率都等于 1，则银行的规模是最优的，既不是太大的也不是太小的。

如果纯技术效率大于技术效率，则银行规模可能太大或太小，而无法实现有效地运营。此外，如果μ_0的最优解大于 0 或小于 0，则银行的规模是太大或者太小，它处于规模报酬递减或者规模报酬递增的状态。

上文讨论了静态条件下研究银行效率的 DEA 方法。在这里，本书通过引入 Malmquist 全要素生产率指数模型（简称“Malmquist 指数模型”），对银行效率做动态分析。Malmquist 指数模型，源于 Malmquist（1953）提出的观点，并由 Caves、Christensen 和 Diewert（1982）、Färe 和 Grosskopf（1992）进一步发展，这个模型适用于分析两个时期之间银行全要素生产率的变化。

根据 Caves、Christensen 和 Diewert（1982）、Färe 和 Grosskopf（1992）、Ray 和 Desli（1997），在定义投入导向型的 Malmquist 指数前，我们需要假设：

对于时期 t，将投入转化为产出的生产技术可表达成如下形式：$P^t=\{(x_t,y_t):x_t\ can\ produce\ y_t\}$。

在下面的推导中，涉及距离函数的概念。距离函数的定义为：给定产出y_t，在时期 s 的投入x_t的最大比例缩小（maximum proportional contraction)，定义如下式：$D^s(x_t, y_t) = sup\{\lambda:(x_t/\lambda, y_t) \in P^s\}$。

因此，计算一家银行从 t 期到 t + 1 期全要素生产率变化的 Malmquist 指数（*TFPC*）定义，见式（4.3）。

$$M(x_t, y_t, x_{t+1}, y_{t+1}) = \left[\left(\frac{D^t(x_{t+1}, y_{t+1})}{D^t(x_t, y_t)}\right)\left(\frac{D^{t+1}(x_{t+1}, y_{t+1})}{D^{t+1}(x_t, y_t)}\right)\right]^{\frac{1}{2}} \tag{4.3}$$

此外，Malmquist 指数等于 1 表示一个 DMU 的全要素生产率水平保持不变。如果 Malmquist 指数大于（或者小于 1），表明 DMU 的全要素生产率是增加（或者减少）。

根据相关研究，Malmquist 指数可以被分解为：（1）技术效率的变化（*CTE*）；（2）技术变化（*TC*），见式（4.4）。

$$CTE = \frac{D^{t+1}(x_{t+1}, y_{t+1})}{D^t(x_t, y_t)},$$

$$TC = \left[\left(\frac{D^t(x_{t+1}, y_{t+1})}{D^{t+1}(x_{t+1}, y_{t+1})}\right)\left(\frac{D^t(x_t, y_t)}{D^{t+1}(x_t, y_t)}\right)\right]^{\frac{1}{2}} \tag{4.4}$$

请注意，技术变化，表示了生产前沿面的移动。另外，如式（4.5）所示，技术效率的变化可以分别被分解为纯技术效率的变化（*CPE*）、规模效率变化（*CSE*）。Malmquist 指数及其因素的分解将有助于进一步研究银行业的效率。

$$CPE = \frac{D_v^{t+1}(x_{t+1}, y_{t+1})}{D_v^t(x_t, y_t)},$$

$$CSE = \left[\frac{\dfrac{D_v^{t+1}(x_{t+1}, y_{t+1})}{D_c^{t+1}(x_{t+1}, y_{t+1})}}{\dfrac{D_v^t(x_s, y_s)}{D_c^t(x_s, y_s)}} \quad \frac{\dfrac{D_v^t(x_t, y_t)}{D_c^s(x_t, y_t)}}{\dfrac{D_v^s(x_s, y_s)}{D_c^s(x_s, y_s)}}\right]^{\frac{1}{2}} \tag{4.5}$$

4.2.2　数据来源和变量选择

在本书中，为了考虑数据的准确性、一致性和可得性，选择中国 A 股上市的商业银行作为我们的研究对象。

截至 2017 年 12 月 31 日，根据上市公司的行业分类，有 25 家银行在 A 股市场上市。此外，我们剔除了样本期间未公开披露数据的银行，随后选择了 17 家银行作为样本。

本书涉及的上市公司的财务数据是 2012—2017 年期间，公开披露的财务报告中手工收集、整理所得。英国的《银行家》杂志是银行业领域的顶级杂志，50 多年来其发布的银行排名被认为是全球银行业的标杆。2018 年 7 月 2 日，《银行家》杂志发布了最新的世界 1000 强银行。根据公开披露的信息，我们手动收集了数据，样本银行的所有制类型和排名如表 4－1 所示。

表 4－1　样本银行说明

序号	中文名称	拼音缩写	英文名称	类型	排名
1	工商银行	GSYH	Industrial and Commercial Bank of China Limited	A1	1
2	建设银行	JSYH	China Construction Bank Corporation	A1	2
3	中国银行	ZGYH	Bank of China Limited	A1	3
4	农业银行	NYYH	Agricultural Bank of China Limited	A1	4
5	交通银行	JTYH	Bank of Communications Co., Ltd.	A1	11
6	招商银行	ZSYH	China Merchants Bank Co., Ltd.	A2	20
7	浦发银行	PFYH	Shanghai Pudong Development Bank Co., Ltd.	A2	25
8	兴业银行	XYYH	Industrial Bank Co., Ltd.	A2	26
9	中信银行	ZXYH	China CITIC Bank Corporation Limited	A2	27
10	民生银行	MSYH	China Minsheng Banking Corp., Ltd.	A2	30
11	光大银行	GDYH	China Everbright Bank Company Limited Co., Ltd	A2	39
12	平安银行	PAYH	Ping An Bank Co., Ltd.	A2	57
13	北京银行	BJYH	Bank of Beijing Co., Ltd.	A3	63
14	华夏银行	HXYH	Hua Xia Bank Co., Limited	A2	65
15	上海银行	SHYH	Bank of Shanghai Co., Ltd.	A3	76
16	南京银行	NJYH	Bank of Nanjing Co., Ltd.	A3	143
17	宁波银行	NBYH	Bank of Ningbo Co., Ltd.	A3	166

注：1. 本书中，为便于表达，样本银行的名字均是根据其股票名字的汉语拼音缩写而成；

2. A1、A2 和 A3 分别表示国有商业银行（state－owned banks，SOE）、股份制商业银行（joint－stock banks，JST）、城市商业银行（city commercial bank，CCM）；

3. 排名是根据“世界 1000 强银行排名”公开披露的数据，由笔者手工收集、整理和编制。

由表4－1可见，GSYH排名第一，并且它已经连续6年排名第一。此外，中国的“四大”银行，GSYH、JSYH、ZGYH和NYYH首次联合登顶世界1000强银行榜单。

根据中国银行业监督管理委员会（CBRC）的统计数据，我们绘制了柱状图，描述了样本银行和中国全部商业银行的总资产的发展变化。根据图4－1，近年来，样本银行和中国全部商业银行的总资产实现了稳定增长。此外，样本的总资产，包括国有银行（SOE）、股份制银行（JST）和城市商业银行（CCM），在2012—2017年这些银行的总资产在中国银行业所占比例始终超过80%，这表明样本银行对中国银行业具有很好的代表性。

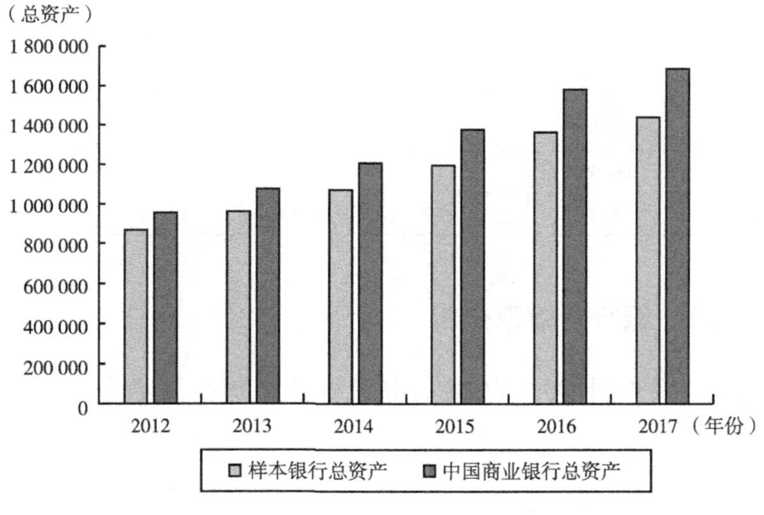

图4－1　银行业的总资产发展状况图（2012—2017）

注：单位为亿元。

根据以往的文献，考虑到中国银行数据的可得性，在度量上市银行效率的过程中，我们选择了上市银行的固定资产的净值和员工的薪酬，来反映银行的资本和人力投入。另外，还选择了与主营业务相关的营业成本为投入变量。关于产出指标，选择上市银行披露的营业收入和净利润综合反映银行的盈利能力。所有数据均来自商业银行公开披露的财务报告，指标的单位均为10亿元。

4.3 实证分析

4.3.1 描述性统计

表4－2为样本银行的描述性统计结果。

表4－2 样本银行投入变量和产出变量的描述性统计

统计指标	固定资产	员工薪酬	营业支出	净利润	营业收入
平均值	52.048	12.624	102.633	73.543	196.814
最小值	2.173	0.333	4.157	4.045	9.114
中位数	14.483	7.863	64.701	41.763	119.534
最大值	220.651	47.697	364.66	287.451	726.502
标准差	66.557	12.574	101.015	80.977	202.259
变异系数	1.279	0.996	0.984	1.101	1.028

4.3.2 银行业效率分析

首先，我们计算了17家上市银行的平均全要素生产率。根据表4－3，总体而言，银行全要素生产率平均值略有下降（3.6%）。基于DEA的基本思想，我们可以将全要素生产率的变化分为4.6%的技术变化指数下降和1.0%的技术效率上升。此外，通过分解技术效率的变化，我们发现，上市银行的纯技术效率提高了0.7%，规模效率提高了0.3%。

从银行层面来看，在样本期间，PAYH的平均全要素生产率（Total Factor Productivity，TFP）增加了0.9%，而NYYH的全要素生产率水平则保持不变。同时，BJYH、PFYH、ZSYH、XYYH和MSYH的6年平均TFP显著下降，分别下降了14.4%、6.4%、5.4%、5.3%和5.1%。对于其他银行而言，它们的平均TFP降幅很小。根据Malmquist指数模型，我们对全要素生产率进行分解。结果显示，所有银行都在不同程度上面临负向的技术进步，BJYH、ZXYH、ZSYH、PFYH 和 XYYH 的 TC 指数分别下降了 13.9%、6.7%、6.4%、6.4% 和 5.3%，这直接导致它们的 TFP 显著下降。

从技术效率的角度来看，17 家银行中有 12 家在样本期间内技术效率有所提高，3 家银行的技术效率保持不变，而 2 家银行的技术效率略微下降，下降幅度均小于 1.0%。综上，从平均水平看，上市银行 2012—2017 年期间均遭遇到了负向的技术进步。与此同时，大多数银行的技术效率在此期间有所提高，这在一定程度上降低了负向技术进步对全要素生产率的影响。

表 4-3　　Malmquist 全要素生产率指数及其分解

序号	银行	*CTE*	*TC*	*CPE*	*CSE*	TFPC
1	BJYH	0.994	0.861	1.000	0.994	0.856
2	GSYH	1.000	0.961	1.000	1.000	0.961
3	GDYH	1.001	0.966	1.003	0.999	0.967
4	HXYH	1.015	0.972	1.014	1.001	0.987
5	JSYH	1.009	0.968	1.013	0.996	0.976
6	JTYH	1.012	0.953	1.014	0.998	0.965
7	MSYH	0.990	0.959	0.985	1.005	0.949
8	NJYH	1.008	0.973	1.000	1.008	0.981
9	NBYH	1.011	0.966	1.002	1.009	0.977
10	NYYH	1.032	0.969	1.038	0.995	1.000
11	PAYH	1.032	0.977	1.000	1.032	1.009
12	PFYH	1.000	0.936	1.000	1.000	0.936
13	SHYH	1.020	0.973	1.012	1.008	0.992
14	XYYH	1.000	0.947	1.000	1.000	0.947
15	ZSYH	1.012	0.936	1.000	1.012	0.946
16	ZGYH	1.012	0.969	1.012	1.000	0.981
17	ZXYH	1.030	0.933	1.030	1.000	0.961
均值		1.010	0.954	1.007	1.003	0.964
标准差		0.013	0.028	0.013	0.009	0.034

附注 1："TFPC"、"*TC*"、"*CTE*"、"*CPE*" 和 "*CSE*" 分别表示全要素生产率水平的变化、技术变化、技术效率的变化、纯技术效率的变化和规模效率的变化。

在本节中，我们对银行业进行了逐年分析，如表 4-4 所示。

表 4 - 4　银行业 Malmquist 全要素生产率水平的变化（2012—2017）

年度	*CTE*	*TC*	*CPE*	*CSE*	TFPC
2013	1.013	1.019	1.013	1.000	1.032
2014	0.971	0.981	0.993	0.978	0.953
2015	1.050	0.863	1.025	1.025	0.907
2016	0.948	1.015	0.967	0.981	0.962
2017	1.074	0.901	1.040	1.033	0.968
均值	1.010	0.954	1.007	1.003	0.964
标准差	0.053	0.070	0.028	0.025	0.045

2013 年，行业 TFP 与 2012 年相比增长了 3.2%。这是由于上市银行的技术进步和技术效率的整体提高，并且技术效率的提高源于纯技术效率的增长，而不是规模效率的改进。

2014 年，银行业的全要素生产率下降超过 4%，这可归因于 1.9% 的负向技术进步和 2.9% 的技术效率下降。技术效率的下降主要是由于规模效率的下降。

2015 年，行业 TFP 继续下降，降幅超过 9%。同时，TFP 的变化与往年不同，其中负向技术进步达到 13.7%。然而，通过纯技术效率和规模效率的提高，上市银行业技术效率增长了 5.0%。

2016 年，行业 TFP 下降，但下降幅度收窄至 3.8%。此外，行业层面出现了 1.5% 的技术进步。此外，纯技术效率和规模效率均下降，导致技术效率下降。

2017 年，银行业的平均 TFP 继续下降 3.2%。同时，虽然银行业出现了负向技术进步，但银行业的技术效率有所提高，减轻了负向技术进步的影响。进一步分析，我们发现银行业的纯技术效率和规模效率增长，均超过 3.0%。

表 4 - 5、表 4 - 6、表 4 - 7 分别显示了 2017 年不同所有制类型的上市银行的效率评估结果。在表中，“RTS”指的是银行的规模报酬情况，“c”、“d”和“i”分别表示银行处于规模报酬不变、规模报酬递减或规模报酬递增的状态。显然，不同类型的银行之间存在着巨大差异。2017 年，有 7 家银行属于有效的银行：1 家国有银行（GSYH）、1 家城商行（SHYH），和 5 家股份制银行（PAYH、PFYH、

XYYH、ZSYH 和 ZXYH）。这些银行，都处于 DEA 有效的状态，这意味着它们在纯技术效率和规模效率方面都是有效的。

表 4－5　　国有银行的效率评估结果（2017）

类型	银行	*TE*	*PTE*	*SE*	RTS
国有银行	GSYH	1.000	1.000	1.000	c
	JSYH	0.978	1.000	0.978	d
	JTYH	0.934	0.956	0.977	i
	ZGYH	0.929	0.930	0.999	i
	NYYH	0.900	0.924	0.974	d

附注 1：“TE”、“PTE” 和 “SE” 分别表示银行的技术效率、纯技术效率和规模效率。

表 4－6　　股份制银行的效率评估结果（2017）

类型	银行	*TE*	*PTE*	*SE*	RTS
股份制银行	PAYH	1.000	1.000	1.000	c
	PFYH	1.000	1.000	1.000	c
	XYYH	1.000	1.000	1.000	c
	ZSYH	1.000	1.000	1.000	c
	ZXYH	1.000	1.000	1.000	c
	GDYH	0.925	0.941	0.983	d
	MSYH	0.871	0.873	0.998	i
	HXYH	0.848	0.857	0.989	d

表 4－7　　城市商业银行的效率评估结果（2017）

类型	银行	*TE*	*PTE*	*SE*	RTS
城市商业银行	SHYH	1.000	1.000	1.000	c
	NJYH	0.974	1.000	0.974	i
	BJYH	0.971	1.000	0.971	i
	NBYH	0.889	1.000	0.889	i

此外，根据上表，有 4 家银行属于 DEA 弱有效的银行，包括 1 家国有银行（JSYH），和 3 家城商行（NJYH、BJYH 和 NBYH）。

以国有银行中的 JSYH 和城商行中的 NBYH 为例。2017 年，中国经济实现稳定增长，中国政府提出建立双支柱的调控框架（货币政策和宏观审慎框架)。此外，对流动性管理的要求得到了进一步加强。JSYH 改进了流动性风险管理，审慎使用资金，并确保了支付和结算的安全性。由于 JSYH 的净利息收入增长了 346.6 亿元（增幅达到 8.30%），其净利润达到了 2 436.2 亿元，增幅为 4.83%。NBYH 采取了多元化策略，并坚持控制风险有助于降低成本和提高资产质量的理念，2017 年其净利润为 93.3 亿元，增幅达到 19.50%。其他银行在纯技术效率和规模效率方面均不是 DEA 有效的。这表明它们在效率方面，仍有很大的提升潜力。

根据表 4－8、表 4－9、表 4－10，我们发现，在 6 年平均的技术效率方面，股份制银行、城商行和国有银行的效率值，分别为 0.921、0.918 和 0.912。显然，这三类银行的效率差距很小。

表 4－8　　　　国有银行的平均效率变化情况

年度	State－Owned Commercial Banks（国有银行）		
	TE	*SE*	*PTE*
2012	0.891	0.998	0.894
2013	0.896	0.970	0.927
2014	0.906	0.963	0.942
2015	0.936	0.969	0.967
2016	0.895	0.948	0.944
2017	0.948	0.986	0.962
均值	0.912	0.972	0.939

表 4－9　　　　股份制银行的平均效率变化情况

年度	Joint－Stock Commercial Banks（股份制银行）		
	TE	*SE*	*PTE*
2012	0.910	0.968	0.941
2013	0.926	0.980	0.946
2014	0.889	0.967	0.920

续表

年度	Joint – Stock Commercial Banks（股份制银行）		
	TE	*SE*	*PTE*
2015	0. 942	0. 988	0. 954
2016	0. 903	0. 989	0. 912
2017	0. 956	0. 996	0. 959
均值	0. 921	0. 981	0. 939

表 4 – 10　　　　　　城商行的平均效率变化情况

年度	City Commercial Banks（城商行）		
	TE	*SE*	*PTE*
2012	0. 922	0. 937	0. 984
2013	0. 932	0. 948	0. 982
2014	0. 890	0. 899	0. 989
2015	0. 929	0. 944	0. 983
2016	0. 878	0. 896	0. 977
2017	0. 959	0. 959	1. 000
均值	0. 918	0. 930	0. 986

我们逐年分析了 3 种所有制类型中银行的效率。国有银行的平均技术效率自 2012 年以来一直在增长，并在 2015 年达到顶峰。然而，国有银行的技术效率 2016 年转为下降，但 2017 年其技术效率转为增加，并达到了近年来的最高水平。股份制银行和城商行的技术效率的变化方向在 2012 年到 2017 年是相同的，但幅度略有差异。它们与国有银行的唯一区别在于，2014 年股份制和城市商业银行的效率下降超过 4%，而国有银行的效率则上升了 1. 12%。总体而言，虽然在样本期内，3 种类型银行的技术效率是波动的，但其 2017 年的技术效率值均达到了近年来的最高水平。

4.4 效率评估模型的合理性研究

在本节中，我们从模型的设定和样本中是否存在潜在异常值的角度，来检验模型的合理性。

首先，本书引入单调性检验（isotonicity test）来检验模型设定的合理性。即检验投入指标的增加是否带来了产出的增长，而不是产出的减少［参见 Avkiran（2006）；Adusei（2016）；Hwang、Park 和 Kim（2018）］。我们计算了投入变量和产出变量之间的相关性，见表33，其中括号中的所有数字均指在原假设（变量之间并不是相互关联的）下的 P 值，发现所有指标的相关性均为正，且在 1% 的水平上显著，表明本书的模型设定是合理的。

表 4－11　单调性检验

统计指标	净利润	营业收入	固定资产	员工薪酬	营业支出
净利润	1.0000				
营业收入	0.9934*** (0.0000)	1.0000			
固定资产	0.9444*** (0.0000)	0.9539*** (0.0000)	1.0000		
员工薪酬	0.8974*** (0.0000)	0.9214*** (0.0000)	0.9039*** (0.0000)	1.0000	
营业支出	0.9716*** (0.0000)	0.9914*** (0.0000)	0.9537*** (0.0000)	0.9324*** (0.0000)	1.0000

附注 1：*** 表示 1% 的显著性水平。

其次，笔者采用箱形图的方法进行异常值的检测。根据 Chandola、Banerjee 和 Kumar（2009），这一方法已经得到了广泛的使用。根据该方法的计算步骤，计算相关指标，见表 4－12。

表 4－12　　　　　　　　　　　　箱形图方法的统计指标

统计指标	净利润	营业收入	固定资产	员工薪酬	营业支出
Q1	17.14	48.18	6.78	4.35	25.72
Q2	41.76	119.53	14.48	7.86	64.70
Q3	69.89	207.14	100.08	13.35	129.57
IQR	52.75	158.96	93.30	8.99	103.86

注：投入变量和产出变量的单位均为人民币 10 亿元。

在表中，Q1、Q2、Q3 和 IQR 分别代表，第一个四分位数、中位数、第三个四分位数和四分位数间距。这个方法的思想是，如果变量取值大于 Q3 + 1.5IQR 或小于 Q1 - 1.5IQR，则可能是异常值。

我们计算了各银行的数据被视为异常值的累计次数。例如，如果一家银行的净利润和营业收入在 2012 年被认为是异常值，则这家银行在 2012 年的累计次数为 2。根据计算结果，我们发现中国的四大银行，包括 GSYH、JSYH、NYYH 和 ZGYH 在 2012—2017 年期间的业绩是明显优于其他银行，见图 4－2。

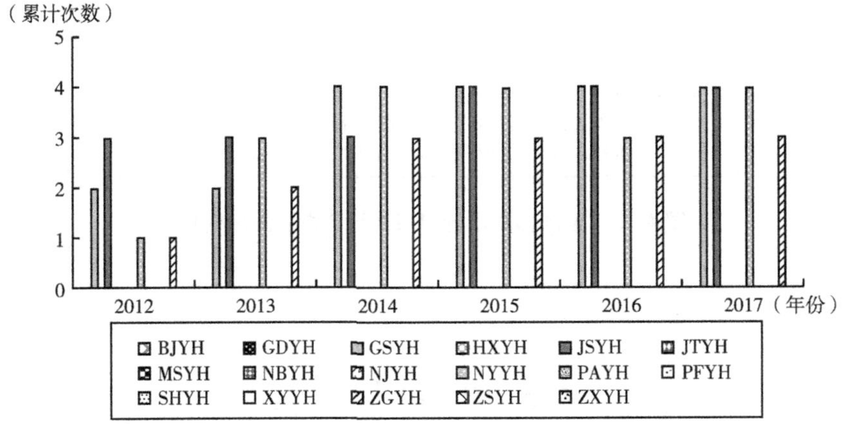

图 4－2　箱型图计算上市银行投入和产出变量的异常值累计次数

本章中，我们研究的是中国的上市银行。图 4－3 清晰地显示出，四大银行的净利润和营业收入在全部 17 家样本银行中所占的比例相当大，四大银行在行业发展中发挥着重要作用。因此，异常值识别方法显示，四大银行的业绩是明显优于样本中的其他银行的。然而，如果我们在分析时剔除四大银行，仅仅因为他们的表现比其他银行好得多，而忽略了四大银行在行业发展中的重要性，那么这种基于其他银行的效率评估结果将无法充分地反映上市银行的发展情况。因此，应该将四大银行纳入样本中，对全部 17 家上市银行进行效率评估，这对于研究中国的上市银行业的发展情况才是有意义的。

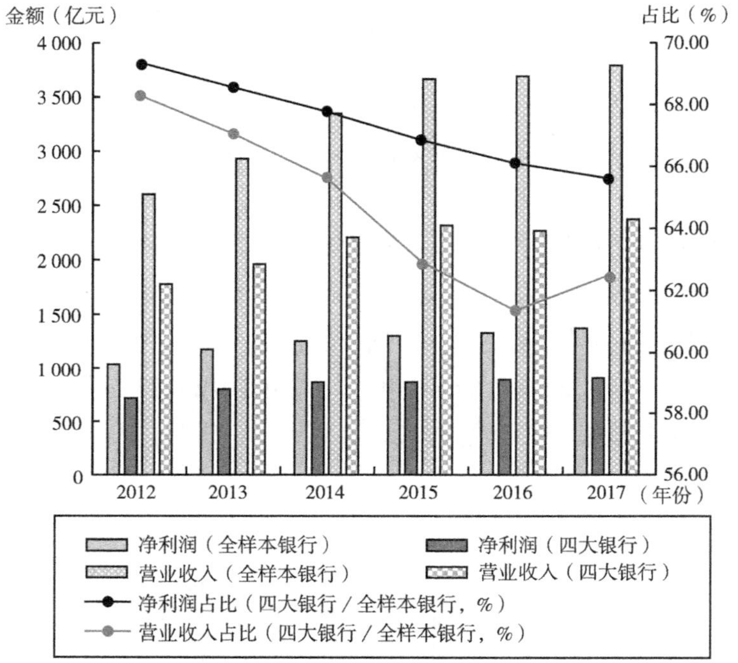

图 4－3　全部样本银行和四大行各指标发展变化图

4.5　讨论与分析

本研究中，笔者收集了 17 家上市银行的数据，这 17 家银行的总资产在中国银行业中所占比例超过 80%，对中国的银行业具有很好的代表性。首先，我们基于 DEA 模型和 Malmquist 指数模型，评估了上市银行的技术效率，并计算了 2012—2017 年期间银行的全要素生产率水平。其次，Malmquist 指数的分解有助于研究样本期间银行的技术变化和技术效率的变化。此外，我们根据银行的所有制类型对银行业进行细分，分析它们的效率变化，并进行比较。

这一部分将首先从银行业绩的角度来分析，见图 4－4、图 4－5、图 4－6。

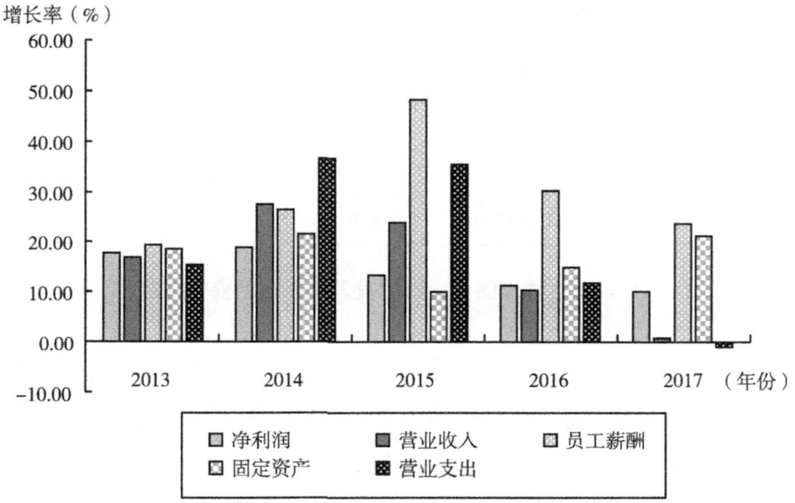

图 4－4　样本城商行的投入和产出的变化情况

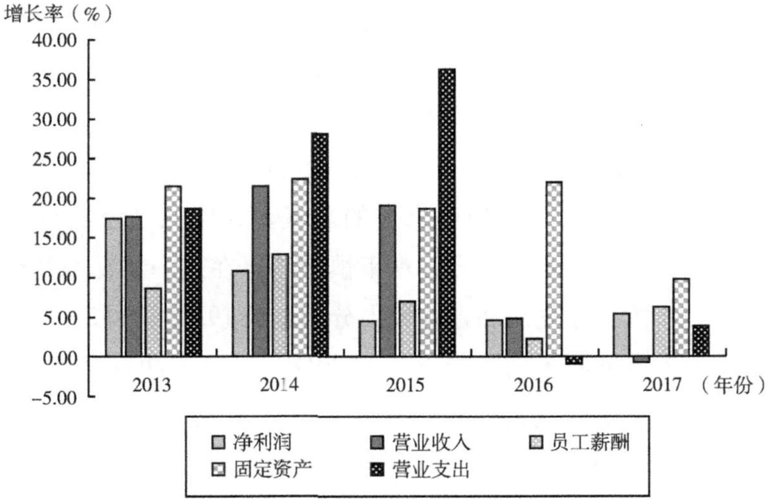

图 4－5　样本股份制银行的投入和产出的变化情况

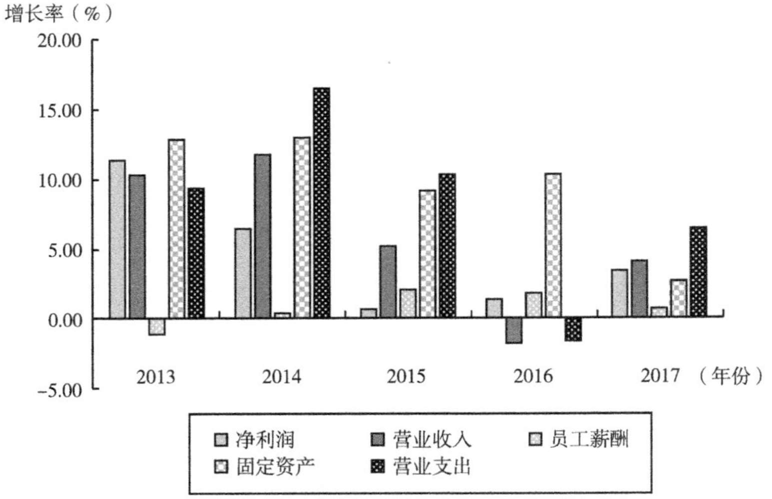

图 4-6　样本国有银行的投入和产出的变化情况

在国际金融危机、欧债危机爆发后，央行加强宏观审慎管理，采取了差别存款准备金的动态调整机制，引导和激励金融机构的信贷投放（唐珂，2012），更好地服务实体经济，对经济进行逆周期调节，并创新政策工具，对符合宏观审慎要求的金融机构提供流动性供给（牛娟娟，2014）。2013 年银行业实现了快速增长，行业全要素生产率提高了 3.2%。不同所有制类型银行（城商行、股份制银行和国有银行）的平均净利润和营业收入，均实现了两位数的增长，城商行和股份制银行的净利润和营业收入的平均增幅均超过 16%。

2014 年，国际金融市场出现剧烈波动，油价下跌等因素导致世界经济放缓。中国政府坚持稳中求进的总基调，国民经济实现稳定发展。此外，中国政府不断加强宏观审慎管理。在这一年，城商行的产出增长持续扩大，净利润和营业收入分别增长 19.05% 和 27.80%；而股份制银行的营业收入增长幅度达到 20% 以上，但净利润增速放缓。而国有商业银行的营业收入增幅为 11.78%，净利润增长也有所放缓。

2015 年，国际金融市场波动的频率和幅度增加，银行业的全要素生产率下降超过 9%，行业的负向技术进步达到了 13.7%。因此，中国政府降低存款准备金率，并五次降低利率，同时，金融监管机构引导银行业加强风险防范，并更好地为实体经济服务。各类银行的营业收入和净利润增长在 2015 年都有所放缓，特别是在城商行和股份制银行，净利润增长从 2014 年的 19.05% 和 10.83% 放缓至 2015 年的 13.62% 和 4.63%，但仍然表现出很好的盈利能力。在这一年，国有银行的营业收入和净利润增长率分别为 5.17% 和 0.69%。

2016 年，伴随着供给侧结构性改革的持续发展，中国经济的下行压力有所减弱。由于银行业与经济发展密切相关，因此表现出强烈的顺周期性，全要素生产率的下降收窄，并且我们观测到 1.5% 的技术进步。城商行和股份制银行的产出增长逐步趋于稳定，城市商业银行的净利润和营业收入增幅超过 10%，而股份制银行的净利润和营业收入增幅也超过了 4%，国有银行的净利润增幅略有扩大，而其营业收入则呈现为平均水平上的负增长 1.73%。在这一年，中国政府制定了宏观审慎评估体系（MPA）。

2017 年，全球经济正在复苏，新兴市场则以更快的速度增长。美联储已三次上调利率并开始缩减其资产负债表的规模。英格兰银行也提高了利率，全球流动性正在收紧。与此同时，中国人民银行不断加强 MPA，并融入表外融资以预防金融风险。中国经济实现稳定增长，城市商业银行的净利润实现了 10.16% 的平均增长率，同时其营业收入增长了 1.14%；股份制商业银行和国有商业银行的净利润分别小幅增长 5.45% 和 3.44%。然而，对于股份制银行而言，营业收入出现了 0.65% 的负增长；国有银行的表现比上年稍好，2017 年其平均营业收入增长了 4.09%。

关于投入指标的变化。从员工薪酬角度分析，2013 年至 2017 年，城商行的增长率分别为 24.82%、19.43%、26.65%、48.52%、30.45% 和 23.87%，平均增长率为 28.96%。2013 年至 2017 年，股份制银行的增长率分别为 23.13%、8.76%、12.80%、6.77%、2.19% 和 6.38%；股份制银行的员工薪酬的平均增长率为 10.01%；国有银行的员工薪酬的增长率分别为 5.88%、-1.10%、0.35%、2.11%、1.87% 和 0.67%，平均增长率为 1.63%。

在固定资产方面，城商行和股份制银行均实现了快速增长，增幅超过 17%。国有商业银行固定资产增长率为 9.64%。在营业支出方面，样本期间内城商行也实现了快速增长，平均增长率超过 10%。此外，2014 年和 2015 年它们的营业支出增长超过 30%；2016 年，营业支出从快速增长阶段转为保持稳定阶段，随后转为下降 0.98%。对于股份制银行而言，营业支出从 2013 年到 2015 年迅速增长，并且 2014 年和 2015 年的增长率均超过 25%。然而，2016 年开始，股份制银行的营业支出趋于稳定，2016 年和 2017 年的增长率分别为 -0.83% 和 3.94%。样本期内，国有银行的营业支出的变化方向与股份制银行相同，但股份制银行的波动程度更大，而国有商业银行营业支出的最大增长幅度为 16.61%。2016 年，国有银行营业支出的增长率略微下降了 1.65%，并在 2017 年转为增长 6.46%。

根据银监会 2011 年 4 月发布的《中国银监会关于中国银行业实施新监管标准的指导意见》，银监会将资本充足率、贷款损失准备和杠杆率指标作为监管指标，体现宏观审慎监管要求，增强银行抵御风险的能力，新监管标准自 2012 年 1 月 1 日起开始启用，系统性、非系统重要性银行需于 2013、2016 年年底前达到新监管标准（田辉，2012；吴博，2012）。各类监管指标越大，表示抵御风险的能力越强，具体见图 4-7。

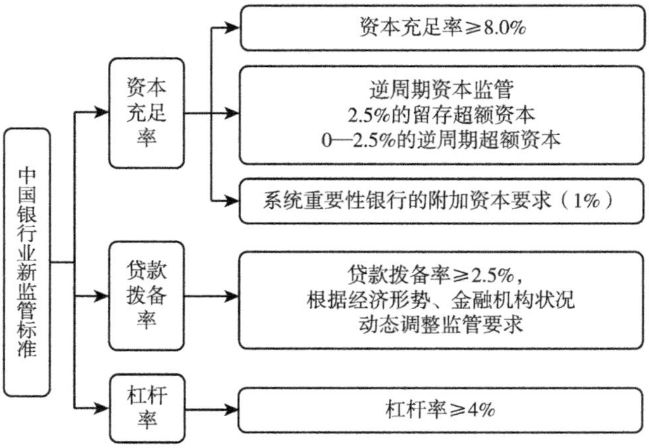

图 4-7　中国银行业新监管标准

注：笔者根据新监管标准绘制。

笔者综合数据的可得性，采用三方面中国银行业监管指标，体现银行业监管的宏观审慎性（见图 4 – 8），由于仅有部分银行披露了调整后表内外资产余额，此处的杠杆率采用表内资产计算。数据来源为上市公开披露的财务报告，并经笔者收集、整理得到。银行业的“宏观审慎综合指数”通过对各类监管指标，采用 Max – Min 标准化方法，根据式（4.6）对原始数据进行无量纲化处理后取平均值综合衡量各银行在宏观审慎监管中抵御风险的能力，其中 v^*、v、min 和 max 分别表示变量的标准化值、原始值、样本数据的最小值和最大值。

$$v^* = \frac{v - min}{max - min} \tag{4.6}$$

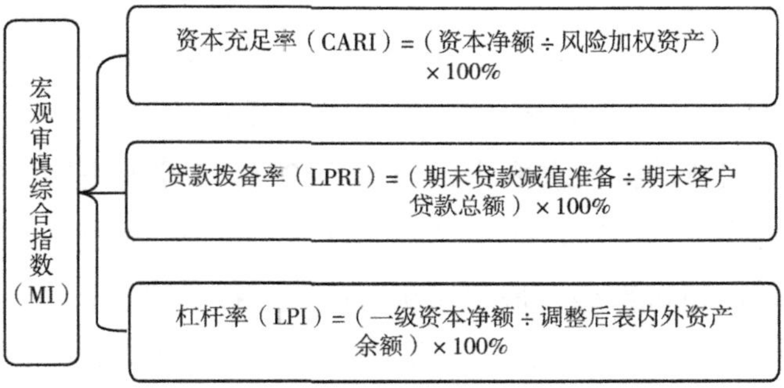

图 4 – 8　中国银行业监管指标

注：笔者根据新监管标准绘制。

由图 4 – 9 可见，样本期内城商行的资本充足率实现了稳定增长。从 2013 年的 11.96% 增长为 2015 年的 12.83%。资本充足率水平在 2016 年保持基本稳定，到 2017 年增长为 13.31%。城商行的杠杆率指标从 2013 年到 2015 年也实现了持续增长，且 2015 年杠杆率指标达历史最高水平，此后城商行的杠杆率指标略有波动，但 2017 年达到样本期内最高水平。城商行的贷款拨备率指标则从 2013 年开始持续增长，2017 年贷款拨备率指标相对于 2013 年涨幅超过 40%。样本期内，城商行的宏观审慎综合指数也在稳步上升，到 2017 年达到最高值。

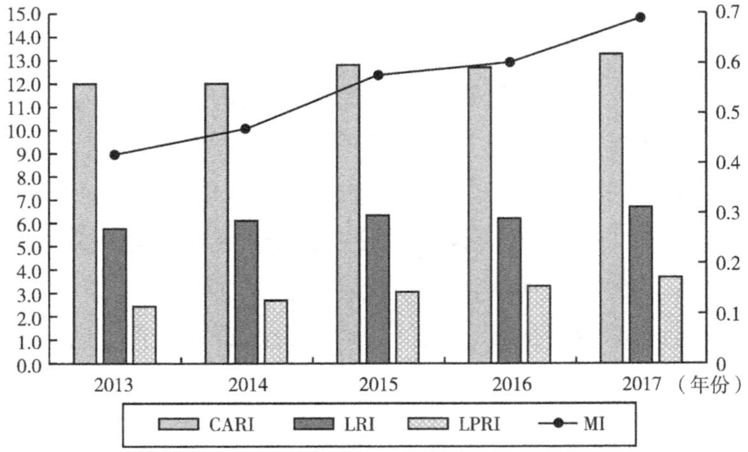

图 4－9　样本城商行宏观审慎指标发展状况

由图 4－10 可见，样本期内股份制银行的资本充足率实现了持续的增长态势，到 2017 年资本充足率平均水平已达 12.53%。从杠杆率看，股份制银行的指标水平从 2013 年到 2014 年略有下降，2015 年杠杆率指标转为上升，并较往年水平更高，此后基本保持稳定，到 2017 年平均水平达到 6.83%。股份制银行的贷款拨备率指标在样本期内实现了持续增长，到 2017 年时已达 2.97%。样本期内，股份制银行的宏观审慎综合指数也在稳步上升，到 2017 年达到最高值。

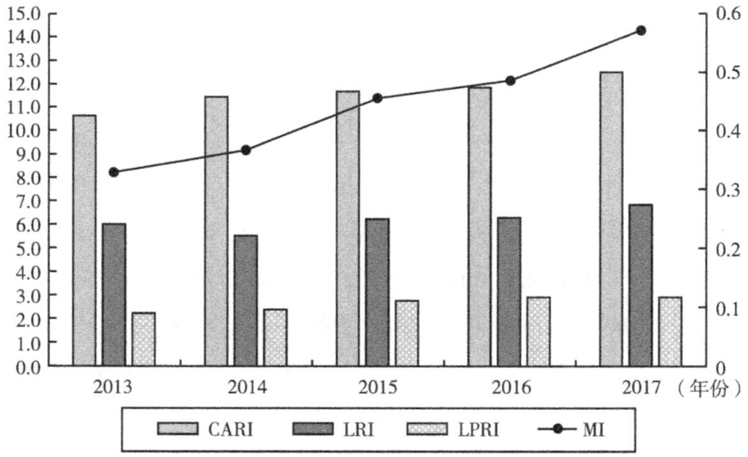

图 4－10　样本股份制银行宏观审慎指标发展状况

由图4－11可见，国有银行的资本充足率从2013年的12.57%增长到2014年14.02%，其后虽有浮动，但均保持在14%以上。国有银行的杠杆率水平变化情况与此相似，在2014—2017年期间内均超过7.2%，到2017年已达7.55%。国有银行的贷款拨备率指标在2013—2015年有所波动，指标均在2.85%以上，并在2016年略微下降为2.76%，其后保持稳定。国有银行的宏观审慎综合指数从2013年到2015年实现了持续增长，2016年略有下降，2017年有所回升，且指标值达到样本期最高值。

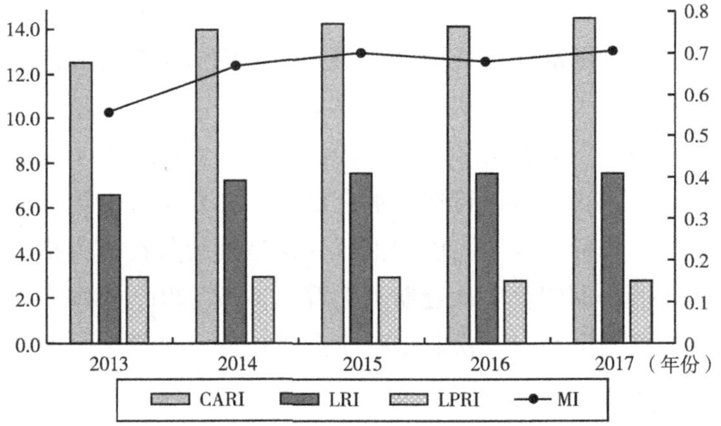

图4－11　样本国有银行宏观审慎指标发展状况

综合图4－9、图4－10、图4－11。从样本期整体看，国有银行的资本充足率水平始终高于股份制银行和城商行。以2017年为例，国有银行的资本充足率水平为14.51%，比股份制银行和城商行分别高1.98%和1.20%。样本期内，股份制银行和城商行的资本充足率均有增长，但城商行的指标值始终高于股份制银行。根据银监会的新监管标准，系统重要性和非系统重要性银行的资本充足率应超过11.5%和10.5%。样本中，国有银行、股份制银行和城商行的资本充足率水平显著高于监管标准。

从杠杆率指标看，样本期内国有银行的指标值虽有波动，但始终高于其他银行，2017年指标值达7.55%，样本期均值为7.27%。股份制银行的杠杆率水平呈“先降后升”，2017年指标值达6.84%。

城商行的杠杆率水平从2013年开始增长，到2015年达到6.35%，其后略有下降，到2017年达6.76%。与监管标准相比，2017年国有、股份制和城商行的杠杆率水平分别高出监管标准3.55%、2.84%和2.35%。

从贷款拨备率指标看，样本期内城商行的指标值持续增长，始终高于国有银行和股份制银行，均值水平为3.05%，而国有银行和股份制银行则分别为2.82%和2.65%。国有银行的拨备率指标在2013—2015年均高于股份制银行，而2016、2017年股份制银行的指标值超过国有银行。2017年，股份制银行指标值为2.97%，较国有银行高0.21%。与监管标准相比，2017年城商行、股份制银行和国有银行分别高出监管标准1.12%、0.47%和0.26%。

从宏观审慎综合指数看，从均值水平看，国有银行的指标值最高，这主要是因为国有银行在资本充足率、杠杆率方面均优于其他银行；城商行的指标值高于股份制银行，这是因为其在三类指标的均值水平均优于股份制银行。从近期水平看，2016、2017年国有银行的宏观审慎综合指数最高，股份制银行略高于城商行。其中，国有银行的拨备率指标近年来略有下降，指标值低于股份制银行和城商行。城商行的指标值高于股份制银行，主要是因为其资本充足率、拨备率指标较高，股份制银行的杠杆率指标近年来已逐步回升。这两类银行的杠杆率指标均超过6.7%。值得注意的是，在2016年MPA体系建立后，除国有银行的拨备率指标有待加强外，各类银行的监管指标均达到历史最高水平，抵御风险的能力进一步提高。

综上所述，自全球金融危机和欧债危机以来，全球经济一直在缓慢复苏，金融市场的波动加剧。在样本期内，样本中的所有银行都遭受了不同程度的负向技术进步，且2015年时程度最大。然而，我们也观察到，样本银行出现的纯技术效率和规模效率方面的增长，这有助于行业的高质量发展。

在此期间，中国政府积极应对危机，实施宏观审慎政策，支持中国银行业积极服务实体经济，促进国民经济发展，同时也注重金融风险的防范。此外，我们发现不同所有制类型的银行在样本期内虽有波动，其行业均值水平在 2017 年均达到最大值。并且，我们发现，就 6 年平均的技术效率而言，股份制银行表现最佳，这与张健华（2003）的研究一致。研究表明，3 种类型的银行的技术效率值比较稳定，不同类型银行之间的效率差距很小。从监管指标看，样本期内，股份制银行和城商行的宏观审慎综合指数实现了持续增长，国有银行的宏观审慎综合指数虽有波动，但始终在行业中属于最高水平。各类银行的资本充足率和杠杆率水平均显著高于监管标准，拨备率指标也高于监管标准，可适当加强。结合第 3 章的银行业系统性风险评估结果，大多数时期，一些股份制银行对银行体系的系统风险贡献情况显著高于国有银行，笔者建议银行业监管标准应定期根据系统性风险评估结果，动态地调整系统重要性银行名单。

根据我们的计算，2017 年各类银行的效率值均达到样本期内历史最高值，且监管指标也达到历史最好水平。2018 年 7 月，中国四大银行首次登顶“银行家”发行的世界 1000 强银行名单，GSYH、JSYH、ZGYH 和 NYYH 的排名分别为 1、2、3 和 4。这是中国银行业发展的良好开端，显示出宏观审慎政策对中国银行业的可持续发展的积极影响。

4.6　融入系统性风险的银行技术效率评估

第 3 章中，通过构建动态 ΔCoVaR 模型，对样本银行的系统性风险贡献进行了测算。目前，现有银行效率相关文献将不良贷款率这一反映银行风险的指标（周杰，2011；宋凯艺，2017；杨君岐和杜娟，2018；宋静波，2019），作为银行的一种“非期望产出”，融入 DEA 模型，从而计算考虑不良贷款率情况时银行的技术效率。本章在现有文献的基础上（Tone，2001；Anderson 和 Petersen，1993），将产出变量区分为期望产出和非期望产出（s^{o+} 和 s_c^{risk-}），构建超效率 SBM 模型，见式（4.7）。同时，创新性地银行的系统性风险贡献值作为“非期望产出”引入 DEA 模型，从而测算出融入系统性风险因素的银行技术效率（简称“综合效率”），结果如表 4 - 13 所示。

在融入系统性风险的银行技术效率 DEA 模型中，投入变量的设定与前文相同。在产出变量的设定上，使用净利润作为“期望产出”，引入第 3 章测算的样本银行的动态 ΔCoVaR 值作为“非期望产出”。

与现有模型相比，我们的模型具有四个方面的优势：（1）Tone（2001）设计的 SBM 模型考虑了松弛变量，比传统 DEA 模型能够更全面地度量银行效率。（2）建立超效率 SBM 模型，能够对传统 DEA 模型中技术效率为 1 的银行进行进一步评估，并得到大于 1 的效率值（华海岭、吴和成和申敏，2014；王明筠、傅联英和连小琴，2015）。（3）融入系统性风险的银行技术效率，能够综合考虑银行的盈利能力和风险水平。（4）采用非导向的 DEA 模型，具备了投入导向型（允许调整投入）和产出导向型模型（允许调整产出）两方面的优势（刘伟，2017；曾福生和刘俊辉，2019）。

$$\min\rho = \frac{1 + \frac{1}{m}\sum_{i=1}^{m}\frac{s_i^-}{x_{ik}}}{1 - \frac{1}{r_1 + r_2}\left(\sum_{v=1}^{r_1}\frac{s_v^+}{y_{vk}} + \sum_{c=1}^{r_2}\frac{s_c^{risk-}}{risk_{vk}}\right)} \tag{4.7}$$

$$s.t.\ \sum_{j=1,j\neq k}^{n} x_{ij}\lambda_j - s_i^- \leqslant x_{ik}$$

$$\sum_{j=1,j\neq k}^{n} y_{vj}\lambda_j + s_v^{o+} \geqslant y_{vk}$$

$$\sum_{j=1,j\neq k}^{n} risk_{ij}\lambda_j - s_c^{risk-} \leqslant risk_{ck}$$

$$1 - \frac{1}{r_1 + r_2}\left(\sum_{v=1}^{r_1}\frac{s_v^+}{x_{vk}} + \sum_{c=1}^{r_2}\frac{s_c^{u-}}{u_{vk}}\right) > 0$$

$$\lambda \geqslant 0, s^- \geqslant 0, s^+ \geqslant 0$$

在式（4.7）中，设银行的个数为 n，ρ 表示融入了系统性风险的银行 k 的技术效率。s^- 和 s^+ 表示投入和产出方面的松弛变量。其中，s^{o+} 和 s_c^{risk-} 分别表示期望产出（即净利润）和非期望产出（即测算的银行系统性风险贡献值）方面的松弛变量。x、y、$risk$ 分别表示投入变量、期望产出和非期望产出。m、r_1、r_2 分别表示投入变量、期望产出和非期望产出指标的类型个数。

由表 4 - 13 可见，从全样本期看，股份制银行中 XYYH 排名最高，效率均值为 1.123，而 HXYH 效率均值仅为 0.417。结合我们在第 3 章中的发现，HXYH 对系统性风险的贡献在行业中始终处于较高水平，因此在融入系统性风险后，技术效率较低。国有银行中，GSYH 排名最高，效率均值为 1.158，说明从综合层面看，GSYH 在行业中的效率处于较高水平。而 NYYH 效率均值为 0.542，表明它在系统性风险和盈利能力方面的综合效率仍有提升空间。城商行中，BJYH 的效率均值为 1.243，但其各年的效率均值存在一定程度的波动，综合效率水平的稳定性有待提升。而 NBYH 和 NJYH 的效率均值为 0.472 和 0.457，它们的综合效率均有提升的潜力。从 2017 年银行的综合效率看，XYYH、PFYH 和 GSYH 的综合效率较高；而 PAYH、HXYH 和 MSYH 的综合效率可进一步提升。

表 4 - 13　融入系统性风险的银行技术效率（2012—2017）

银行	2012	2013	2014	2015	2016	2017	均值
BJYH	1.356	1.572	1.579	1.219	1.051	0.683	1.243
GSYH	1.208	1.229	1.171	1.170	1.105	1.062	1.158
XYYH	0.474	0.518	0.499	0.532	0.620	0.633	0.546
PFYH	0.370	0.397	0.377	0.446	0.469	0.444	0.417
ZSYH	0.734	0.706	0.797	0.803	1.014	1.023	0.846
JSYH	0.581	0.627	0.726	0.646	0.702	0.525	0.635
PAYH	0.774	0.548	0.493	0.493	0.486	0.503	0.550
ZXYH	0.527	0.475	0.353	0.409	0.452	0.525	0.457
JTYH	0.426	0.410	0.383	0.478	0.547	0.587	0.472
ZGYH	0.392	0.443	0.531	0.568	0.633	0.683	0.542
MSYH	0.531	0.457	1.028	1.008	1.049	0.427	0.750
GDYH	1.003	1.076	1.141	1.094	1.132	1.067	1.086
NYYH	1.114	1.076	1.020	1.142	1.134	1.249	1.123
NBYH	1.003	0.785	0.729	0.765	1.006	1.019	0.885
NJYH	0.514	0.524	0.607	0.619	0.636	0.660	0.593
HXYH	0.560	0.679	0.617	0.754	0.732	0.655	0.666

4.7 本章小结

中国是一个以银行为主导的国家。因此，中国银行业的可持续性对经济发展至关重要。本章将数据包络分析（DEA）与 Malmquist 指数相结合，对 2012—2017 年期间上市银行的效率进行了静态和动态分析。结果显示，17 家银行中有 12 家提高了技术效率，3 家银行的技术效率保持不变，而 2 家银行的技术效率略微降低（降幅小于 1.0%）。同时，本章还创新性地将动态 ΔCoVaR 模型测算的银行系统性风险贡献值与 DEA 模型相结合，得到了融入系统性风险的银行技术效率，有助于从盈利能力和风险两方面综合度量银行的效率水平。

在国际金融危机、欧债危机爆发后，中国政府借鉴过去金融危机的教训，探寻预防金融风险的方法，实施了宏观审慎政策。新的银行业监管标准有助于加强银行的金融风险防范。目前，根据“银行家”2018 年的报告，中国四大银行首次登顶世界 1000 强银行名单。研究表明，中国政府将宏观审慎框架应用于银行业监管，逆周期的调节有助于银行业更好地服务实体经济。而融入宏观审慎理念的监管标准实施后上市银行抵御金融风险的能力增强，宏观审慎框架对中国的经济发展和金融稳定起着积极作用。

第 5 章　金融稳定与银行多元化

5.1　多维视角分析

关于金融稳定的研究，笔者根据收集到的文献，选取代表性文献做评述，如下：

（1）金融周期视角

马勇和张航（2017）基于中国 27 年的面板数据，发现随着金融不稳定程度的提高，全要素生产率水平会降低，并且在金融繁荣时期，金融不稳定对全要素生产率的作用程度会提高，而在金融衰退时期，金融不稳定对全要素生产率的作用程度会下降。何德旭和张捷（2017）认为，20 世纪 90 年代以后，随着世界各国金融市场不断深化，金融因素对实体经济的影响越来越明显，呈现出明显的金融周期特征。他们认为，应将金融稳定纳入货币政策框架。马勇、张靖岚和陈雨露（2017）的研究也印证了这一点，他们发现在金融危机时期（金融周期波动较大时），金融周期冲击能够解释大部分的产出和通胀波动。何德旭和张捷（2018）认为，在中国经济处于“L 型”状态与金融周期叠加的背景下，这时货币政策的目标应以经济增长、物价稳定为目标，宏观审慎政策的目标则应该是系统性风险的防范，要加强监管。

（2）金融创新视角

李佳和黄雪宁（2018）认为，资产证券化这种金融创新行为会影响银行的风险承担水平，并产生溢出效应，从而影响金融稳定。他们的建议措施是，为维护金融稳定，应该加强宏观审慎监管，将资产证券化纳入监管框架。次贷危机爆发后，关于影子银行的文献逐渐增多。王擎和白雪（2016）测算了中国东中西部23个省份或直辖市的影子银行规模，用省级不良贷款率衡量银行体系的稳定性。研究发现，影子银行规模对东中部地区银行稳定性之间存在倒“U”型关系，并在5%的水平上显著，且影子银行规模对东中西部地区银行稳定性存在统计上的显著性差异。

（3）金融稳定的影响视角

马勇和田拓（2016）认为，金融体系的不稳定性即金融波动会对政府债务产生直接和间接的影响。基于41个国家11年的面板数据，他们发现，随着金融不稳定程度的提高，政府债务水平会上升，这是金融不稳定对政府债务的直接影响。他们还发现，随着金融不稳定程度的提高，经济增长对政府债务的“减债效应”将显著降低，这是金融不稳定对政府债务的间接影响。

（4）金融机构与金融稳定视角

基于与银行经营状况相关指标的可得性，谭政勋和黄东生（2012）构建了一个银行信息披露指数，并通过不良贷款率和Z-score度量银行稳定性。结果表明，银行的信息披露与银行的稳定性之间存在正向关系，即信息披露有助于提升银行的稳定性。张晓燕和何德旭（2017）发现，中国银行业监管规则的变化，显著地降低了系统重要性银行的风险，有助于维护银行体系的稳定性。张金林和周焰（2015）从资产质量、资本充足水平等九个方面设计银行业稳定指数，并基于互联网支付相关数据度量互联网金融指数，发现银行业稳定性指数是互联网金融指数的格兰杰原因。这意味着，在中国，互联网金融发展与银行稳定息息相关。

（5）金融稳定与货币政策的关系视角

葛奇（2016）指出，根据“杰克逊霍尔共识”，中央银行的货币政策的目标应为物价稳定和经济增长。当金融稳定影响通胀和经济增长预期时，央行才应该将金融稳定作为货币政策的目标，这就是危机前西方国家央行的行为模式。而危机后，一部分学者如 Woodford（2012）指出，货币政策会对金融稳定产生影响，因此央行在制定货币政策时应将金融稳定纳入目标。马勇、张靖岚和陈雨露（2017），将金融周期波动表示的金融稳定变量，纳入货币政策规则，他们的金融稳定变量从多方面来描述金融体系（如金融杠杆、房价、股价、银行利差等）。研究发现，考虑金融稳定的货币政策规则，对于降低产出等宏观经济变量的波动具有积极意义，并且尤其在金融危机时，货币政策应更多地考虑金融稳定的影响。

王章慧和郑联盛（2017）指出，金融稳定与货币政策之间的分离导致了本次金融危机在发达经济体中爆发并传染，危机后的监管实践表明金融稳定与货币政策直接的协调配合尤为重要。郑联盛（2018）指出，围绕“杰克逊霍尔共识”的讨论实质上是研究金融稳定和货币政策之间的关系及合适的制度安排。他认为，金融稳定目标的纳入将导致货币政策要在经济增长、通货膨胀、金融稳定三个目标之间权衡，将产生巨大的政策成本，并且货币政策框架也缺乏应对系统性风险的政策工具，而以金融稳定为政策目标的宏观审慎政策将有助于解决货币政策面临的多政策目标权衡问题。

这一部分中，我们分析了金融稳定研究领域的 5 类研究热点。考虑到中国是一个银行主导型的国家，我们将在下一部分进一步研究银行多元化与金融稳定之间的关系。

5.2　银行业稳定性案例分析：以中国上市银行的多元化为例

5.2.1　研究背景

自 2006 年以来，中国银行业改革迈出了新的重要一步。“五大”

银行，中国银行、工商银行、建设银行、农业银行和交通银行，已成功完成股份制改革，并在中国 A 股市场上市。同时，近年来，中国政府在政府工作报告中强调了推进 IRM 改革的重要性，利率市场化改革（IRM）稳步推进。中国人民银行前行长周小川（2011）指出，IRM 改革将有助于市场在资源配置方面发挥作用，金融机构将能够提供多种金融产品和服务，并根据客户的风险提供不同的价格；客户也可以根据价格，从不同金融机构的相似金融产品选取适合自己的产品。

2008 年，全球金融危机爆发，这对中国的银行业产生了深远和重要的影响。在全球金融危机背景下，随着中国金融体制的不断改革和创新，银行间竞争愈演愈烈。根据我们的计算，多年来，银行业的净息差始终在波动（见图 5－1），这意味着传统基于利息收入的经营战略需要改变。因此，中国的商业银行的主营业务，亟待转型和升级，许多银行采取了收入多元化战略，提供更加丰富的金融产品和服务（非利息业务），来拓宽收入的渠道。如图 5－2 所示，在 2008 年到 2016 年期间内，非利息收入对营业收入的贡献越来越大。

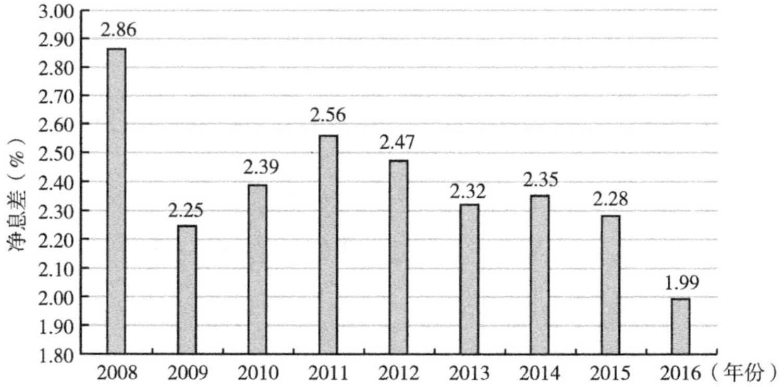

图 5－1　样本商业银行净息差（Net interest margin）变化情况

收入多元化已成为现代银行业发展的重要趋势。大多数的早期研究，都侧重于研究欧洲和美国银行业的收入多元化战略，并从各种角度描述了收入多元化的潜在好处。首先，通过从事更广泛的金融活动，多元化可以拓宽收入渠道，并培育新的增长点。其次，银行可以在提供各种金融产品和服务方面，实现营运上的协同效应，并通过规

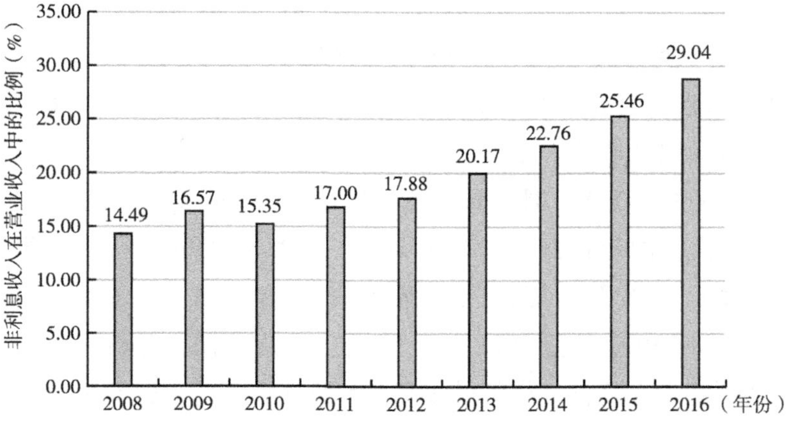

图 5－2　样本银行非利息收入在营业收入中的比例（%）变化情况

模经济提高盈利能力。此外，由于银行的非利息业务与利息业务（利息业务被认为与经济是更加高度相关的）是不相关的或者不完全相关的，收入结构的多元化可以减少银行收入的波动性，从而增强银行收入的稳定性。此外，采用收入多元化的全能银行可充分地利用在传统业务中积累的客户信息资源，使得其成本会低于仅从事传统银行业务的专业银行（Gallo，Apilado，Kolari ，1996；Ramasastri，Samuel，Gangadaran，2004；Chiorazzo，Milani，Salvini ，2008；Smith，Staikouras，Wood，2004）。另外，一些学者认为，全能银行实现了收入上的多元化，其面临的风险低于专业性银行。根据美国大萧条的统计数据，大多数破产银行都是专业性的银行，即它们只从事一项业务。总而言之，收入多元化通过降低成本、降低风险和提高盈利能力，使银行更有效地运营。此外，它还有助于促进金融稳定和经济发展（Vennet，2002；Benston，1994）。

随着全世界非利息业务的发展，相关领域的研究，可以加深我们对多元化对银行盈利能力和风险的作用的理解。研究提供了越来越多的经验证据，表明多元化可以使银行受益。Pennathur 等（2012）发现，多元化通过降低 2001—2009 年期间的违约风险使印度的公共部门银行受益。Shim（2013）发现，基于 1992 年至 2011 年美国银行控股公司的数据，多元化降低了无清偿能力风险的可能性，因为多元化的投资组合，降低了收入的波动性。其他研究从理论和实证分析角度发现，收入多元化可能增加风险并降低收入及稳定性。Lepetit 等（2008）发现，基于1996年至2002年欧洲银行的数据，基于收费的业务活动（佣金收入，这是一种非利息收入）和无清偿能力风险之间，存在正相关关系。Hayden、Porath 和 Westernhagen（2007）表明，对于大多数德国银行而言，基于1996—2002年期间银行贷款组合的数据，多元化水平的提高可能导致较低的收益。Stiroh 和 Rumble（2006）使用1997年至2002年美国银行业的数据，分析了收入多元化对银行业绩的影响，发现利息收入的波动性下降，这有助于实现收入的稳定性，然而非利息收入与利息收入相比并不稳定。此外，非利息收入的组成部分（如服务费等）是和利息收入高度相关的。根据1994年至2002年欧洲银行业的收入结构统计数据，王志军（2004）指出，虽然非利息收入对营业收入的贡献在此期间显著增加，但非利息收入的增长在一定程度减轻了利息收入下降的影响。但是，数据显示，在1995年和1997年，非利息收入的增加伴随着一定程度的运营成本增加。换句话说，非利息收入对银行盈利能力的影响总体上是不确定的。Mercieca、Schaeck 和 Wolfe（2007）发现，从1997年到2003年，小型的欧洲银行并没有直接从多元化中受益，因为他们缺乏与新业务相关的经验和专业知识。一些研究人员还探索了多元化的异质效应，然而另一些研究人员发现这种效应并不存在。根据 Baele、Jonghe 和 Vennet（2007）的观点，欧盟的小型和大型银行的多元化的收益和成本并不显著。Hidayat、Kakinaka 和 Miyamoto（2012）研究了印度尼西亚银行的风险与多元化之间的关系，结果表明，这种影响在很大程度上取决于银行的规模。

总之，大多数研究目前都集中在美国或欧盟成员国的银行，而中国的金融体系和金融发展水平与这些国家不同。因此，收入多元化是否对中国的银行有利非常值得研究。笔者从2017年起，开始收集银行多元化的相关文献和数据等资料，并进行了论文写作，研究成果《Does Income Diversification Benefit the Sustainable Development of Chinese Listed Banks? Analysis Based on Entropy and the Herfindahl - Hirschman Index》已于 2018 年 4 月在 SCIE 期刊《Entropy》发表。

目前，学术界关于银行的盈利能力与风险之间的关系，并未形成一致的结论。有些人认为收入多元化通过提高盈利能力和收入稳定性对银行有利，而另一些人则认为多元化可能会增加风险和收入波动。此外，值得注意的是，一些研究发现，多元化可能会对银行产生不同的影响。因此，我们决定使用面板门限模型来检验多元化对银行盈利能力和金融稳定的影响是否不同。

5.2.2　变量选择

本章研究的是收入多元化与银行盈利能力和风险之间的关系。因此，考虑到现有数据和先前的研究［见 Tabak、Fazio 和 Cajueiro (2011)；Demsetz 和 Strahan (1997)；Köhler (2014)；Amidu 和 Wolfe (2013)；Trinugroho、Agusman 和 Tarazi (2014)］，选取了三个变量作为因变量：风险调整后的总资产收益率（SHROA）、不良贷款率（NPLR）和 Z - score。

SHROA，反映了银行的盈利能力，见式（5.1）。

$$SHROA = \frac{ROA}{\sigma_{ROA}} \tag{5.1}$$

其中，ROA 和 σ_{ROA} 表示资产收益率及其在样本期内的标准差。

不良贷款率（NPLR），反映了银行的信贷风险，见式（5.2）。

$$NPLR = \frac{Non-performing\ Loans}{Total\ loans} \tag{5.2}$$

Z - score，反映了银行的无清偿能力风险（overall insolvency risk），其倒数值可视为对银行金融稳定性的度量。Z - score 的定义，见式（5.3）。

$$Z-score = \frac{\sigma_{ROA}}{ROA + \left(\frac{Equity}{Total\ assets}\right)} \tag{5.3}$$

熵是一种有趣的方法，最初是在 19 世纪中期，在物理学中形成和发展的。可以说，熵及其应用，形成了统计力学的基础，可以用于理解从热到动力的转换。熵的概念简单、容易理解，其理念已经由研究人员发展，并广泛应用于物理学以外的领域［见 Scarfone (2013)；

Martyushev 和 Seleznev（2006）；Tsallis 和 Souza（2003）；Pressé 等（2013）］。根据 Gulko（1999），熵在经济领域的应用可以追溯到 20 世纪 60 年代。熵被认为是一个有用的统计指标，并在 20 世纪 90 年代后应用于金融领域，Stutzer（1996）和 Avellaneda（1998）对熵在金融中的应用做出了重要的贡献。

现在，熵的理念已经在经济和金融研究领域得到了广泛的应用。熵的概念可以用于金融产品的定价。通过最小化相对熵，Stutzer（2000）提供了一种推导 Black - Scholes 期权定价模型的简单方法。此外，Kitamura 和 Stutzer（2002）指出，如果存在非正态观测值，基于熵的方法比传统的线性方法表现更好。Brody、Buckley 和 Constantinou（2007）基于 Rényi 熵，设计了一种熵的定价方法，与传统方法相比，新方法需要的参数更少。

基于熵的方法也被用来分析金融风险和金融危机。在银行间传染的分析中，最大熵方法已成为主流［见 Liu、Paddrik 和 Yang（2017）］。基于方向熵的概念，Bowden（2011）改进了一种金融风险管理工具（VaR），测量尾部风险。Pele、Lazar 和 Dufour（2017）证明了日内收益分布函数的熵可以预测经典的市场风险度量指标（如 VaR），并且其具有比传统方法更多的信息量。Yang 和 Qiu（2005）认为熵的引入有助于决策。在 Tsallis（1988）的基础上，Gradojevic 和 Gençay（2008）、Gençay 和 Gradojevic（2010）提出并发展了一种熵方法，作为衡量市场预期的一种方法，他们的进一步研究（Gençay 和 Gradojevic，2017）表明，Tsallis 熵和近似熵在金融中的应用能实现对 1987 年和 2008 年金融危机的良好预测。Boyarchenko（2012）在 Hansen 和 Sargent（2007）的基础上，利用相对熵来衡量投资者面临的模糊的程度。

此外，熵还可以应用于金融时间序列分析。Bekiros（2014）设计了一种位移不变的离散小波变换（SIDWT），他采用基于熵的准则来获得小波分解的最优深度。该方法优于传统的主观分析方法，可用于金融时间序列分析。Dimpfl 和 Peter（2013）讨论了转移熵如何应用于分析金融市场之间的信息流。与 Granger 因果关系相比，Zaremba 和 Aste（2014）指出，转移熵能更好地描述非线性。此外，Geman、Geman 和 Taleb（2015）通过分析具有熵框架的资产收益的多维密度，填补了传统金融文献的空白。

如上所述，本研究的目的是确定收入多元化对银行收益和风险的影响。因此，多元化的度量对于我们的研究是至关重要的。正如相关研究证明，Herfindahl - Hirschman 指数（HHI）可以很好地衡量多元化（Brighi 和 Venturelli，2016），而 Tabak 等（2011）的研究表明，熵指数也可以用来衡量多元化。因此，我们遵循传统的研究方法，用 HHI 来衡量银行业务的多元化程度，并用熵指数（ENTI）来检验我们的研究结果的稳健性。

基于 Herfindahl - Hirschman index（HHI）的理念构造的多元化指数，记作“DIV”，其定义见式（5.4）。

$$DIV = 1 - NIIS^2 - NNIS^2 \tag{5.4}$$

其中 NIIS 和 NNIS 分别指净利息收入占营业总收入的比例（即净利息收入的份额）和净非利息收入占营业总收入的比例（即净非利息收入的比例），这种度量方式，在相关研究中已经得到了广泛的应用，将用于我们的基准模型。

Jacquemin 和 Berry（1979）和 Ceptureanu 等（2017）使用熵指数（ENTI）作为多元化（Diversification）的衡量标准。用于稳健性检验的基于 ENTI 的多元化指数，称为“DEV”，定义见式（5.5）。

$$DEV = NIIS \times \ln(1/NIIS) + NNIS \times \ln\left(\frac{1}{NNIS}\right) \tag{5.5}$$

注意，当净利息收入份额等于非利息收入份额时，DIV 和 DEV 取最大值，并且，随着净利息收入或非利息收入份额的增加，银行将变得更加专业化，多元化指数会下降。

此外，还包括银行的规模、权益比率和贷存比率，以控制可能影响其回报和风险的其他因素。银行的规模（ast）以其总资产的自然对数来衡量。权益比率（eta）定义为权益与总资产的比率。贷存比（ltd）定义为贷款总额与存款总额之比。我们从中国 A 股市场上市的商业银行公开披露的财务报告中手工收集和整理数据，变量的单位为元（人民币）。

5.2.3 模型介绍

根据文献回顾，一家银行的盈利能力（或风险）与收入多元化之间的关系可能是非线性的。也就是说，多元化对不同银行的影响可能是不同的。为确定多元化与银行盈利能力（或风险）之间的非线性关系是否存在，我们构建了由 Hansen （1999） 首创的面板门限模型 (PTM)，这将有助于我们的进一步研究。

根据 Hansen （1996，1999，2000） 和 Chan （1993），单一门限模型的定义，见式（5.6）。

$$y_{it}=\mu_i+\beta_1 DIV_{it}I(q_{it}\leqslant r)+\beta_2 DIV_{it}I(q_{it}>r)+\varepsilon_{it} \tag{5.6}$$

在这里，y_{it}表示因变量，即银行的盈利能力或风险；DIV_{it}表示解释变量，即银行的收入多元化水平；μ_i和 ε_{it}分别是个体效应（individual - specific effect）和随机干扰项（stochastic disturbance）；q_{it}是门限变量；r 是要估计的门限参数。$I(A)$ 是一个示性函数（characteristic function），定义见式（5.7）。显然，通过设定其门限参数，式（5.6）被分为两个区制（regime）。

$$I(A)=\begin{cases}1, & \text{若事件 } A \text{ 发生}\\ 0, & \text{若事件 } A \text{ 没发生}\end{cases} \tag{5.7}$$

为了消除不可观测到的个体效应（unobserved individual - specific effect），首先对于每个银行（i），对式（5.6）按时间取平均值，得式（5.8）。

$$\bar{y}_i=\mu_i+\beta_1\overline{DIV}_i I(q_{it}\leqslant r)+\beta_2\overline{DIV}_i I(q_{it}>r)+\bar{\varepsilon}_i. \tag{5.8}$$

为简化表达，我们定义：

$$\beta=\begin{pmatrix}\beta_1\\ \beta_2\end{pmatrix} \tag{5.9}$$

$$DIV_{it}(r)=\begin{pmatrix}DIV_{it}I(q_{it}\leqslant r)\\ DIV_{it}I(q_{it}>r)\end{pmatrix}. \tag{5.10}$$

则式（5.6）和式（5.8）可写为：

$$y_{it}=\mu_i+\beta' DIV_{it}(r)+\varepsilon_{it} \tag{5.11}$$

$$\bar{y}_i=\mu_i+\beta'\overline{DIV}_{it}(r)+\bar{\varepsilon}_i. \tag{5.12}$$

其次，我们用式（5.11）减去式（5.12），即式（5.13）。同时，定义DIV_{it}^{*}和ε_{it}^{*}，见式（5.14）。

$$y_{it}^{*}=y_{it}-\overline{y}_{i} \tag{5.13}$$

$$DIV_{it}^{*}=\beta'[DIV_{it}(r)-\overline{DIV}_{it}(r)] \tag{5.14}$$

$$\varepsilon_{it}^{*}=(\varepsilon_{it}-\overline{\varepsilon}_{i}) \tag{5.15}$$

得到按时间取均值的形式（time-demeaned form），见式（5.16）。

$$y_{it}^{*}=\beta'[DIV_{it}(r)-\overline{DIV}_{it}(r)]+(\varepsilon_{it}-\overline{\varepsilon}_{i})=\beta'DIV_{it}^{*}+\varepsilon_{it}^{*}. \tag{5.16}$$

通过门限参数r，我们基于普通最小二乘法（ordinary least squares, OLS）估计出回归系数$\hat{\beta}$，并计算残差平方和（the sum of squared residuals, SSR），记作$S_1(r)$。通过最小化$S_1(r)$，估计出门限参数，并在给定门限参数（$\hat{r}$）的情况下估计得到$\hat{\beta}$。

在估计完参数后，我们需要检验门限效应是否在统计上显著。原假设和备择假设如下：

$$H_0: \beta_1=\beta_2 \tag{5.17}$$

$$H_1: \beta_1\neq\beta_2. \tag{5.18}$$

如果$\beta_1=\beta_2$，则不存在门限效应，式（5.11）可写为如下形式：

$$y_{it}=\mu_i+\beta_1'DIV_{it}^{*}+\varepsilon_{it} \tag{5.19}$$

我们可得按时间取平均值的形式，见式（5.20），并估计出参数，并在$\beta_1=\beta_2$的假设下，计算SSR（S_0）：

$$y_{it}^{*}=\beta_1'DIV_{it}^{*}+\varepsilon_{it}^{*} \tag{5.20}$$

$$S_0=\tilde{\varepsilon}_{it}^{*}{}'\varepsilon_{it}^{*}. \tag{5.21}$$

根据Hansen（1999），原假设H_0的似然比检验（likelihood ratio, LR）统计量如下所示。我们可使用Hansen（1996）提出的bootstrap方法获得以下检验的渐进分布，并计算P-value：

$$F=\frac{S_0-S_1(\hat{r})}{\hat{\sigma}^2} \tag{5.22}$$

其中，残差平方和$\hat{\sigma}^2=\dfrac{S_1(\hat{r})}{n(T-1)}$，$n$和$T$分别表示样本银行的个数和样本期的年度个数。

此外，我们还需要检验估计得到的门限参数$\hat{r}$是否等于其真实值r_0，即$\hat{r}=r_0$。相应的统计量如式（5.23）所示。然而，由于LR统计量的分布是非标准的（non - standard），我们需要使用Hansen（2000）设计的一种非拒绝域方法检验（a nonrejection region method）。如果$LR(r)$小于等于$-2\log(1-\sqrt{1-\propto})$，我们就不能在显著性水平$\propto$上拒绝原假设（$\hat{r}=r_0$），这意味着，门限参数等于其真实值。注意$\propto$和$1-\propto$分别表示显著性水平和置信水平。

$$LR(r)=\frac{S_1(r)-S_1(\hat{r})}{\hat{\sigma}^2} \tag{5.23}$$

同样，我们可以定义一个具有两个门限参数的双重门限模型，将方程划分为三种区制，并构建适用于多门限情况的统计量。注意，我们需要先计算得到第一个门限，并在第一个门限作为给定的情况下来计算得到第二个门限。此外，由于第二个门限是渐近有效的，而第一个门限不是。所以，我们应该将第二个门限视为给定，对第一个门限进行重新估计。关于多门限模型的详细过程，见Hansen（1999）。

5.2.4 样本说明

根据上市公司的行业分类，截至2016年12月31日，中国A股市场上有24家商业银行上市。考虑到数据的可得性和连续性，我们选择了16家银行作为样本，收集其从2008年到2016年的数据，发现银行间的竞争越来越激烈。商业银行积极实施多元化战略，以获得更高回报。财务报告显示，银行的利润越来越多地来自非利息收入，这是多元化战略的一个好处。然而，多元化伴随着风险。

我们的样本包括五家国有商业银行：工商银行（ICBC）、建设银行（CCB）、交通银行（BOCOM）、农业银行（ABC）和中国银行（BOC）；八家股份制商业银行：光大银行（CEB）、华夏银行（HXB）、民生银行（CMBC）、平安银行（PAB）、上海浦东发展银行（SPDB）、兴业银行（IB）、招商银行（CMB）和中信银行（CITICB）；三家城市商业银行：南京银行（NJCB）、宁波银行（NBCB）

和北京银行（BJCB）。2016年，中国银行业总资产达到181.7万亿元，样本中的上市商业银行占总资产的73.93%（数据来源：唐福勇，2017；笔者计算），表明样本对中国银行业具有代表性。

表5－1为16家银行的中英文全称和英文缩写，将在本章的后续部分使用。

表5－1　样本银行的名称和缩写

序号	缩写	中文名称	英文名称
1	BJCB	北京银行	Bank of Beijing Co. ,Ltd.
2	ICBC	工商银行	Industrial and Commercial Bank of ChinaLimited
3	CEB	光大银行	China Everbright Bank Co. ,Ltd.
4	HXB	华夏银行	Hua Xia Bank Co. ,Ltd.
5	CCB	建设银行	China Construction Bank Corp.
6	BOCOM	交通银行	Bank of Communications Co. ,Ltd.
7	CMBC	民生银行	China Minsheng Banking Corp. ,Ltd.
8	NJCB	南京银行	Bank of Nanjing Co. ,Ltd.
9	NBCB	宁波银行	Bank of Ningbo Co. ,Ltd.
10	ABC	农业银行	Agricultural Bank of China Limited
11	PAB	平安银行	Ping An Bank Co. ,Ltd.
12	SPDB	浦发银行	Shanghai Pudong Development Bank Co. ,Ltd.
13	IB	兴业银行	Industrial Bank Co. ,Ltd.
14	CMB	招商银行	China Merchants Bank Co. ,Ltd.
15	BOC	中国银行	Bank of China Limited
16	CITICB	中信银行	China CITIC Bank Corp. ,Ltd.

表5－2是因变量的描述性统计结果。

表5－2　描述性统计（因变量）

	Risk – Adjusted ROA 风险调整后的总资产收益率 （SHROA）	Non – Performing Loan Ratio 不良贷款率 （NPLR）	Z – score
平均值	7.447	1.17%	0.023
最小值	0.570	0.38%	0.009
中位数	6.913	1.04%	0.021

续表

	Risk - Adjusted ROA 风险调整后的总资产收益率 (SHROA)	Non - Performing Loan Ratio 不良贷款率 (NPLR)	Z - score
最大值	15.278	4.32%	0.063
标准差	3.218	0.54%	0.010
变异系数	0.432	0.464	0.453

表5-3是自变量、控制变量的描述性统计结果。

表5-3　　　　描述性统计（自变量和控制变量）

统计指标	多元化 (DIV)	多元化 (DEV)	总资产 (ast)	权益比率 (eta)	贷存比 (ltd)
平均值	0.308	0.482	5 382 917.77	6.14%	71.07%
最小值	0.131	0.254	93 706.07	3.19%	47.43%
中位数	0.309	0.487	2 874 202.50	6.18%	72.73%
最大值	0.476	0.669	24 137 265.00	12.11%	92.03%
标准差	0.085	0.101	5 815 194.93	1.20%	8.03%
变异系数	0.276	0.209	1.08	0.196	0.113

注：总资产的单位是百万元人民币。

5.2.5　门限效应检验

在这一部分，我们将检验收入多元化与银行的盈利能力、信贷风险以及银行的无清偿能力风险（也称偿付能力风险，其倒数反映了银行的金融稳定性）之间，是否存在非线性关系。并且，如果门限效应存在，我们检验单一门限、双重门限或三重门限模型是否适合于分析收入多元化的影响。

表5-4、表5-5、表5-6分别显示了因变量反映盈利能力（SHROA）、信贷风险（NPLR）或者偿付能力风险（Z - score）时，门限效应检验中的1%、5%和10%显著性水平的F统计量、bootstrapped P值和临界值。每个模型的bootstrap过程重复300次。注意，下表中的F统计量的原假设分别是没有门限、最多存在一个门限和最

多存在两个门限。

在表 5 - 4 中，单一门限、双重门限和三重门限的 F 统计量分别为 22. 680、15. 310、14. 310。只有单一门限的 F 统计量在 5% 显著性水平上显著，表明盈利能力与收入多元化之间存在非线性关系，并且应存在一个门限。如表 5 - 5 所示，报告的 F 统计量和计算的 P 值（P - value）证实了信贷风险和收入多元化之间存在着一个门限。同样，表 5 - 6 显示，评估没有门限、最多存在一个门限和最多存在两个门限的原假设的 F 统计量，分别为 39. 330、17. 150、14. 960，表明综合性的无清偿能力风险（insolvency risk）和收入多元化之间，存在着单一门限。

表 5 - 4　　门限效应检验（SHROA）

Threshold	F - Statistics	*P* - Value	1%	5%	10%
Single	22. 680	0. 030	27. 274	18. 830	15. 991
Double	15. 310	0. 090	23. 594	18. 235	14. 794
Triple	14. 310	0. 907	54. 147	47. 326	41. 136

表 5 - 5　　门限效应检验（NPLR）

Threshold	F - Statistics	*P* - Value	1%	5%	10%
Single	64. 160	0. 000	45. 516	32. 133	27. 349
Double	4. 610	0. 997	54. 804	39. 428	30. 273
Triple	11. 360	0. 580	61. 759	26. 329	22. 333

表 5 - 6　　门限效应检验（Z - score）

Threshold	F - Statistics	*P* - Value	1%	5%	10%
Single	39. 330	0. 037	67. 276	37. 474	29. 798
Double	17. 150	0. 290	49. 195	37. 121	28. 113
Triple	14. 960	0. 373	46. 334	33. 935	26. 897

在 5. 2. 3 中，我们指出 LR 统计量是门限参数（r）的函数。图 5 - 3、图 5 - 4、图 5 - 5 显示了不同模型（均存在一个门限）的 LR 统计量。注意，虚线表示 95% 置信水平下的临界值。我们通过令 LR 统计量等于零来得到门限参数。

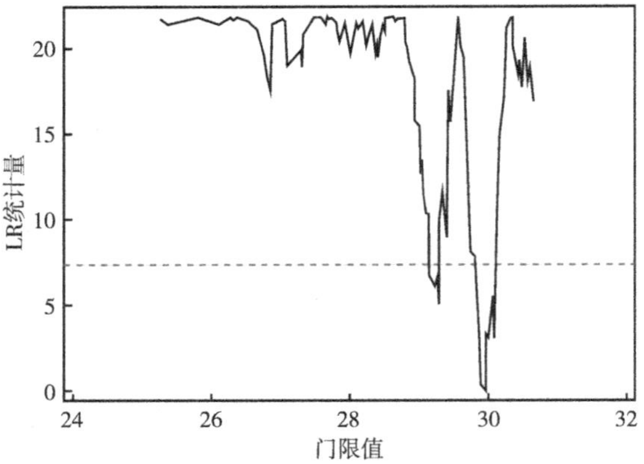

图 5－3　LR 统计量（SHROA）

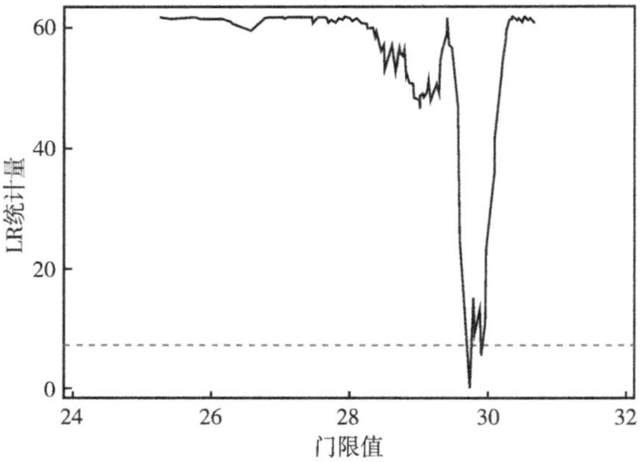

图 5－4　LR 统计量（NPLR）

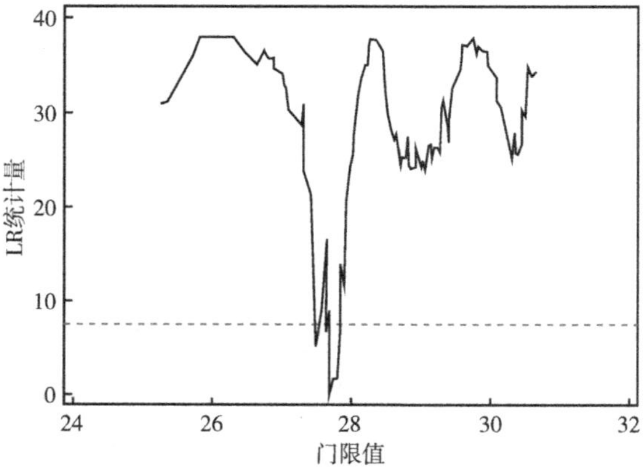

图 5－5　LR 统计量（Z－score）

5.2.6 结果分析

方程估计结果，见表5－7。其中，***，** 和 * 分别表示1%，5%和10%水平的统计显著性；DIV_1 和 DIV_2 分别代表银行规模小于和大于门限参数时的收入多元化系数；N 和 R 指的是样本中的观察数和拟合的程度。根据计算结果和图5－3，银行盈利能力对多元化的回归（表5－7第1栏）表明，当银行规模小于10.33739万亿人民币的门限值时，收入多元化会对风险调整后的ROA衡量的收益产生负向影响，影响在10%的水平上显著。当银行规模超过门限时，多元化的影响是正向的，但统计上不显著。此外，对于控制变量，我们发现银行规模与盈利能力、信贷风险之间呈负相关关系和正相关关系，这意味着小银行的盈利能力可能会优于大型银行，但风险也可能会高一些。此外，结果显示股权比率与盈利能力之间存在正相关关系，在1%水平上显著，这表明股权比率较高的银行可能获得更高利润。此外，贷存比率较高的银行往往收益较低。

表5－7的第2栏显示了不良贷款比率衡量的信贷风险多元化回归的估计结果。根据计算结果和图5－4，门限参数为8.403169万亿元。如果银行规模小于门限参数，收入多元化会增加不良贷款率，从而增加信贷风险。但是，如果银行规模大于门限参数，收入多元化会降低不良贷款率，即银行可以获得更高质量的贷款。结果还表明，银行规模与不良贷款率之间呈负相关关系且在5%的水平上显著，这可能是由于大型银行通常拥有优越的风险管理技术和丰富的人力资源，因此，可以有效地从事非利息收入业务，并享受多元化的好处。此外，结果表明，随着贷存比的上升，信贷风险会增加。

在表5－7的第3列中，我们显示了多元化对用Z－score度量的银行的稳定性（总体的偿付能力风险）的回归结果。计算表明，门限参数为1.0639万亿元。我们发现，无论银行规模如何，收入多元化都会对整体偿付能力风险产生正向影响。此外，如果银行规模小于门限值，则小银行的多元化对偿付能力风险的增加值比大型银行的更大。此外，结果显示银行规模增加往往会降低偿付能力风险。此外，股权比率与偿付能力风险之间存在负相关关系，这表明，如果银行降低股权比例并提高债务与资产的比例，偿付能力风险可能会上升，结果在1%的水平上显著。此外，贷存比与银行偿付能力风险之间存在正相关关系，在5%水平上显著，这表明较大的贷存比会导致偿付能力风险增加。

表5－7　收入多元化（DIV）对SHROA、NPLR和Z－score的影响

	Model 1	Model 2	Model 3
	SHROA	NPLR	Z－score
ast	－0.104 (－0.51)	－0.002** (－2.24)	－0.001 (－1.59)
eta	56.226*** (7.13)	0.002 (0.05)	－0.402*** (－15.95)
ltd	－6.652*** (－4.48)	0.010 (1.46)	0.011** (2.51)
DIV_1	－2.947* (－1.75)	0.035*** (4.46)	0.023*** (3.92)
DIV_2	1.419 (0.68)	－0.013 (－1.29)	0.003 (0.54)
constant	12.303** (2.10)	0.059** (2.19)	0.070*** (3.55)
R^2	0.412	0.411	0.784
N	144	144	144

附注1：*、**和***分别表示1%、5%和10%的显著性水平。

5.2.7 稳健性分析

在5.2.6中，我们分析了收入多元化与银行盈利能力或风险之间的关系，银行的多元化水平采用DIV指数衡量。在这一部分，我们进行了稳健性分析，多元化水平将采用DEV指标衡量。

门限效应的检验结果列于下表中。根据表5－8、表5－9、表5－10，对于不同的模型，门限的数量均为1，这与上一部分的结论是一致的，多元化与这些变量之间确实存在着非线性的关系。

表 5 –8　　门限效应检验（SHROA）

Threshold	F – Statistics	*P* – Value	1%	5%	10%
Single	24. 550	0. 020	26. 400	18. 514	16. 120
Double	15. 820	0. 080	22. 497	17. 295	14. 394
Triple	13. 530	0. 887	54. 586	47. 995	42. 266

表 5 –9　　门限效应检验（NPLR）

Threshold	F – Statistics	*P* – Value	1%	5%	10%
Single	66. 250	0. 003	48. 068	31. 469	28. 537
Double	7. 670	0. 923	58. 554	40. 341	32. 687
Triple	12. 720	0. 480	45. 004	25. 010	20. 487

表 5 –10　　门限效应检验（Z – score）

Threshold	F – Statistics	*P* – Value	1%	5%	10%
Single	41. 630	0 030	67. 338	37. 285	30. 089
Double	11. 250	0. 560	60. 883	34. 293	27. 727
Triple	15. 550	0. 263	34. 637	26. 876	22. 694

图 5 –6、图 5 –7、图 5 –8 中显示了模型的 LR 统计图。类似地，令 LR 统计量等于零，则可计算出门限参数。通过计算，我们发现不同模型的门限参数结果是稳健的。

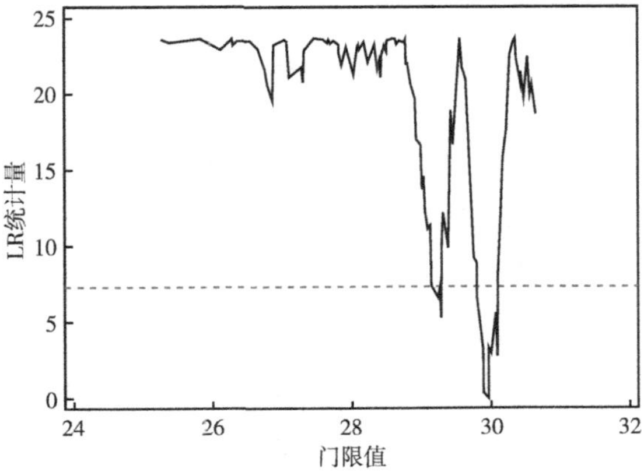

图 5 –6　LR 统计量（SHROA）

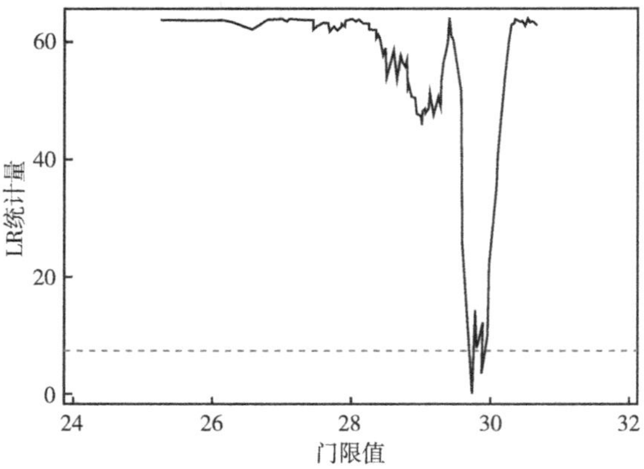

图 5-7　LR 统计量（NPLR）

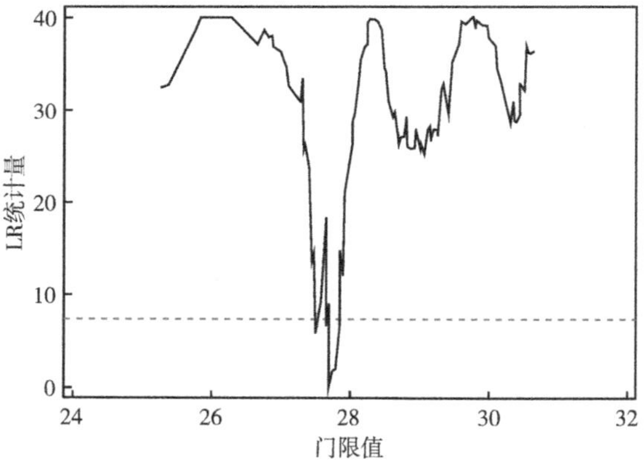

图 5-8　LR 统计量（Z-score）

此外，我们在假设存在单一门限的情况下，通过使用 DEV 指数作为收入多元化的度量来重新估计模型 1、模型 2 和模型 3，形成模型 4、模型 5 和模型 6，结果见表 5-11。注意，DEV_1 和 DEV_2 分别指的是银行规模小于、大于门限参数时多元化程度的系数。结果表明，不同模型中，采用不同的指标度量的多元化水平，而多元化的系数之间只有微小的差异。此外，系数的方向没有改变，这表明结果是稳健的。

我们基于 Wu 和 Cheng（1984）、Paravisini、Rappoport 和 Schnabl（2017）和 Samad（2015）的研究，采用银行贷款总额来衡量银行规模，以便对结果进行稳健性分析。通过 HHI 测量多元化的模型的相关结果列于表5-12和表5-13中。研究结果显示，模型中存在门限效应，并且在不同模型中只有一个门限，在5%水平上显著。这与前文的内容是一致的，并表明我们的模型是稳健的。同样，不同模型的单一门限［风险调整后的资产收益率（SHROA）、不良贷款率（NPLR）和Z-score，它们是各模型的因变量］的LR统计量，如图5-9到图5-11所示，图中的横虚线表示，稳健性分析模型在95%置信水平下的临界值。

表5-11 收入多元化（DEV）对SHROA、NPLR和Z-score的影响

变量名	Model 4	Model 5	Model 6
	SHROA	NPLR	Z-score
ast	-0.167 (-0.82)	-0.002* (-1.88)	-0.001 (-1.47)
eta	55.041*** (6.99)	0.007 (0.20)	-0.400*** (-15.99)
ltd	-6.840*** (-4.62)	0.011 (1.51)	0.011** (2.39)
DEV_1	-1.912 (-1.36)	0.026*** (3.97)	0.015*** (3.26)
DEV_2	1.110 (0.67)	-0.007 (-0.89)	0.003 (0.58)
constant	14.307** (2.52)	0.047* (1.77)	0.067*** (3.53)
R^2	0.411	0.401	0.785
N	144	144	144

注：*，**和***分别表示1%，5%和10%水平的统计显著性。

表5-12 多元化水平（DIV）对SHROA、NPLR和Z-score的影响

变量名	Model 7	Model 8	Model 9
	SHROA	NPLR	Z-score
size	-0.081 (-0.34)	-0.003** (-2.35)	-0.001* (-1.88)
eta	56.463*** (7.19)	0.027 (0.75)	-0.386*** (-16.20)

续表

变量名	Model 7	Model 8	Model 9
	SHROA	NPLR	Z - score
ltd	-6.756*** (-4.56)	0.013* (1.96)	0.017*** (4.23)
DIV_1	-3.095* (-1.88)	0.032*** (4.33)	0.026*** (4.82)
DIV_2	1.144 (0.54)	-0.014 (-1.32)	-0.003 (-0.58)
constant	11.705* (1.83)	0.065** (2.24)	0.072*** (3.71)
R^2	0.412	0.445	0.809
N	144	144	144

注：在模型 7 -9 中，多元化指数是根据 Herfindahl - Hirschman 指数（HHI）来衡量的。

笔者通过计算得出门限参数，并将样本分成两组：A 组（小银行），0 <银行规模≤门限参数；B 组（大银行），银行规模 >门限参数。我们发现，当银行规模通过银行贷款总额来衡量时，对于 SHROA、NPLR 和 Z - score 的模型，99.31%、99.31% 和 96.53% 的观察值分别属于和前文中的部分一致，这证实了我们模型的稳健性。相关检验结果和统计图见表 5 -14 到表 5 -19、图 5 -9 到图 5 -14。

如表 5 - 12 所示，在模型 7 中，对于规模小于门限参数（即 8.2234422 万亿元）的小银行，多元化的增加导致银行的盈利能力下降。同时，对于规模超过此门限的大型银行而言，多元化提高了盈利能力。

在模型 8 中，结果表明，如果银行规模超过门限参数（6.3759167 万亿元），多元化对不良贷款率的影响将从正变为负，表明，随着多元化程度的提高，大型银行面临的信贷风险是下降的，而小银行则往往会增加信贷风险。

模型 9 的估计结果表明，多元化在小银行偿付能力风险增加中起着显著的作用，而大银行的偿付能力风险随着多元化的增加而降低，这表明大银行比小银行更稳定。这是因为，大型银行，更为人所知，并拥有巨额资金，越来越多的人喜欢在大银行存钱。当大型银行实施收入多元化战略时，它们会比小型银行获得更大的利润。随着收入多元化的增加，风险也会降低。我们的稳健性检验结果有效地表明，"马太效应"存在于中国银行业，大型银行的表现优于小型银行。

基于表5-13中模型10、11和12的估计结果，可得出相同的结论。此外，所有控制变量的系数的符号（正或负）与先前的模型中的符号（正或负）相同，并且大多数系数在相同水平上显著。此外，其中一些甚至在统计上变得更显著。例如，贷存比对整体偿付能力风险的正向影响在5%的水平上显著（模型3），并在模型9中为在1%水平上显著。总之，上述结果表明我们的模型是稳健的。

表5-13 多元化水平（DEV）对SHROA、NPLR和Z-score的影响

变量名	Model 10	Model 11	Model 12
	SHROA	NPLR	Z-score
size	-0.153 (-0.65)	-0.002* (-1.98)	-0.001* (-1.75)
eta	55.309*** (7.05)	0.034 (0.94)	-0.386*** (-16.33)
ltd	-6.914*** (-4.68)	0.013* (1.96)	0.017*** (4.11)
DEV_1	-2.041 (-1.48)	0.024*** (3.78)	0.016*** (3.76)
DEV_2	0.915 (0.55)	-0.008 (-0.95)	-0.002 (-0.52)
constant	13.919** (2.23)	0.052* (1.82)	0.069*** (3.69)
R^2	0.410	0.433	0.809
N	144	144	144

注：在模型10-12中，多元化指数通过熵指数（ENTI）衡量。这里使用总贷款作为银行规模的度量，并基于先前的文献进行稳健性分析。***，**和*分别表示1%，5%和10%水平的统计上的显著性。

表 5－14　　门限效应检验（SHROA）

Threshold	F－Statistics	P－Value	1%	5%	10%
Single	21.570	0.030	25.528	18.121	16.434
Double	13.730	0.197	26.047	20.070	16.144
Triple	8.790	0.800	52.522	43.113	34.683

表 5－15　　门限效应检验（NPLR）

Threshold	F－Statistics	P－Value	1%	5%	10%
Single	77.250	0.000	50.235	37.422	28.938
Double	12.940	0.500	42.831	31.355	25.544
Triple	10.570	0.827	43.552	35.421	30.727

表 5－16　　门限效应检验（Z－score）

Threshold	F－Statistics	P－Value	1%	5%	10%
Single	47.010	0.020	50.568	36.600	28.933
Double	9.790	0.683	53.310	33.234	29.717
Triple	7.740	0.687	38.229	25.427	21.008

表 5－17　　门限效应检验（SHROA）

Threshold	F－Statistics	P－Value	1%	5%	10%
Single	23.650	0.020	26.037	18.372	16.059
Double	12.080	0.257	23.760	18.998	15.574
Triple	9.000	0.770	51.766	41.521	32.870

表 5－18　　门限效应检验（NPLR）

Threshold	F－Statistics	P－Value	1%	5%	10%
Single	81.540	0.000	48.225	35.967	28.572
Double	10.110	0.713	41.873	30.290	25.868
Triple	11.130	0.803	43.836	36.736	31.723

表 5－19　　门限效应检验（Z－score）

Threshold	F－Statistics	P－Value	1%	5%	10%
Single	48.290	0.017	54.529	35.155	30.687
Double	12.360	0.543	50.186	32.922	27.133
Triple	9.680	0.623	64.750	37.673	28.911

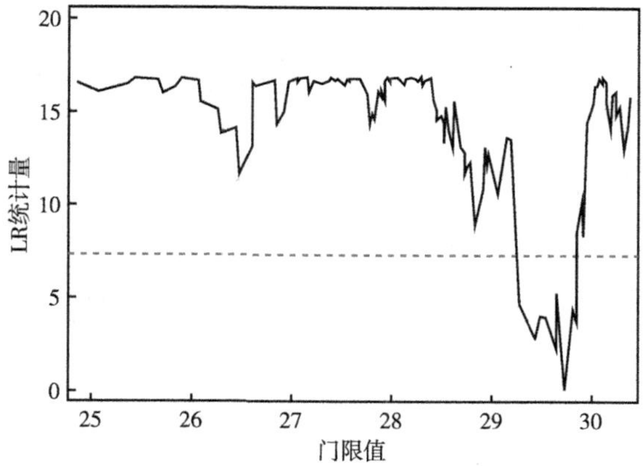

图 5 −9　LR 统计量（SHROA）

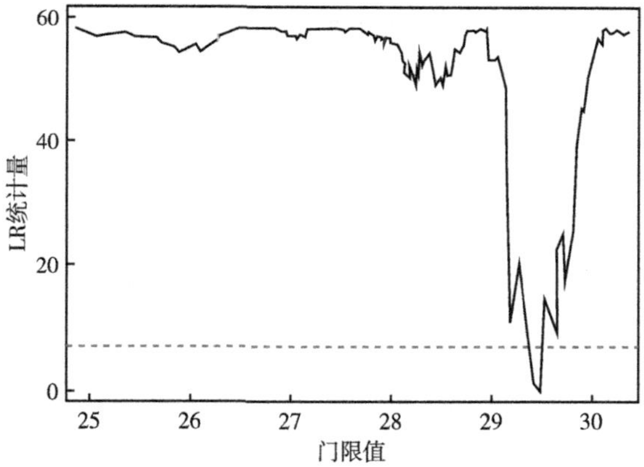

图 5 −10　LR 统计量（NPLR）

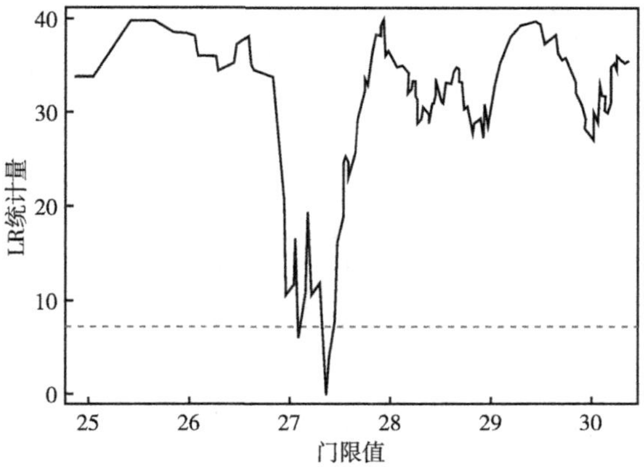

图 5 −11　LR 统计量（Z − score）

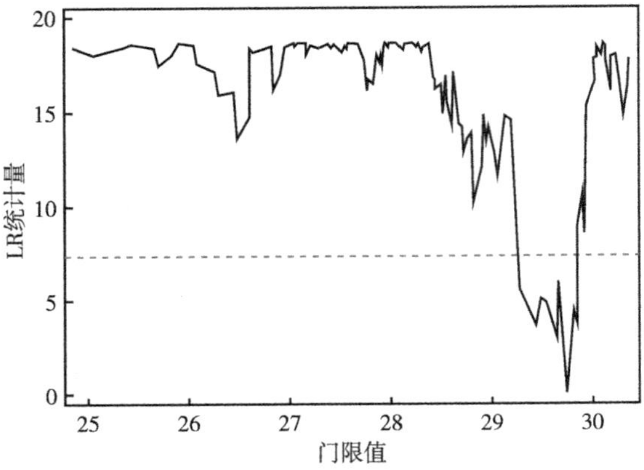

图 5-12 LR 统计量（SHROA）

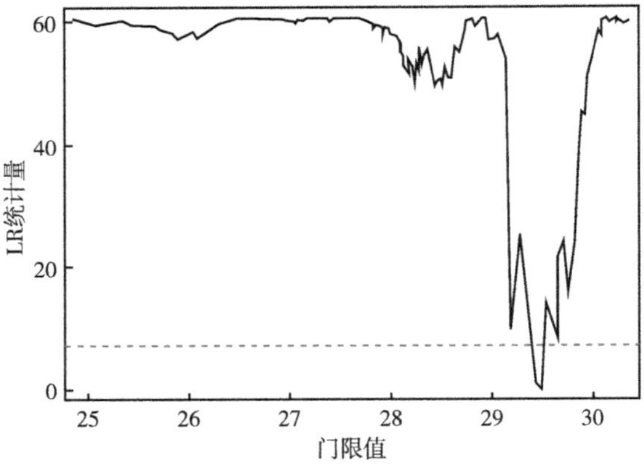

图 5-13 LR 统计量（NPLR）

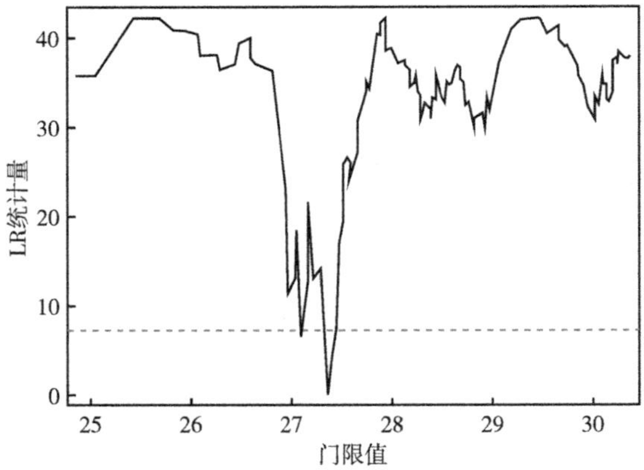

图 5-14 LR 统计量（Z-score）

5.2.8　结论和建议

通过使用面板门限模型，我们根据 2008 年至 2016 年上市 A 股商业银行的面板数据，分析了收入多元化与银行盈利能力和风险之间的关系。结论和建议如下：

根据计算，我们发现模型 1 的门限参数为 10.33739 万亿元，这表明“四大”中国银行（工商银行、建设银行、农业银行和中国银行）的规模都超过了门限参数，它们可能通过多元化获得更多利润。模型 2 计算的门限参数为 8.403169 万亿元，表明随着多元化程度的提高，“四大”银行倾向于实现低水平的信贷风险。此外，模型 3 估计的门限参数为 1.063901 万亿元，有 14 个银行属于这一类（银行规模大于门限参数），而 2 个银行（NJCB 和 NBCB）则属于另一类（银行规模小于门限参数），对于它们而言，随着多元化程度的提高，以 Z - score 衡量的偿付能力风险将会增加。

根据结果，我们的建议如下：首先，随着多元化水平的提高，大型银行的盈利能力倾向于提高，而信贷风险和偿付能力风险较低，这可能是由于它们具有卓越的风险管理技术。由于大型银行历史悠久，且积累了客户资源，形成了品牌知名度。并且，大型银行资本充裕，而小型银行在客户关系和资金方面缺乏优势。然而，小银行仍然有发展多元化业务的空间。随着 Fin - Tech 的发展、深度学习等人工智能技术以及大数据的应用，银行的传统业务和非利息收入业务将逐渐受到影响，因此小银行如果审慎地经营并有效地控制风险，随着多元化程度的提高，它们也可能快速发展。其次，目前，多元化有利于大型银行；但是，如果它们不能有效地防范风险，那么风险将可能变成系统层面的，并导致相当大的成本。因此，监管机构应加强对银行的监管，如采用宏观审慎措施。

我们的主要贡献如下：首先，我们通过分析收入多元化对银行盈利能力和金融稳定的影响来深化先前的研究。此外，我们研究多元化对以不良贷款率度量的信贷风险及以 Z - score 度量（Z - score 越低，银行金融稳定性越高）的偿债能力风险的影响。其次，关于收入多元化影响的研究尚未达成一致的结论。我们建立了一个面板门限模型来分析多元化的影响。多元化首先通过 Herfindahl - Hirschman 指数（HHI）来衡量，结果表明多元化与盈利能力或风险之间存在非线性关系。我们引入了一个基于熵的指数，来检验我们模型的稳健性，发现我们的两个模型都存在门限效应，这在统计上是显著的。我们认为，熵指数（ENTI）和 HHI 的组合可用于更有效地研究多元化与盈利能力或风险之间的关系。如今，银行家及其客户对收入多元化越来越感兴趣，他们也重视风险。我们建议不同规模的银行应采取相应的多元化战略，实现可持续发展。此外，我们希望 ENTI 和 HHI 的结合可以被广泛用于进一步研究，银行可以控制风险，并在未来获得更多利润。

5.3 本章小结

在本章中，笔者结合金融稳定研究领域的代表性文献，进行了讨论和分析。接下来，笔者对银行业进行了案例研究，分析多元化与银行金融稳定性之间的关系。本章创新性地建立面板门限模型，采用 Herfindahl - Hirschman 指数衡量银行的多元化水平，分析了多元化对金融稳定和盈利能力的非线性影响，体现为“门限效应”。同时，创新性地用熵指数衡量银行的多元化水平，检验了结果的稳健性。并结合银行业发展的现状，进行了分析，并对银行业的健康发展提出建议。

第 6 章　宏观审慎政策的有效性研究

6.1　研究背景

关于宏观审慎的研究始于 20 世纪 70 年代。Clement 在国际清算银行（BIS）季度报告中指出，巴塞尔银行监管委员会的前身库克委员会在 1979 年 6 月的会议中形成了宏观审慎思想的萌芽（Clement，2010）。1986 年，“宏观审慎政策”一词出现在国际清算银行和十国集团中央银行的研究报告中（BIS and the central banks of G10，1986）。在金融创新的大背景下，其内涵逐渐丰富，从融入宏观经济视野的审慎监管模式发展为关注金融体系和支付机制的安全性与稳健性。李妍（2009）认为，由于当时系统性风险主要集中于银行体系，传统的审慎监管基本能满足金融稳定的需要，因此“宏观审慎”并没有得到广泛的关注。1997 年亚洲金融危机以后，国际货币基金组织（IMF）在 1999 年构建“金融部门评估规划”时明确表示了对宏观审慎的关注，将相关因素纳入评估体系。Evans 等（2000）指出，宏观审慎指标的主要内容包括经济增长、国际收支、通货膨胀、利率与汇率、贷款激增与资产价格暴涨、传染效应等多方面因素。中国人民银行何建雄（2001）也指出，东南亚金融危机以及西方国家发生的不同程度的银行危机表明，仅仅依靠对金融机构的审慎监管是不够的，应通过“宏观审慎指标+微观审慎指标”相结合的方式，来分析金融体系的风险。李宗怡和冀勇鹏（2003）指出，1998 年俄罗斯金融危机爆发，金融机构为防范风险采取一致行为，将高波动性资产置换为安全资产，结果这一个体层面的“理性”行为，加剧了资产价格的下降，并导致市场流动性萎缩，金融机构追求自身安全的行为导致了风险的形成、加剧了危机的恶化，应当实行宏观审慎监管。正如 Borio（2003）所言，尽管当时关于系统性风险的普遍观点是通过微观审慎确保金融稳定，但考虑到金融危机通常伴随着巨大的宏观经济成本，研究危机起源须具备宏观审慎视角。在国际金融危机爆发前，国内外学者在金融统计、金融风险预警等领域中引入了宏观审慎分析，开展了一定程度的探索，但宏观审慎领域的研究仍有很大发展的空间。

随着时代发展，宏观审慎理念变得不断明晰。国际金融危机后，“金融稳定”和“系统性风险”等已成为研究热点，与之相关的理论和实证研究也在迅速增长，宏观审慎的理念在全球范围内迅速传播，并得到广泛应用。易纲（2018）指出，中国人民银行在国际金融危机爆发后，迅速开展了宏观审慎政策方面的创新性探索，同时，不断完善宏观审慎政策。2019 年，宏观审慎管理局成立，牵头建立宏观审慎政策框架，维护金融稳定（王勇，2019）。

目前，研究宏观审慎政策有效性的文献，还是比较有限的，特别是关于宏观审慎政策在实践中的应用是否能够实现维护金融稳定的目标，值得进行探索性地研究。有鉴于此，本文将首先对国内外研究的主要思路进行梳理，然后基于跨国面板数据，从实证的角度进行研究。如今，“宏观审慎政策”已作为调控框架，写入党的十九大报告，在此背景下，进行宏观审慎政策的有效性研究，具有重要的现实意义。

6.2　文献述评

6.2.1　宏观审慎政策的内涵

关于宏观审慎政策的定义。国际清算银行总经理 Crockett（2000）对宏观审慎政策与微观审慎政策的概念差异进行了界定：微观审慎政策关注的是，单个金融机构的稳健性，防范的是个体风险（Idiosyncratic risk）；宏观审慎政策则强调，个体金融机构的理性行为从系统层面看可能并非理性（如银行在繁荣期扩张信贷可能引发金融危机，在衰退期紧缩信贷加剧金融不稳定），着眼于降低系统性风险（Systemic risk）发生的概率及产生的巨大成本。

关于宏观审慎政策的目标，Borio（2009）认为其直接目标是为了降低金融系统压力，最终目标是避免与金融不稳定联系的产出损失；Caruana（2010）认为其目标是通过处理金融机构间的相互联系与共同的风险暴露、降低金融体系的顺周期性，从而降低系统性风险。

根据 IMF 团队 Brockmeijer 等（2011）的报告，宏观审慎政策框架的三个核心元素是：第一，识别和监测系统性风险、识别和收集必要数据、对整个金融体系稳定性的风险评估（如趋势、规模、概率、时机掌握、系统恢复能力）及其优先顺序的持续评估；第二，控制并防止风险形成系统性风险的工具集合、工具的使用规则、政策效果评估；第三，宏观审慎政策的制度架构（包括管理机制、职责和透明度、宏观审慎政策与其他公共政策在维护金融稳定上的协调）。

6.2.2　宏观审慎政策有效性的研究思路

国际金融危机以来，宏观审慎政策在越来越多的国家中得到使用，然而关于宏观审慎政策效果评估的文献，目前仍然较少。大体可以分为两类：

（1）理论层面建模

通过理论层面建模的方式，研究宏观审慎政策的有效性。例如，Korinek 和 Sandri（2016）指出，国际资本流动可能会导致新兴经济体金融不稳定，如汇率贬值导致抵押品价值降低，导致抵押品约束收紧，资本外流，汇率贬值，并形成“反馈循环”，从而导致金融危机的爆发。他们构建了一个小型开放经济体模型，分析新兴经济体运用宏观审慎政策的有效性。研究表明，宏观审慎政策的运用，有效降低了国外和国内金融负债的数量和风险水平，对维护金融稳定起到了重要作用。

关于宏观审慎领域的理论建模，另一种方式是通过建立动态随机一般均衡模型（DSGE），分析宏观审慎政策对社会福利等因素的影响。

Unsal（2011）认为，对于新兴经济体而言，资本流入会带来经济过热的压力并引发通胀，同时还可能诱发金融不稳定，传统的货币政策并不能充分地维护金融体系的稳定。他建立了开放经济的 DSGE 模型，发现在金融冲击下，运用宏观审慎政策，能够对货币政策形成有效补充作用，从而改进社会福利。

陈明玮等（2016）构建了包括金融摩擦因素的 DSGE 模型，分析了宽松型利率政策冲击下，两类宏观审慎工具（贷款价值比上限与资本充足率下限）对金融稳定的影响。他们的研究发现，两种工具均能在一定程度上平抑信贷激增与金融波动，有效地抑制了金融体系的顺周期效应，实现了金融稳定目标。

许先普和楚尔鸣（2016）认为，房价上涨具有“抵押品效应”和“财富效应”。房价上涨时，“抵押品效应”可能会促使居民的住房需求增加，并逐渐形成房价泡沫。他们建立的 DSGE 模型中，中央银行通过降低 LTV 对房地产市场实施宏观审慎管理。研究发现，LTV 的引入，降低了物价和房价波动，但采用 LTV 也降低了经济体的产出。

李伟航和许玲（2018）指出，LTV 工具属于最常用的宏观审慎工具之一。他们构建了金融加速器 DSGE 模型，发现 LTV 工具在应对生产率冲击和金融风险冲击时，能取得一定效果。但其在应对货币政策冲击时，对降低宏观经济变量波动的效果作用不大。他们认为，在这种情况下，相关机构应考虑政策工具的综合效果，合理运用。

（2）实证研究分析

主要是通过建立面板回归模型，分析宏观审慎政策的效果。基于单个国家微观数据的研究，如 Igan 和 Kang（2011）研究韩国采用两类宏观审慎工具（贷款价值比和债务收入比）的使用对房地产市场的影响。研究发现，在使用贷款价值比（LTV）和债务收入比（DTI）工具后，交易活动和房价上涨在一段时间后分别放缓。此外，他们指出，运用 LTV 工具后，市场上关于房价上涨的预期会变少，而这将有效抑制市场上的投机者，从而避免房地产市场形成泡沫。

Wong 等（2011）研究了采用 LTV 工具对香港、韩国和新加坡房地产市场的影响，发现对于这三个经济体，提高 LTV 上限将在 5% 的显著性水平上降低家庭的抵押贷款杠杆率。他们还发现，提高 LTV 上限将抑制房价上涨。但三个经济体中，只有香港是调控后的房价增速确实显著比调控前降低了。

刘澜飚和戴金甫（2019）将宏观审慎工具在中国的使用，标准化为宏观审慎工具使用指标（MP）。基于中国 124 家商业银行 6 年的面板数据，用银行的净贷款额和 Z 值作为银行信贷和风险的度量，发现在样本期内存款准备金和 LTV 工具等宏观审慎政策工具，有效地实现了对银行贷款和偿付风险的逆周期调控。但分析宏观审慎工具对风险的影响时，笔者发现，对于具有不同特征的银行，宏观审慎工具的效果并没有统计上的显著性。

基于多个国家跨国面板数据的研究，如 Lim 等（2011）以 49 个国家为样本，构建面板回归模型，分析宏观审慎工具的有效性，大多数宏观审慎工具，在控制了宏观经济政策因素的影响后仍然有效。Claessens 等（2013）的研究基于银行资产负债表数据，他们发现宏观审慎政策工具（债务收入比上限、贷款价值比上限、对信贷增长和外币贷款的限制），确实有效地降低了经济繁荣时期的杠杆与资产等的增长。

Morgan 等（2015）认为，房地产市场一直以来是系统性风险的关键来源之一，他们基于亚洲经济体的银行数据，研究发现 LTV 工具有效地降低了住房抵押贷款的增速。Gómez 等（2017）指出，宏观审慎工具已经在世界范围内得到应用，他们对哥伦比亚采取宏观审慎工具管理系统性风险的有效性进行研究，发现逆周期储备要求和动态拨备对信贷增长产生了负向影响，逆周期的调节机制确实有助于减少信贷的顺周期性。

6.3 变量选择和模型设定

6.3.1 变量选择

为度量宏观审慎政策工具对金融稳定的影响（即分析其有效性），选用 Laeven 和 Valencia 等人编制的世界各国（或地区）的系统性银行危机指数作为该国（或地区）金融稳定水平的度量（Laeven 和 Valencia，2013；Laeven 和 Valencia，2018）。当一个国家（或地区）在某一年爆发系统性银行危机或处于系统性的银行危机时期时，该指标取 1；若该国当年未爆发系统性银行危机，也并未处于系统性的银行危机时期，则该指标取 0。

为研究宏观审慎政策的有效性，我们采用了 IMF 的全球宏观审慎政策工具数据，这一数据是 Cerutti 等（2017）对各国家（或地区）的监管当局进行直接的调研、收集、整理形成的。他们统计了 2000 年以来各监管当局使用宏观审慎政策工具的次数，具体包括宏观审慎政策工具综合指数（简称“mp 指数”，表示运用宏观审慎工具体系的次数），及其中的两类细分工具，分别是针对金融机构资产或者负债情况的金融机构导向型宏观审慎政策工具指数（简称“fmp 指数”）和针对借款人的杠杆或金融状况的借款人导向型的宏观审慎政策工具指数（简称“bmp 指数”）。宏观审慎政策工具（文中简称为“宏观审慎工具”或“mp 工具”）指标的具体定义，见表 6 - 1。

表 6－1　宏观审慎政策（mp）工具体系

宏观审慎政策工具体系（用 mp 指数度量）	借款人导向型的宏观审慎政策工具（用 bmp 指数度量）	债务收入比
		贷款价值比
	金融机构导向型的宏观审慎政策工具（用 fmp 指数度量）	随时间变化的/动态的贷款损失准备
		逆周期的资本缓冲/资本要求
		集中度限制
		对外币贷款的限制
		对本币贷款的限制
		对外币存款的准备金要求
		逆周期的准备金要求
		杠杆率
		对金融机构征税
		对系统重要性金融机构的资本附加费
		对银行间风险暴露的限制

资料来源：笔者根据 Cerutti 等（2017）的研究编制。

6.3.2　模型设定

度量宏观审慎工具有效性的面板 Logit 模型，见式（6.1）。

$$y_{it}^{*} = \mu_i + mptool_{it}'\gamma + X_{it}'\beta + \varepsilon_{it} \tag{6.1}$$

其中，y_{it}^{*} 表示潜变量，它和被解释变量 y_{it}（即金融稳定指标，用系统性银行危机是否爆发度量）之间的关系是：当 $y_{it}^{*}>0$，$y_{it}=1$；当 $y_{it}^{*}\leqslant 0$，$y_{it}=0$。*mptool* 表示综合（mp）或细分（借款人导向型或金融机构导向型，即 bmp 或 fmp）的宏观审慎工具指标，X 表示一系列控制变量，μ_i 和 ε_{it} 表示个体效应和随机干扰项，γ 和 β 分别为宏观审慎工具指标和控制变量的回归系数。在控制变量方面，笔者参考了相关文献的设定模式，见表 6－2。数据来源为经济合作与发展组织、联合国、世界银行等。

表 6－2　　控制变量的名称、缩写及其含义

控制变量	变量名	变量定义
实际利率	rint	由贷款利率根据 GDP 平减指数调整后得到。
经济发展速度	rjgdp	用人均 GDP 的年度增长率衡量。
物价水平	cpi	用 GDP 平减指数度量的年通货膨胀率。
资本形成率	cap	资本形成总额在 GDP 中所占的比例。
城镇化率	urban	城镇人口在该国家（或地区）总人口中所占比例。
人口增长率	popgrow	国家（或地区）的人口的年度增长率。

资料来源：笔者根据从经济合作与发展组织、联合国、世界银行等收集的资料编制。

6.3.3　样本说明及描述性统计

笔者收集和整理了 108 个国家或地区的非平衡面板数据，见表 6－3。样本的时间跨度为 2000—2017 年。根据 IMF（2017）发布的分类，将样本经济体分为三类，包括 33 个发达经济体、47 个新兴市场经济体和 28 个低收入发展中经济体。从样本分布上看，能够从全球视角研究宏观审慎工具的有效性。

表 6－3　　108 个样本国家或地区列表

经济体类型	样本国家或地区名称
新兴市场经济体（47 个）	阿尔巴尼亚、阿尔及利亚、阿根廷、阿塞拜疆、埃及、巴拉圭、巴拿马、巴西、白俄罗斯、保加利亚、波兰、波斯尼亚和黑塞哥维那、俄罗斯联邦、厄瓜多尔、菲律宾、佛得角共和国、哥伦比亚、哥斯达黎加、格鲁吉亚、圭亚那、哈萨克斯坦、科威特、克罗地亚、黎巴嫩、罗马尼亚、马来西亚、秘鲁、摩洛哥、墨西哥、南非、萨尔瓦多、沙特阿拉伯、斯里兰卡、泰国、突尼斯、土耳其、委内瑞拉、乌克兰、乌拉圭、匈牙利、牙买加、亚美尼亚、印度、印度尼西亚、约旦、智利、中国。
发达经济体（33 个）	爱尔兰、爱沙尼亚、奥地利、澳大利亚、比利时、冰岛、丹麦、德国、法国、芬兰、韩国、荷兰、加拿大、捷克、拉脱维亚、立陶宛、卢森堡、美国、挪威、葡萄牙、日本、瑞典、瑞士、塞浦路斯、斯洛文尼亚、西班牙、希腊、新加坡、新西兰、以色列、意大利、英国、中国香港。
低收入发展中经济体（28 个）	贝宁、玻利维亚、布基纳法索、布隆迪、多哥、海地、吉布提、几内亚比绍、加纳、肯尼亚、利比里亚、马达加斯加、马里、毛里塔尼亚、蒙古、孟加拉国、摩尔多瓦、莫桑比克、尼泊尔、尼加拉瓜、尼日尔、尼日利亚、塞拉利昂、塞内加尔、坦桑尼亚、乌干达、越南、赞比亚。

资料来源：笔者根据 IMF 分类，并结合样本情况编制。

表6-4为全样本及各类经济体mp、fmp和bmp描述性统计结果，其中Vars、Obs、Mean、Min、Med、Max分别表示变量名称、观测值个数、均值、最小值、中位数、最大值。由全样本的mp指数描述性统计结果知，宏观审慎政策已得到越来越多的应用。无论是从平均值看，还是从中位数角度分析，一个经济体通常会在同一年度内使用2次mp工具，并且使用次数最高可达10次。由于金融机构导向型mp工具的政策工具箱中可用工具有10余种，而借款人导向型mp工具仅有2种，因此，在全样本层面，fmp指数的平均值和中位数，均高于bmp指数的相应指标。

表6-4　　　全样本及各类经济体描述性统计结果

	全样本					新兴市场经济体				
Var	Obs	Mean	Min	Med	Max	Obs	Mean	Min	Med	Max
crisis	1818	0.072	0.000	0.000	1.000	810	0.041	0.000	0.000	1.000
mp	1818	1.977	0.000	2.000	10.000	810	2.552	0.000	2.000	10.000
bmp	1818	0.334	0.000	0.000	2.000	810	0.427	0.000	0.000	2.000
fmp	1818	1.643	0.000	1.000	8.000	810	2.125	0.000	2.000	8.000
rint	1346	6.431	-41.230	5.005	93.915	670	6.619	-41.230	5.813	93.915
rjgdp	1800	2.617	-31.341	2.525	33.030	807	3.323	-14.421	3.231	33.030
cpi	1800	6.223	-25.958	3.931	185.291	807	7.622	-25.958	4.985	185.291
cap	1779	24.358	1.097	23.130	61.469	800	25.270	10.666	23.555	57.990
urban	1818	60.132	8.246	62.789	100.000	810	63.516	18.196	63.487	100.000
popgrow	1817	1.208	-2.851	1.129	7.061	809	0.923	-2.851	1.058	7.061
	发达经济体					低收入发展中经济体				
Var	Obs	Mean	Min	Med	Max	Obs	Mean	Min	Med	Max
crisis	504	0.163	0.000	0.000	1.000	504	0.032	0.000	0.000	1.000
mp	504	1.762	0.000	1.500	6.000	504	1.270	0.000	1.000	6.000
bmp	504	0.405	0.000	0.000	2.000	504	0.115	0.000	0.000	2.000
fmp	504	1.357	0.000	1.000	5.000	504	1.155	0.000	1.000	5.000
rint	247	3.615	-1.893	3.229	14.367	429	7.759	-28.516	5.819	51.285
rjgdp	504	1.709	-14.560	1.653	24.377	489	2.388	-31.341	2.652	20.856
cpi	504	2.120	-9.680	1.838	20.116	489	8.144	-9.156	6.565	80.900
cap	501	22.908	9.819	22.488	41.538	478	24.351	1.097	23.551	61.469
urban	504	76.658	50.754	77.688	97.961	504	38.167	8.246	38.124	77.648
popgrow	504	0.508	-2.258	0.484	2.952	504	2.366	-0.282	2.662	5.340

各类经济体的 mp、fmp、bmp 指数存在一定程度的差异。从 mp 指数的平均值和中位数看，新兴市场经济体使用 mp 工具的次数是最高的，其次是发达经济体，低收入发展中经济体运用次数最低。而从 bmp 指数的均值水平看，在三类经济体中，新兴市场经济体使用借款人导向型 mp 工具的次数最多，发达经济体使用这类工具的次数略低于新兴市场经济体，而低收入发展中经济体使用的次数，则明显低于发达经济体和新兴市场经济体。而从中位数水平看，三类经济体这一指标的中位数均为 0，表明借款人导向型的 mp 工具仍有待进一步推广和完善，目前仅有不超过 50% 的国家采用。从 fmp 指数的均值水平看，新兴市场经济体运用金融机构导向型的 mp 工具的次数是最高的，达到 2. 125。而发达经济体和低收入发展中经济体使用次数的平均值为 1. 357 和 1. 155，较为接近。从中位数值看，我们可以得到相近的结论，新兴经济体使用次数最多，中位数水平达到 2，而发达和低收入发展中经济体的使用次数均为 1。

6. 4　实证分析

6. 4. 1　全样本回归结果及分析

表 6 – 5 中模型（1）、（2）、（3）依次研究宏观审慎工具体系、借款人导向型和金融机构导向型宏观审慎工具的有效性，表中第一列“FE”或“RE”表示，根据 Hausman 检验结果，应选择固定效应或随机效应模型进行参数估计，表中的 obs 表示选择该模型时可用的观测值数目。表中上标 a、b、c 分别表示 1%、5%、10% 的显著性水平（下同）。

结果显示，从全样本看，mp 指数的系数为负，这意味着 mp 工具体系，能够降低系统性银行危机发生的概率。两类细分工具的回归结果表明，借款人导向和金融机构导向的 mp 工具均能降低系统性银行危机发生的概率。其中，fmp 指数的系数在 10% 的水平上显著。从系数的大小看，金融机构导向型与借款人导向型 mp 工具相比，更有助于降低危机发生的概率。

表 6－5　　全样本回归结果

模型 / 变量	(1)	(2)	(3)	模型 / 变量	(1)	(2)	(3)
	FE	FE	FE		FE	FE	FE
mp	－0.306 (－1.549)			cpi	0.040 (1.283)	0.049 (1.547)	0.039 (1.266)
bmp		－0.200 (－0.432)		cap	－0.146[a] (－2.635)	－0.140[b] (－2.535)	－0.144[a] (－2.619)
fmp			－0.416[c] (－1.710)	urban	－0.073 (－0.936)	－0.113 (－1.508)	－0.078 (－1.039)
rint	－0.015 (－0.671)	－0.007 (－0.297)	－0.017 (－0.780)	popgrow	1.330[b] (2.118)	1.237[b] (1.999)	1.330[b] (2.126)
rjgdp	－0.209[a] (－3.496)	－0.202[a] (－3.397)	－0.215[a] (－3.566)	obs	379	379	379

注：由于篇幅所限，各模型的回归结果均分为2列展示。

关于控制变量的回归结果，在上述模型中，实际利率的系数为负，表明随着利率水平的降低，危机发生的可能性会一定程度地上升。Buch 指出，这可能是因为在低利率的环境中，投资者承担更高风险的激励增强，资金可能通过股票、债券和房地产市场积累风险，并影响金融稳定（Buch，2015）。用人均国内生产总值（GDP）增长率衡量的经济发展速度对系统性危机的影响，在三个模型中均在1%的水平上显著，且系数为负。这表明随着经济发展速度的提高，一个国家或者地区爆发系统性危机的概率是下降的。但从另一角度看，当经济体增速放缓时，系统性危机发生的概率可能会上升，因而在这种情况时，需要采用宏观审慎政策进行逆周期调节。物价水平对系统性危机指标的影响为正，高物价水平正是货币危机的诱因之一（蔡则祥和林峰，2008），这在一定程度上与一些国家爆发双危机（货币危机和银行危机同时爆发）的事实相符。因此，监管机构在维护金融稳定、防范系统性银行危机发生的同时，也应当注意防范物价水平的快速上涨，避免双危机的发生。宏观审慎政策立足于维护金融稳定，但监管层面通过货币政策等维护价格稳定，对于实现金融稳定具有积极的意义。资本形成率对系统性危机的影响显著为负，并且在三种模型中均在5%的水平上显著，这表明随着资本形成水平的提高，经济体爆发系统性危机的概率会下降。城镇化率对系统性危机的影响在三种模型中均为负，表明随着城镇化率水平的提高，金融体系的稳定性增强。此外，人口增长率的系数为正，且均在5%的水平上显著，这表明当一个国家（或地区）的人口快速扩张时，爆发系统性危机发生的概率有可能会上升。

6.4.2 各类经济体回归结果及分析

这部分对mp工具的有效性做深入分析。笔者基于IMF的分类，将样本经济体分为三类，研究mp工具的有效性在不同类型国家（或地区）之间的异质性。

表6-6 各类经济体回归结果

变量＼模型	新兴市场经济体			低收入发展中经济体			发达经济体		
	(1) RE	(2) RE	(3) RE	(4) RE	(5) FE	(6) FE	(7) FE	(8) FE	(9) FE
mp	-0.437[c] (-1.752)			-0.492 (-1.056)			0.225 (0.511)		
bmp		-0.058 (-0.105)			-10.260 (-0.012)			-13.848 (-0.007)	
fmp			-0.782[b] (-2.138)			-1.418 (-1.460)			0.353 (0.689)
rint	-0.013 (-0.496)	0.001 (0.029)	-0.018 (-0.667)	-0.111 (-1.168)	-0.119 (-0.717)	-0.143 (-1.076)	-0.325[c] (-1.665)	-0.335[c] (-1.787)	-0.316 (-1.600)
rjgdp	-0.131 (-1.535)	-0.129 (-1.580)	-0.140 (-1.573)	-0.008 (-0.082)	0.043 (0.378)	-0.052 (-0.462)	-0.729[a] (-4.219)	-0.697[a] (-4.158)	-0.730[a] (-4.223)
cpi	0.024 (0.996)	0.033 -1.387	0.023 (0.942)	-0.070 (-0.736)	-0.106 (-0.698)	-0.105 (-0.858)	-0.048 (-0.230)	-0.108 (-0.516)	-0.038 (-0.188)
cap	-0.385[a] (-3.030)	-0.338[a] (-2.933)	-0.387[a] (-3.050)	-0.123[c] (-1.898)	-0.257[b] (-2.281)	-0.094 (-1.224)	0.369[b] (2.118)	0.353[b] (2.042)	0.366[b] (2.098)
urban	-0.010 (-0.261)	-0.033 (-0.882)	-0.001 (-0.023)	0.118[c] (1.711)	-0.174 (-0.849)	0.115 (0.566)	-0.278[c] (-1.896)	-0.249[c] (-1.714)	-0.281[c] (-1.936)
popgrow	-0.235 (-0.438)	-0.258 (-0.485)	-0.191 (-0.350)	-0.992 (-1.231)	10.320[a] (2.745)	6.242[c] (1.853)	-2.395[c] (-1.652)	-2.015 (-1.405)	-2.443[c] (-1.690)

续表

变量＼模型	新兴市场经济体			低收入发展中经济体			发达经济体		
	(1) RE	(2) RE	(3) RE	(4) RE	(5) FE	(6) FE	(7) FE	(8) FE	(9) FE
constant	4.518 (1.240)	4.033 (1.175)	4.344 (1.171)	-3.386 (-0.799)					
obs	668	668	668	416	84	84	153	153	153

（1）新兴市场经济体

由表 6－6 知，mp 指数的系数为负，且在 10% 的水平上显著。说明新兴市场经济体实现 mp 工具，总体上有助于降低系统性危机发生的概率。bmp 指数和 fmp 指数的系数均为负，与全样本回归结果一致，其中 fmp 指数的系数在 5% 水平上显著。从系数的大小看，金融机构导向型较借款人导向型 mp 工具对降低系统性危机发生概率的作用效果更强。

关于控制变量，笔者发现经济发展速度的提高，有助于降低系统性危机发生的概率。实际利率在三个模型中对系统性危机的影响均不显著，且符号并不一致，表明实际利率对系统性危机的影响是不确定的。与全样本结果相同的是，物价水平的提高会增加系统性危机发生的概率；城镇化水平的提高，会降低系统性危机发生的概率。与全样本结果不同的是，新兴市场经济体的人口增长率的系数为负，表明随着人口的增长，系统性危机发生的概率会下降。

（2）低收入发展中经济体

研究显示，mp 指数的系数同样为负，表明对于这类经济体，mp 工具体系有助于降低系统性危机发生的概率。此外，借款人导向和金融机构导向的 mp 工具也有助于降低危机发生的概率。综上，mp 工具在新兴市场经济体和低收入发展中经济体，均有助于降低系统性危机发生的概率。

在控制变量方面，实际利率的系数为负，利率水平的下降将增加危机发生的概率。值得注意的是，对于低收入发展中经济体，经济发展速度的系数，在模型（4）和模型（6）中为负，而在模型（5）中为正。这表明，在其他条件不变的情况下，经济发展速度的提高并不一定如新兴经济体那样，会一定程度地降低危机发生的概率。这可能由于发展中经济体在发展过程中易受到其他经济体的影响，如本次国际金融危机中，诸多国家遭遇金融海啸。与全样本结果相同的是，资本形成率的系数为负，表明资本形成的提高有助于降低危机发生的概率。与全样本结果不同的是，城镇化率和人口增长率对系统性危机的影响是不确定的。

（3）发达经济体

对于发达经济体，mp 指数的系数为正，表明在这类经济体中，从整体上看，mp 工具体系并没有降低，反而是增加了危机发生的概率。具体细分，bmp 指数的系数为负，表明发达经济体运用借款人导向型的 mp 工具，有助于降低危机发生的概率。而 fmp 指数的系数为正，表明针对金融机构的 mp 工具一定程度上增加了危机发生的概率。为何宏观审慎政策在发达经济体中的效果，并不如其在新兴经济体和低收入发展中经济体的效果呢？Cerutti 等（2017）也得到了类似的结果，他提出了一种可能的解释，发达经济体通常具有更加发达的金融体系，资金来源渠道丰富，并且存在多种多样规避监管的方式，因而宏观审慎政策的效果尚不太明显。在控制变量层面，实际利率对系统性危机的影响为负，且模型（7）和（8）中的回归系数是在 10% 的水平上显著。表明随着利率水平的提高，危机发生的概率将下降。这一定程度上解释了部分发达经济体在危机后逐渐采取“加息”的方式让利率回归到正常水平的现象。此外，物价水平的系数为负，表明随着物价水平降低，发达经济体爆发危机的概率也有可能是上升的。以爱尔兰为例，2008 年其年通货膨胀率（用 GDP 平减指数度量）为 -0.8889%，2009—2011 年依次为 -5.0105%、-3.2214%、-0.3744%，虽然物价水平在下降，但爱尔兰仍处于危机之中。因此，仅以价格稳定为目标的货币政策并不能实现金融体系的稳定，需要采用适宜的 mp 工具来抵御风险。与全样本结果相同的是，随着城镇化率水平的提高，系统性危机发生的概率是下降的，且影响程度在 10% 的水平上显著。但与全样本结果不同的是，发达经济体资本形成水平的提高，导致系统性危机发生的概率提高，并且这种影响在三种模型中均在 5% 的水平上显著。此外，人口增长率的系数在三个模型中均为负，且在两个模型中在 10% 的水平上显著。这些特点反映出发达经济体与新兴经济体等相比，具有各自的特点。因此，在设计防范系统性危机的宏观审慎政策时，要因地制宜。

6.5　本章小结

本章基于 108 个国家或地区的跨国面板数据，研究了宏观审慎政策对金融稳定（由系统性银行危机指数度量）的影响，同时也研究了借款人、金融机构导向型的宏观审慎工具对金融稳定的影响。在此基础上，通过对 108 个国家或地区按经济发展水平进行划分，发现宏观审慎工具在发达经济体、新兴经济体、低收入发展中经济体中的效果存在差异。

从宏观审慎工具运用次数的均值以及中位数水平看，越来越多的国家或地区开始采用宏观审慎工具，其中一部分国家或地区在同一年度内多次采用这类政策，维护金融稳定。由于金融机构导向型的宏观审慎工具与借款人导向型的宏观审慎工具相比，种类更丰富，所以运用次数的均值和中位数值均较高；不同经济体运用宏观审慎工具的频率不同。如从 mp、bmp 和 fmp 指数的均值水平看，新兴市场经济体运用宏观审慎工具的次数最高，发达经济体其次，低收入发展中经济体最低。

运用宏观审慎工具，有助于降低系统性危机发生的概率。其中，对于新兴经济体和低收入发展中经济体，宏观审慎工具体系及其中的针对借款人和金融机构的宏观审慎工具，均能降低系统性危机发生的概率。同时，发达经济体中运用借款人导向的宏观审慎工具，也有助于降低危机发生的概率。但发达经济体运用金融机构导向型的宏观审慎工具的有效性有待进一步加强，这可能是因为发达经济体的金融体系更发达，但规避监管的方式也更多。

各类经济体的特点不同。从回归结果看，由于发达经济体、新兴经济体和低收入发展中经济体在发展阶段、所处环境等方面存在着差异，因此系统性危机影响因素的系数的大小和方向存在差异。所以，在构建防范系统性危机的宏观审慎工具时，要考虑各国所处的经济发展阶段，以及具体国情的特点。

总之，宏观审慎工具从理论研究到逐步运用于实践，已取得了一些有益的成果，笔者通过对108个国家或地区面板数据的实证研究也印证了这一点。一直以来，中国央行致力于开展宏观审慎政策领域的创新性探索，目前已建立较为完善的宏观审慎评估体系，并将资产扩张行为等金融活动因素融入宏观审慎管理体系（易纲，2018）。由于中国是世界上最大的发展中国家之一，属于新兴经济体，中国的经济金融发展水平等诸多因素与其他国家相比存在一定程度的独特性。在设计中国的宏观审慎工具时，要因时制宜、因地制宜，探索建立具有中国特色的宏观审慎政策工具体系。从全样本层面看，与金融机构导向型的宏观审慎工具相比，借款人导向型的宏观审慎工具的种类较少。为了更好地防范系统性危机，可在此领域积极开展新工具的研发、完善和试点性应用，从点到面，逐步普及。从回归结果看，影响系统性危机的因素较多（如物价水平、资本形成等），因此不但要通过宏观审慎政策防范风险，而且也要通过货币政策等与宏观审慎政策的协同作用，这样才能更好地实现维护金融稳定的目标。

第 7 章　结论与展望

在本书前面的章节里，系统地阐述了金融稳定、系统性风险、宏观审慎的内涵，并对系统性风险的形成原因、特征进行了讨论与分析。笔者对金融监管制度的发展历程、国内外金融监管的实践进行了梳理，并对国内外研究进行了文献评述，由此提炼出 4 个关键学术问题，并在后续各章展开。通过构建模型，得到的主要结论和建议如下：

第一，由于中国的银行业对中国的经济发展和金融体系起着重要作用，笔者选取中国上市银行为研究对象，建立 CoVaR 模型计算系统性风险，测算银行的系统性风险贡献（ΔCoVaR 值），发现一些股份制银行对系统性风险的贡献在特定时期甚至远远超过大型银行。笔者结合相关文献，发现这种情况是合理的，并对出现这种情况的多种原因进行了讨论和分析。建议监管机构可建立 CoVaR 模型，加强对银行系统性风险的度量，从而加强金融监管、防范系统性风险。

第二，自 2011 年起中国政府开始构建宏观审慎框架，并发布银行业新监管标准。由于中国银行业的可持续发展对经济发展、金融体系至关重要，通过数据包络分析与 Malmquist 指数模型，发现 2012—2017 年期间宏观审慎背景中各类样本银行的效率虽有小幅波动，但总体比较稳定，均在 2017 年达到样本期最高值，且监管指标也达到历史最好水平。同时，本书设计了融入系统性风险因素的银行效率评估模型，有助于监管机构全面地分析银行业的发展状况，为银行业的高质量发展提供参考。

第三，笔者通过对文献的收集和整理，形成了金融稳定领域高频关键词排行榜，进一步的分析发现，金融稳定领域的高频关键词也在发生着巨大变化。在此基础上，笔者选取了几类金融稳定领域的代表性文献，进行评述和分析，以此动态地把握金融稳定领域的脉搏，为相关研究提供参考。由于中国是银行主导型的国家，笔者结合中国16家上市银行的面板数据，建立面板门限模型，发现中国商业银行的多元化水平与银行金融稳定之间存在着非线性的关系。

第四，人们对金融危机的态度已经从恐惧，到积极采取措施，如采取宏观审慎工具，但研究宏观审慎工具的有效性的实证研究比较少。本书从跨国面板的角度入手，对108个国家或地区，进行了宏观审慎政策有效性研究，发现从总体上看，宏观审慎政策有助于降低系统性危机发生的概率。对于不同经济体，宏观审慎政策的有效性是不同的。因此，监管机构在设计宏观审慎工具或提高宏观审慎工具的有效性时，应当考虑工具使用的环境等各方面差异，做到因地制宜。

从2008年国际金融危机的历程中，监管机构和学术研究者积累了丰富的应对金融危机和维护金融稳定的经验与教训。危机中，人们发现，一批批满足传统监管要求的银行，却没有抗住金融危机的冲击。即便是一些历史悠久的金融机构，也没能逃过金融危机的洗劫。危机后，大量的研究文献从金融危机的爆发、系统性风险的形成与防范举措等方面进行了反思，认识到金融领域需要合理的监管措施，防范系统性风险的发生，并且对宏观审慎监管达成了一定程度的共识（巴曙松和朱虹，2018）。而关于宏观审慎的研究，学术界和监管层的实践者们，从时间与空间维度的视角，进行了许多拓展性的研究，并且有一批批的成果在涌现。例如，2008年国际金融危机爆发以来，世界经济缓慢复苏。此后，新冠肺炎疫情等因素对全球经济产生了广泛而深刻的冲击，多数经济体在一段时期内面临经济增速放缓的状况，金融体系内在的顺周期性特征又进一步导致经济体的金融体系脆弱性因素明显增多。在此背景中，从总体层面看，宏观审慎政策逆周期调节、维护金融稳定的有效性如何？哪些宏观审慎政策工具在逆周期调节方面更有效？如何提高宏观审慎政策逆周期调节的有效性？这些问题都将是未来值得研究的方向。

如今，随着数字经济时代的来临，越来越多的金融创新，如雨后春笋般地出现。在中国，金融科技的井喷式增长，对于维护金融稳定，既是机遇，也是挑战。金融科技，有助于促进传统金融业的发展与重构，也会对金融监管产生深远的影响。但换个角度看，金融科技，不仅可通过促进传统金融业数字化智能化转型升级、形成金融新业态新模式增强金融体系的盈利能力，而且也能够为有效地维护金融稳定提供更多的数据支持。

金融是实体经济的血脉。一个稳定的金融体系对于中国实体经济的发展具有重要意义。目前，高质量发展成为中国金融业的主旋律。如何更好地建设中国的金融体系，从而实现高质量的发展？其重要一步，是通过有效的金融监管，降低金融风险（陈雨露，2015；李扬、刘世锦、何德旭、黄群慧和金碚，2018；易纲，2018）。目前，越来越多的金融科技公司采取“混业经营”的发展模式，“监管科技”等新名词又不断涌现，一些金融机构已开始探索运用大数据从多方面降低金融风险。展望未来，一批批新生事物的出现，将给金融界带来更多机遇与挑战。无论金融业如何发展，如何更好地维护金融稳定，如何构建更好、更有效的宏观审慎框架，将是我们需要不断研究和创新的新课题。

参考文献

[1] 中国政府网．习近平主持中共中央政治局第四十次集体学习［EB/OL］．https：//www.gov.cn/xinwen/2017－04/26/content_5189103.htm，2017－04－26.

[2] 习近平．决胜全面建成小康社会 夺取新时代中国特色社会主义伟大胜利——在中国共产党第十九次全国代表大会上的报告［EB/OL］．http：//www.xinhuanet.com/politics/19cpcnc/2017－10/27/c_1121867529.htm，2017a－10－27.

[3] 中国政府网．党的十八大以来经济社会发展成就系列报告：综合实力大幅跃升 国际影响力显著增强［EB/OL］．https：//www.gov.cn/xinwen/2022－09/30/content_5715091.htm，2022－09－30.

[4] 国家统计局．中华人民共和国2022年国民经济和社会发展统计公报［EB/OL］．https：//www.stats.gov.cn/sj/zxfb/202302/t20230228_1919011.html，2023－02－28.

[5] 韩立岩，部慧．金融资产风险与定价（理论篇）［M］．北京：机械工业出版社，2015：1－316.

[6] 习近平．共担时代责任 共促全球发展［N］．人民日报，2017b－01－18（003）.

[7] 习近平．高举中国特色社会主义伟大旗帜 为全面建设社会主义现代化国家而团结奋斗［N］．人民日报，2022－10－26（001）.

[8] 周小川．金融政策对金融危机的响应——宏观审慎政策框架的形成背景、内在逻辑和主要内容［J］．金融研究，2011a（01）：1－14.

[9] Yellen J. L. Macroprudential supervision and monetary policy in the post－crisis world［J］．Business Economics，2011，46（01）：3－12.

[10] 易纲. 建设现代中央银行制度 [J]. 时代金融, 2021 (01): 4-5.

[11] 潘功胜. 中国宏观审慎政策框架建设与管理实践 [J]. 中国金融家, 2020 (10): 19-20.

[12] 〔北宋〕欧阳修, 宋祁.《新唐书》[M]. 北京: 中华书局, 1975: 1-6472.

[13] 陈雨露, 马勇. 混业经营与金融体系稳定性: 基于银行危机的全球实证分析 [J]. 经济理论与经济管理, 2008 (03): 43-49.

[14] 陈雨露, 宋科, 李濛. 多维视角下的金融危机: 跨国实证 [J]. 国际金融研究, 2010 (09): 47-54.

[15] Mishkin F. S. Anatomy of a financial crisis [J]. Journal of evolutionary Economics, 1992, 2 (2): 115-130.

[16] Issing O. Monetary and financial stability: is there a trade-off? [EB/OL]. https://www.ecb.europa.eu/press/key/date/2003/html/sp030329.en.html, 2003-03-29.

[17] Mishkin F. S. International capital movements, financial volatility and financial instability [EB/OL]. https://www.nber.org/papers/w6390, 1999-08-31.

[18] 马勇. 基于金融稳定的货币政策框架: 理论与实证分析 [J]. 国际金融研究, 2013 (11): 4-15.

[19] Boyarchenko N., Favara G., Schularick M. Financial Stability Considerations for Monetary Policy: Empirical Evidence and Challenges [EB/OL]. https://www.federalreserve.gov/econres/feds/files/2022006pap.pdf, 2022-02-03.

[20] Schioppa P. T. Central banks and financial stability: exploring the land in between [A]. The Transformation of the European Financial System (Second ECB Central Banking Conference) [C]. Germany: European central bank, 2003: 269-310.

[21] Gjedrem J. The macroprudential approach to financial stability [EB/OL]. https://www.bis.org/review/r050517c.pdf, 2005-05-12.

[22] Houben A., Kakes J., Schinasi G. J. Toward a framework for safeguarding financial stability [EB/OL]. https://doi.org/10.5089/9781451852547.001, 2004-07-02.

[23] Schinasi G. J. Safeguarding financial stability: theory and practice [EB/OL]. https://www.imf.org/External/Pubs/NFT/2005/SFS/eng/sfs.pdf, 2005-10-14.

[24] 段小茜. 金融稳定界说：定义、内涵及制度演进 [J]. 财经科学，2007 (01): 1-9.

[25] 段小茜. 金融稳定及其变迁的新政治经济学分析 [J]. 金融研究，2010 (09): 170-182.

[26] 徐国祥，郭建娜，陈燃萍. 中国金融稳定指数的构建及其领先能力分析 [J]. 统计与信息论坛，2017, 32 (04): 27-33.

[27] 中国政府网. 中华人民共和国中国人民银行法 (2003 版) [EB/OL]. http://www.gov.cn/ziliao/flfg/2005-09/12/content_31103.htm, 2005-09-12.

[28] 中国政府网. 中华人民共和国中国人民银行法 (2003 版) [EB/OL]. https://www.gov.cn/zhengce/zhengceku/2020-10/24/content_5553847.htm, 2020-10-24.

[29] Rochet J. C., Tirole J. Interbank lending and systemic risk [J]. Journal of Money, Credit and Banking, 1996, 28 (4): 733-762.

[30] Kaufman G. G. Bank failures, systemic risk, and bank regulation [J]. The Cato Journal, 1996, 16 (1): 1-22.

[31] De Bandt O., Hartmann P. What is systemic risk today? [EB/OL]. https://pdfs.semanticscholar.org/023c/bd818d1b1739e5910e0f02375b964a52280c.pdf, 1999-05-25.

[32] 包全永. 银行系统性风险的传染模型研究 [J]. 金融研究，2005 (08): 72-84.

[33] 马君潞，范小云，曹元涛. 中国银行间市场双边传染的风险估测及其系统性特征分析 [J]. 经济研究，2007, (01): 68-78+142.

［34］ Cerutti E. , Claessens S. , McGuire P. Systemic risks in global banking：What available data can tell us and what more data are needed? ［EB/OL］. https：//www. nber. org/papers/w18531，2012 －11 －09.

［35］ Black L. , Correa R. , Huang X. , et al. The systemic risk of European banks during the financial and sovereign debt crises ［J］. Journal of Banking & Finance，2016 （02），63：107 －125.

［36］ Gonzǘlez H. B，Hesse H. Global market conditions and systemic risk ［J］. Journal of Emerging Market Finance，2011，10 （2）：227 －252.

［37］ G10 （Group of Ten）. Effects of consolidation on financial risk ［EB/OL］. https：//www. imf. org/external/np/g10/2001/01/eng/pdf/FSCSsum. pdf，2001 －01 －17.

［38］ 翟金林. 银行系统性风险的成因及防范研究 ［J］. 南开学报，2001 （04）：83 －89.

［39］ Schwarcz S. L. Systemic risk ［J］. The Georgetown Law Journal，2008，97 （01）：194 －249.

［40］ IMF，BIS and FSB. Guidance to assess the systemic importance of financial institutions，markets and instruments：initial considerations ［EB/OL］. https：//www. imf. org/external/np/g20/pdf/100109. pdf，2009 －11 －06.

［41］ 张晓朴. 系统性金融风险研究：演进、成因与监管 ［J］. 国际金融研究，2010 （07）：58 －67.

［42］ Hauptmann J，Zagst R. Systemic risk ［EB/OL］. http：//www. hkfrm. org/resources/Quantitative_Financial_Risk_Management. pdf，2011 －10 －20.

［43］ 白雪梅，石大龙. 中国金融体系的系统性风险度量 ［J］. 国际金融研究，2014 （06）：75 －85.

［44］ Das S. R. Matrix metrics：Network －based systemic risk scoring ［J］. The Journal of Alternative Investments，2016，18 （4）：33 －51.

［45］ 荆中博，杨海珍，杨晓光. 中国银行业系统性风险的涵义、

度量及影响因素——基于 1996 - 2014 年的数据 [J]. 南方金融，2016 (02)：39 - 46.

[46] Clement P. The term "macroprudential": origins and evolution [EB/OL]. https://www.bis.org/publ/qtrpdf/r_qt1003h.pdf, 2010 - 03 - 01.

[47] 李妍. 宏观审慎监管与金融稳定 [J]. 金融研究，2009，(08)：52 - 60.

[48] 何建雄. 建立金融安全预警系统：指标框架与运作机制 [J]. 金融研究，2001 (01)：105 - 117.

[49] 李宗怡，冀勇鹏. 对我国实施银行业宏观审慎监管问题的探讨 [J]. 当代财经，2003，(07)：42 - 46.

[50] Borio C. Towards a macroprudential framework for financial supervision and regulation? [J]. CESifo Economic Studies, 2003, 49 (2): 181 - 215.

[51] 田鹏，刘克. 评估金融系统稳健性的新工具 [J]. 中国城市金融，2001，(09)：37 - 38.

[52] Virolainen K. Financial stability analysis at the Bank of Finland [EB/OL]. https://www.bis.org/publ/bppdf/bispap01g.pdf, 2001 - 04 - 06.

[53] 叶如莲. 对我国银行业监管的价值认识和实践运用 [J]. 福建金融，2005 (06)：16 - 18.

[54] 聂富强. 金融监管统计浅议 [J]. 西南金融，2006 (05)：19 - 21.

[55] 李学民. 我国金融风险预警指标体系化建设 [J]. 商业时代，2006 (11)：62.

[56] Mester L. J. The nexus of macroprudential supervision, monetary policy, and financial stability [J]. Journal of Financial Stability, 2017 (06), 30: 177 - 180.

[57] Crockett A. Marrying the micro - and macro - prudential dimensions of financial stability [EB/OL]. https://www.bis.org/speeches/

sp000921. htm，2000 - 09 - 21.

[58] Brockmeijer J.，Moretti M.，Osinski J.，et al. Macro prudential policy：An organizing framework [EB/OL]. https：//www. imf. org/external/np/pp/eng/2011/031411. pdf，2011 - 03 - 14.

[59] Borio C.，Drehmann M. Towards an operational framework for financial stability："fuzzy" measurement and its consequences [EB/OL]. https：//www. bis. org/publ/work284. pdf，2009 - 06 - 11.

[60] Caruana J. Macroprudential policy：working towards a new consensus [EB/OL]. https：//www. bis. org/speeches/sp100426. pdf，2010 - 04 - 23.

[61] 张健华，贾彦东. 宏观审慎政策的理论与实践进展 [J]. 金融研究，2012 (01)：20 - 35.

[62] Liebeg D.，Posch M. Macroprudential regulation and supervision：From the Identification of systemic risks to policy Measures [EB/OL]. https：//www. oenb. at/dam/jcr：d5d09111 - 90ea - 48f5 - aac5 - b8d2c80d707f/fsr_21_special_topic_02_tcm16 - 235512. pdf，2011 - 06 - 20.

[63] Stournaras Y. Financial stability，macroprudential regulation and microprudential supervision [EB/OL]. https：//www. bis. org/review/r171110d. pdf，2017 - 11 - 02.

[64] Borio C. Macroprudential policies：What have we learnt? [EB/OL]. https：//www. bis. org/speeches/sp151124_slides. pdf，2015 - 11 - 24.

[65] Buch C. M.，Vogel E.，Weigert B. Evaluating macroprudential policies [EB/OL]. https：//www. esrb. europa. eu/pub/pdf/wp/esrb. wp76. en. pdf，2018 - 07 - 23.

[66] Galati G.，Moessner R. What do we know about the effects of macroprudential policy? [EB/OL]. https：//www. dnb. nl/en/binaries/Working%20Paper%20440_tcm47 - 312518. pdf，2014 - 09 - 25.

[67] Albulescu C. T. Forecasting the Romanian financial system sta-

bility using a stochastic simulation model [J]. Romanian Journal of Economic Forecasting, 2010, 13 (1): 81 –98.

[68] Kaminsky G., Lizondo S., Reinhart C. M. Leading indicators of currency crises [EB/OL]. https://www.imf.org/external/pubs/ft/wp/wp9779.pdf, 1997 –07 –31.

[69] Frankel J. A., Rose A. K. Currency crashes in emerging markets: An empirical treatment [J]. Journal of international economics, 1996, 41 (3): 351 –366.

[70] Sachs J., Tornell A., Velasco A. Financial crises in emerging markets: the lessons from 1995 [EB/OL]. http://www.nber.org/papers/w5576, 1996 –05 –31.

[71] Wilson T. C. Portfolio credit risk [EB/OL]. https://papers.ssrn.com/sol3/papers.cfm?abstract_id = 1028756, 1998 – 10 – 31.

[72] Virolainen K. Macro stress testing with a macroeconomic credit risk model for Finland [EB/OL]. https://papers.ssrn.com/sol3/papers.cfm?abstract_id =622682, 2004 –11 –24.

[73] De Bandt O., Oung V. Assessment of stress tests conducted on the French banking system [EB/OL]. https://core.ac.uk/download/pdf/6612257.pdf, 2004 –11 –29.

[74] 李江，刘丽平．中国商业银行体系信用风险评估——基于宏观压力测试的研究 [J]. 当代经济科学，2008 (06): 66 –73 +124.

[75] 杨柳．银行体系宏观压力测试的评估模型与实证 [J]. 统计与决策，2011 (19): 139 –142.

[76] Fell J., Schinasi G. Assessing financial stability: Exploring the boundaries of analysis [J]. National Institute Economic Review, 2005, 192 (1): 102 –117.

[77] 郭红兵，杜金岷．中国金融稳定状况指数的构建 [J]. 数量经济技术经济研究，2014, 31 (05): 100 –116 +161.

［78］张晶，高晴．中国金融系统压力指数的设计及其应用［J］．数量经济技术经济研究，2015，32（11）：41－57.

［79］Illing M.，Liu Y. Measuring financial stress in a developed country：An application to Canada［J］．Journal of Financial Stability，2006，2（3）：243－265.

［80］Nelson W. R，Perli R. Selected indicators of financial stability［A］．Risk Measurement and Systemic Risk［C］．Germany：European central bank，2007：343－372.

［81］Van den End J. W. Indicator and boundaries of financial stability［EB/OL］．https：//www. dnb. nl/binaries/Working% 20Paper% 2097_tcm46－146754. pdf，2006－03－28.

［82］Gersl A.，Hermanek J. Financial stability indicators：advantages and disadvantages of their use in the assessment of financial system stability［EB/OL］．https：//www. cnb. cz/export/sites/cnb/en/financial－stability/. galleries/fs_reports/fsr_2006/FSR_2006_article_2. pdf，2007－07－30.

［83］徐国祥，郭建娜，陈燃萍．中国金融稳定指数的构建及其领先能力分析［J］．统计与信息论坛，2017，32（04）：27－33.

［84］Minsky H. P. Inflation，recession and economic policy［M］．Brighton：Wheatsheaf Books，1982：1－301.

［85］Skott P. On the modelling of systemic financial fragility［A］．New Directions in Analytical Political Economy［C］．UK：Edward Elgar Publishing，1994：49－76.

［86］瞿强．从明斯基看约翰·劳［J］．世界经济文汇，2004（02）：68－77.

［87］Diamond D. W.，Dybvig P. H. Bank runs，deposit insurance，and liquidity［J］．Journal of Political Economy，1983，91（3）：401－419.

［88］常巍，任少华．戴蒙德－迪布维格银行挤兑模型述评［J］．经济学动态，2004（01）：77－81.

[89] 邹新月，李思慧．银行挤兑机理研究新进展 [J]．经济学动态，2009 (02): 95 - 99.

[90] Mishkin F. S. Asymmetric information and financial crises: a historical perspective [EB/OL]. https: //www. nber. org/papers/w3400, 1990 - 07 - 31.

[91] Akerlof G. A. The market for "lemons": Quality uncertainty and the market mechanism [J]. The Quarterly Journal of Economics, 1970, 84 (3): 488 - 500.

[92] Stiglitz J. E, Weiss A. Credit rationing in markets with imperfect information [J]. American Economic Review, 1981, 71 (3): 393 - 410.

[93] Chakravorti S. Analysis of systemic risk in the payments system [EB/OL]. http: //www. dallasfed. org/assets/documents/banking/fiswp/fiswp9602. pdf, 1996 - 12 - 20.

[94] Elsinger H. , Lehar A. , Summer M. Risk assessment for banking systems [J]. Management science, 2006, 52 (9): 1301 - 1314.

[95] Krugman P. A model of balance - of - payments crises [J]. Journal of Money, Credit and Banking, 1979, 11 (3): 311 - 325.

[96] Obstfeld M. Evaluating risky consumption paths: the role of intertemporal substitutability [J]. European economic review, 1994, 38 (7): 1471 - 1486.

[97] Obstfeld M. Models of currency crises with self - fulfilling features [J]. European economic review, 1996, 40 (3): 1037 - 1047.

[98] 刘明兴，罗俊伟．金融危机理论综述 [J]．经济科学，2000 (04): 72 - 80.

[99] Krugman P. Are Currency Crises Self - Fulfilling? [EB/OL]. http: //www. nber. org/chapters/c11032, 1996 - 03 - 09.

[100] McKinnon R. I, Pill H. Credible economic liberalizations and overborrowing [J]. American Economic Review, 1997, 87 (2): 189 - 193.

[101] McKinnon R. I, Pill H. International overborrowing: a decomposition of credit and currency risks [J]. World Development, 1998, 26 (7): 1267 - 1282.

[102] Krugman P. What happened to Asia [A]. Global Competition and Integration [C]. New York: Springer, 1999: 315 - 327.

[103] Corsetti G., Pesenti P., Roubini N. Fundamental Determinants of the Asian Crisis: The Role of Financial Fragility and External Imbalances [A]. Regional and Global Capital Flows: Macroeconomic Causes and Consequences, NBER - EASE Volume 10 [C]. Chicago: University of Chicago Press, 2001: 11 - 41.

[104] Mihaljek D., Tissot B. Fiscal positions in emerging economies: central banks' perspective [EB/OL]. https://www.bis.org/publ/bppdf/bispap20b.pdf, 2003 - 11 - 26.

[105] Dell'Ariccia G., Marquez R. Lending booms and lending standards [J]. The Journal of Finance, 2006, 61 (5): 2511 - 2546.

[106] Bernanke B., Gertler M. Financial fragility and economic performance [J]. The Quarterly Journal of Economics, 1990, 105 (1): 87 - 114.

[107] Bernanke B., Gertler M., Gilchrist S. The financial accelerator and the flight to quality [EB/OL]. https://www.nber.org/papers/w4789, 1994 - 07 - 31.

[108] Bernanke B., Gertler M., Gilchrist S. The financial accelerator in a quantitative business cycle framework [J]. Handbook of macroeconomics, 1999, 1: 1341 - 1393.

[109] 杜清源，龚六堂．带“金融加速器”的 RBC 模型 [J]. 金融研究，2005 (04): 16 - 30.

[110] 何德旭，张捷．经济周期与金融危机：金融加速器理论的现实解释 [J]. 财经问题研究，2009 (10): 65 - 70.

[111] IMF, BIS, FSB. Macroprudential Policy Tools and Frameworks: Progress Report to G20 [EB/OL]. https://www.imf.org/exter-

nal/np/g20/pdf/102711. pdf，2011 -10 -27.

[112] Duarte F. , Eisenbach T. M. Fire - sale spillovers and systemic risk [EB/OL]. https://www. newyorkfed. org/medialibrary/media/research/staff_reports/sr645. pdf, 2018 -06 -30.

[113] 葛鹏飞，黄秀路. 中国银行业系统性风险的演变：降价抛售传染视角 [J]. 财贸经济，2019，40 (02)：66 -83

[114] 李敏. 金融科技的系统性风险：监管挑战及应对 [J]. 证券市场导报，2019 (02)：69 -78

[115] Cont R. , Schaanning E. Fire sales, indirect contagion and systemic stress testing [EB/OL]. https://static. norges - bank. no/contentassets/bb47f56979fe4adf9249d1c0ab55c7d1/working_paper_2_17. pdf?v =03/17/2017132952&ft =. pdf, 2017 -03 -17.

[116] 范亚舟. 宏观审慎监管下我国金融监管机构改革及需进一步解决的问题 [J]. 武汉金融，2018 (07)：40 -44.

[117] Eichengreen B. , Park D. , Shin K. The global productivity slump: Common and country - specific factors [J]. Asian Economic Papers, 2017, 16 (3): 1 -41.

[118] 周嘉. 欧盟信用评级机构监管机制研究 [J]. 河北法学，2015，33 (06)：181 -192.

[119] 史建平，高宇. KLR 金融危机预警模型研究——对现阶段新兴市场国家金融危机的实证检验 [J]. 数量经济技术经济研究，2009，26 (03)：106 -117.

[120] 胡援成，康鸿. 主权债务危机早期预警系统研究——基于 BP 神经网络方法 [J]. 商业经济与管理，2010 (09)：44 -50.

[121] 郑国忠. 新兴经济体债务危机预警指标选择及贡献度分析——基于面板 Logit 及 BP_Adaboost 模型的比较 [J]. 国际经贸探索，2014，30 (06)：4 -14.

[122] 林谦，王宇. 金融风险预警系统及发展 [J]. 统计与决策，2007 (14)：50 -53.

[123] 解凤敏，何凌云. 金融危机预警研究的回顾与展望 [J].

社会科学辑刊，2011（01）：118－121.

［124］Upper C.，Worms A. Estimating bilateral exposures in the German interbank market：Is there a danger of contagion？［J］. European economic review，2004，48（4）：827－849.

［125］Müller J. Interbank credit lines as a channel of contagion［J］. Journal of Financial Services Research，2006，29（1）：37－60.

［126］黄聪，贾彦东．金融网络视角下的宏观审慎管理——基于银行间支付结算数据的实证分析［J］. 金融研究，2010（04）：1－14.

［127］IMF. Global financial stability report：responding to the financial crisis and measuring systemic risk［EB/OL］. https：//www. imf. org/～/media/Websites/IMF/imported－flagship－issues/external/pubs/ft/GFSR/2009/01/pdf/_textpdf. ashx，2009－04－21.

［128］Segoviano M. A.，Goodhart C. Banking stability measures［EB/OL］. https：//www. imf. org/external/pubs/ft/wp/2009/wp0904. pdf，2009－01－09.

［129］Giesecke K.，Kim B. Systemic risk：What defaults are telling us［J］. Management Science，2011，57（8）：1387－1405.

［130］Adrian T.，Brunnermeier M. K. CoVaR［EB/OL］. https：//www. nber. org/papers/w17454，2011－12－05.

［131］Adrian T.，Brunnermeier M. K. CoVaR［J］. American Economic Review，2016，106（7）：1705－1741.

［132］Acharya，V.，Pedersen，L. H.，Philippon，T.，Richardson，M. P. Measuring Systemic Risk［EB/OL］. http：//doi. org/10. 2139/ssrn. 1573171，2010－08－09.

［133］Acharya V.，Steffen S. Analyzing systemic risk of the European banking sector［EB/OL］. http：//pages. stern. nyu. edu/～sternfin/vacharya/public_html/pdfs/AcharyaSteffen_systemic－risk－EU. pdf，2012－09－22.

［134］Acharya V.，Pedersen L. H.，Philippon T.，et al. Measuring systemic risk [J]. The Review of Financial Studies, 2017, 30 (01): 2-47.

[135] Acharya V., Engle R., Richardson M. Capital shortfall: A new approach to ranking and regulating systemic risks [J]. American Economic Review, 2012, 102 (03): 59-64.

[136] Brownlees C. T., Engle R. F. SRISK: A Conditional Capital Shortfall Measure of Systemic Risk [EB/OL]. https://papers.ssrn.com/sol3/papers.cfm? abstract_id=1611229, 2016-04-04.

[137] Lehar A. Measuring systemic risk: A risk management approach [J]. Journal of Banking & Finance, 2005, 29 (10): 2577-2603.

[138] Gray D., Jobst A. Systemic CCA - a model approach to systemic risk [EB/OL]. http://citeseerx.ist.psu.edu/viewdoc/download?doi=10.1.1.186.9482&rep=rep1&type=pdf, 2010-10-22.

[139] Freixas X, Parigi B. M, Rochet J. C. Systemic risk, interbank relations, and liquidity provision by the central bank [J]. Journal of money, credit and banking, 2000: 611-638.

[140] Allen F, Gale D. Financial contagion [J]. Journal of political economy, 2000, 108 (01): 1-33.

[141] 巴曙松, 王凤娇, 孔颜. 系统性金融风险的测度方法比较 [J]. 湖北经济学院学报, 2011, 9 (01): 32-39.

[142] Sheldon G, Maurer M. Interbank lending and systemic risk: An empirical analysis for Switzerland [J]. REVUE SUISSE D ECONOMIE POLITIQUE ET DE STATISTIQUE, 1998, 134 (04): 685-704.

[143] Furfine C. Interbank exposures: Quantifying the risk of contagion [J]. Journal of Money, Credit, and Banking, 2003, 35 (01): 111-128.

[144] 李宗怡, 李玉海. 我国银行同业拆借市场"传染"风险的实证研究 [J]. 财贸研究, 2005 (06): 51-58.

[145] 史永奋, 崔林林. 我国银行系统性风险传染的风险估测

[J]. 企业经济，2013 (10)：175－178.

[146] 高国华，潘英丽. 基于资产负债表关联的银行系统性风险研究 [J]. 管理工程学报，2012，26 (04)：162－168.

[147] 王明亮，何建敏，李守伟，等. 基于拆借偏好的银行系统性风险测度研究 [J]. 中国管理科学，2013，21 (S1)：237－243.

[148] 邹薇，李娜. 基于矩阵法的我国银行间市场风险传递效应实证研究 [J]. 经济经纬，2014，31 (05)：139－144.

[149] 钱水土，金崇赞. 我国银行间市场双边风险传染效应研究——基于产能过剩行业波动冲击的视角 [J]. 浙江学刊，2016 (06)：173－183.

[150] 唐振鹏，冉梦，黄蓝青. 基于矩阵法的我国银行系统性风险传染效应检验 [J]. 统计与决策，2020，(02)：141－145.

[151] de Souza S. R. S. , Silva T. C, Tabak B. M. , et al. Evaluating systemic risk using bank default probabilities in financial networks [J]. Journal of Economic Dynamics and Control, 2016, 66: 54－75. https://doi.org/10.1016/j.jedc.2016.03.003.

[152] 贾彦东. 金融机构的系统重要性分析——金融网络中的系统风险衡量与成本分担 [J]. 金融研究，2011 (10)：17－33.

[153] 李守伟，何建敏，孙婧超，谭音邑. 金融危机前后中国银行业系统性风险实证研究 [J]. 华东经济管理，2014，28 (01)：92－96.

[154] 周海林，盖曦，吴鑫育. 基于银行同业拆借市场网络模型的风险传导机制研究 [J]. 财贸研究，2015，26 (05)：106－115.

[155] 方意. 中国银行业系统性风险研究——宏观审慎视角下的三个压力测试 [J]. 经济理论与经济管理，2017 (02)：48－66.

[156] 中国人民银行西安分行课题组白鹤祥，袁庆春，钱皓，等. 基于影子银行视角的我国系统性金融风险测度及预警研究 [J]. 金融发展研究，2018 (11)：13－22.

[157] 隋聪，王宗尧. 银行间网络的无标度特征 [J]. 管理科学学报，2015，18 (12)：18－26.

[158] 左振宇，李守伟，何建敏．我国银行网络拓扑结构特征的实证研究［J］．华东经济管理，2012，26（02）：98－101.

[159] 陈建青，王擎，许韶辉．金融行业间的系统性金融风险溢出效应研究［J］．数量经济技术经济研究，2015，32（09）：89－100.

[160] 殷克东，任文菡，肖游．我国金融业内系统性风险溢出效应研究［J］．统计与决策，2017（01）：156－161.

[161] 严伟祥，张维，牛华伟．金融风险动态相关与风险溢出异质性研究［J］．财贸经济，2017，38（10）：67－81.

[162] 史仕新．商业银行中间业务的系统性风险溢出效应［J］．财经科学，2019（03）：16－27.

[163] Manguzvane，M.，Muteba Mwamba，J. W. Modelling Systemic Risk in the South African Banking Sector Using CoVaR［J］．International Review of Applied Economics，2019，33（05）：1－18.

[164] Kleinow J.，Horsch A.，García M. M. Determinants of systemically important banks in Latin America［EB/OL］．https：//papers. ssrn. com/sol3/papers. cfm? abstract_id = 2441868，2014－05－05.

[165] Kleinow J.，Horsch A.，Garcia M. M. Factors driving systemic risk of banks in Latin America［J］．Journal of Economics and Finance，2017，41（2）：211－234.

[166] 朱波，卢露．我国上市银行系统重要性度量及其影响因素［J］．财经科学，2014（12）：39－50.

[167] 周强，杨柳勇．论中国系统重要性银行识别——市场模型法还是指标法［J］．国际金融研究，2014（09）：70－79.

[168] 宋清华，姜玉东．中国上市银行系统性风险度量——基于MES方法的分析［J］．财经理论与实践，2014，35（06）：2－7.

[169] 童中文，魏歆七．中国金融机构系统重要性的度量［J］．统计与决策，2017（08）：146－149.

[170] 吴敏灵．我国上市银行系统性风险度量实证研究［J］．大

连理工大学学报（社会科学版），2018，39（02）：24－31.

［171］王广龙，熊利平，王连猛．SRISK 系统性风险测算方法、结果及评述［J］．投资研究，2014，33（04）：63－73.

［172］王培辉，袁薇．金融机构系统性违约风险及系统重要机构识别［J］．财经科学，2017（05）：41－53.

［173］张天顶，张宇．我国金融市场系统重要性机构的评估及政策启示［J］．管理评论，2018，30（01）：24－35.

［174］Banulescu G. D.，Dumitrescu E. I. Which Are the SIFIs? A Component Expected Shortfall（CES）approach to systemic risk［EB/OL］．http：//www. cefimo. ro/infer/docs/Banulescu. pdf，2013－05－01.

［175］Banulescu G. D.，Dumitrescu E. I. Which are the SIFIs? A Component Expected Shortfall approach to systemic risk［J］．Journal of Banking & Finance，2015，50（01）：575－588.

［176］苏明政，张庆君，赵进文．我国上市商业银行系统重要性评估与影响因素研究——基于预期损失分解视角［J］．南开经济研究，2013（03）：110－122.

［177］王兆星．国际银行监管改革对我国银行业的影响［J］．国际金融研究，2010（03）：4－10.

［178］Bernanke B. S. Implementing a macroprudential approach to supervision and regulation［EB/OL］．https：//www. federalreserve. gov/newsevents/speech/bernanke20110505a. htm，2011－05－05.

［179］Schwartz A. J. Why financial stability despends on price stability［J］．Economic Affairs，1995，15（4）：21－25.

［180］张亦春，胡晓．宏观审慎视角下的最优货币政策框架［J］．金融研究，2010（05）：30－40.

［181］周小川．宏观审慎政策是针对系统性风险的良药［N］．金融时报，2010－10－22（001）.

［182］周小川．金融政策对金融危机的响应［N］．金融时报，2011b－01－05（001）.

［183］范小云，王道平．巴塞尔Ⅲ在监管理论与框架上的改进：微观与宏观审慎有机结合［J］．国际金融研究，2012（01）：63－71.

［184］温军伟．欧元区主权债务危机与欧元的前景［J］．金融理论与实践，2012（01）：44－50.

［185］Borio C.，Lowe P. W. Securing sustainable price stability：should credit come back from the wilderness［EB/OL］．https：//www. bis. org/publ/work157. pdf，2004－07－02.

［186］威廉·怀特．金融体系中的顺周期性：我们是否需要一个新的宏观金融稳定框架［J］．金融研究，2008（05）：65－86.

［187］李文泓．关于宏观审慎监管框架下逆周期政策的探讨［J］．金融研究，2009，（07）：7－24.

［188］Cerutti E.，Claessens S.，Laeven L. The use and effectiveness of macroprudential policies：New evidence［J］．Journal of Financial Stability，2017，（02）：203－224.

［189］吴思．当前我国金融监管框架的问题分析［J］．经济研究参考，2016（60）：22－23.

［190］胡志鹏．"稳增长"与"控杠杆"双重目标下的货币当局最优政策设定［J］．经济研究，2014，49（12）：60－71＋184.

［191］马勇，陈雨露．宏观审慎政策的协调与搭配：基于中国的模拟分析［J］．金融研究，2013（08）：57－69.

［192］庞晓波，王作文，王国铭．宏观审慎监管政策与货币政策关系研究［J］．经济纵横，2013（03）：32－36.

［193］王爱俭，王璟怡．宏观审慎政策效应及其与货币政策关系研究［J］．经济研究，2014，49（04）：17－31.

［194］黄志刚，许伟．住房市场波动与宏观经济政策的有效性［J］．经济研究，2017，52（05）：103－116.

［195］刘泽云．宏观审慎监管与财政政策的协调［J］．经济研究参考，2011（54）：17－18.

［196］乐玉贵．关于建立"三位一体"银行业宏观审慎监管目标的思考［J］．国际金融研究，2014（02）：70－78.

[197] 卜林，郝毅，李政．财政扩张背景下我国货币政策与宏观审慎政策协同研究 [J]．南开经济研究，2016 (05)：55 -73 +88.

[198] 胡利琴，彭红枫，彭意．我国银行业宏观审慎监管与微观审慎监管协调问题研究 [J]．管理世界，2012 (11)：174 -175.

[199] 史晨昱，李嘉．美欧金融变革差异透露大国博弈新信息 [N]．上海证券报，2010 -08 -23 (010).

[200] 陈听雨．英国将成立金融政策委员会 [N]．中国证券报，2010 -07 -27 (A05).

[201] 樊宇．金融监管：期待匹兹堡峰会出新招 [N]．新华每日电讯，2009 -09 -22 (005).

[202] 邱鋆．FSB 正式亮相中国参与构筑“国际金融新秩序” [N]．第一财经日报，2009 -06 -29 (A01).

[203] 巴曙松．金融监管机构是分是合：这并不关键——谈当前监管框架下的金融监管协调机制 [J]．西部论丛，2006 (11)：38 -40.

[204] 中国人民银行金融稳定局．认真履行职责 维护金融稳定 [J]．中国金融，2008 (24)：40 -42.

[205] 蒋海，李赟宏．中国金融监管体制的变迁及改革路径选择 [J]．广东金融学院学报，2009，24 (05)：38 -46.

[206] 闫海．后金融危机时代的宏观审慎监管工具创新 [J]．财经科学，2010 (10)：1 -8.

[207] 贾彦东．宏观审慎政策框架与银行业的风险、机遇和挑战 [J]．银行家，2011 (04)：11 -13.

[208] 陈雨露．国际金融危机后的中央银行研究 [J]．中国金融家，2017 (04)：33 -34 +36.

[209] 易纲．在全面深化改革开放中开创金融事业新局面——纪念改革开放 40 周年暨中国人民银行成立 70 周年 [J]．中国金融，2018 (23)：15 -21.

[210] 钮文新．从“银行系统流动性”到“市场流动性”资本市场改革或已在路上 [J]．中国经济周刊，2018 (37)：82.

[211] 卓尚进. 新一届金融委第一次会议发出多种积极信号[N]. 金融时报, 2018-07-07 (004).

[212] 谢怀筑, 邱晓东. 后危机时代的宏观审慎框架——中国人民银行·英格兰银行首届研讨会纪要 [J]. 金融纵横, 2018 (03): 25-31.

[213] 刘冲, 郭峰, 傅家范, 周强龙. 政治激励、资本监管与地方银行信贷投放 [J]. 管理世界, 2017 (10): 36-50.

[214] 易纲. 货币政策回顾与展望 [J]. 中国金融, 2018 (03): 9-11.

[215] 中华人民共和国中央人民政府. 中华人民共和国中国人民银行法 (1995 版) [EB/OL]. http://www.bjchy.gov.cn/affair/zfyj/law/10946.htm, 1995-03-18.

[216] 人民网. 中国人民银行职能审议确定, 增维护金融稳定职能 [EB/OL]. http://www.people.com.cn/GB/jingji/1040/2116518.html, 2003-09-29.

[217] 新浪网. 三大金融监管机构金融监管分工合作备忘录[EB/OL]. http://news.sina.com.cn/o/2004-06-28/13572930310s.shtml, 2004-06-28.

[218] 中国银行业监督管理委员会、中国证券监督管理委员会、中国保险监督管理委员会. 在金融监管方面分工合作的备忘录 [EB/OL]. http://www.cbrc.gov.cn/chinese/home/docView/200804096351257ACE8B1886FFBA0328EDEF7C00.html, 2008-04-09.

[219] 中华人民共和国中央人民政府. 中华人民共和国国民经济和社会发展第十一个五年规划纲要 [EB/OL]. http://www.gov.cn/gongbao/content/2006/content_268766.htm, 2006-03-14.

[220] 中华人民共和国中央人民政府. 中国人民银行主要职责、内设机构和人员编制规定 (2008 版) [EB/OL]. http://www.gov.cn/gzdt/2008-08/14/content_1072077.htm, 2008-08-14.

[221] 易纲. 货币政策要根据形势适度调整 加强逆周期调控[EB/OL]. https://finance.sina.com.cn/china/2018-12-03/doc-

ihprknvs8485362. shtml，2018 - 12 - 03.

[222] 胡晓炼. 抑制通胀是当前稳健货币政策的首要任务 [EB/OL]. http：//www. gov. cn/gzdt/2011 - 04/19/content _ 1847867. htm，2011 - 04 - 19.

[223] 中华人民共和国中央人民政府. 国民经济和社会发展第十二个五年规划纲要 [EB/OL]. http：//www. gov. cn/2011lh/content_1825838_12. htm，2011 - 03 - 16.

[224] 中华人民共和国中央人民政府. 国务院关于同意建立金融监管协调部际联席会议制度的批复 [EB/OL]. http：//www. gov. cn/zwgk/2013 - 08/20/content_2470225. htm，2013 - 08 - 20.

[225] 中华人民共和国中央人民政府. 国民经济和社会发展第十三个五年规划纲要 [EB/OL]. http：//www. gov. cn/xinwen/2016 - 03/17/content_5054992. htm，2016 - 03 - 17.

[226] 中华人民共和国中央人民政府. 中国人民银行自2016年起实施宏观审慎评估体系 [EB/OL]. http：//www. gov. cn/xinwen/2015 - 12/30/content_5029415. htm，2015 - 12 - 29.

[227] 新华网. 国务院金融稳定发展委员会成立并召开第一次会议 [EB/OL]. http：//www. xinhuanet. com/fortune/2017 - 11/08/c _1121926062. htm，2017 - 11 - 08.

[228] 新华网. 国务院金融稳定发展委员会办公室设在央行 [EB/OL]. http：//www. xinhuanet. com/fortune/2017 - 07/19/c_129658689. htm，2017 - 07 - 19.

[229] 王勇. 将银监会、保监会拟定法律法规草案和审慎监管职责划入央行 [EB/OL]. http：//finance. ifeng. com/a/20180313/16024891_0. shtml，2018 - 03 - 13.

[230] 中国人民银行. 中国人民银行 银保监会发布《关于建立逆周期资本缓冲机制的通知》 [EB/OL]. http：//www. pbc. gov. cn/huobizhengceersi/214481/3868581/3868584/4106894/index. html，2020 - 09 - 30.

[231] 新华网. 新一届国务院金融稳定发展委员会召开第一次会

议［EB/OL］. http://www.xinhuanet.com/fortune/2018-07/03/c_1123074206.htm，2018-07-03.

［232］中华人民共和国中央人民政府．国务院金融稳定发展委员会召开第三次会议［EB/OL］. http://www.gov.cn/guowuyuan/2018-09/10/content_5320685.htm，2018-09-10.

［233］中华人民共和国中央人民政府．中国人民银行职能配置、内设机构和人员编制规定（2019版）［EB/OL］. http://www.gov.cn/xinwen/2019-02/02/content_5363338.htm，2019-02-02.

［234］彭兴韵．宏观审慎政策在中国［J］. 金融博览，2018（03）：15-16.

［235］吕进中．宏观审慎政策理论的发展及其在我国的实践——兼论我国中央银行"双支柱"调控框架的形成［J］. 福建金融，2018（03）：4-12.

［236］董方冉．金融稳定发展委员会正式成立 走进协调监管新时代［J］. 中国金融家，2017（12）：55-56.

［237］王勇．关于国务院机构改革方案的说明［N］. 人民日报，2018-03-14（005）.

［238］王爱俭，方云龙，王璟怡．金融开放40年：进程、成就与中国经验［J］. 现代财经（天津财经大学学报），2019，39（03）：3-15.

［239］王勇．深化金融供给侧结构性改革势在必行［N］. 上海金融报，2019-03-05（011）.

［240］Jiang，H.C.，Zhang，J. Discovering Systemic Risks of China's Listed Banks by CoVaR Approach in the Digital Economy Era［J］. Mathematics，2020，8，180：1-29. https://doi.org/10.3390/math8020180.

［241］Tapscott，D. The Digital Economy：Promise and Peril in the Age of Networked Intelligence［R］，1st ed. McGraw-Hill：New York，NY，USA，1995，1-368.

［242］Tapscott，D. The Digital Economy Anniversary Edition：Rethinking Promise and Peril in the Age of Networked Intelligence［R］，2nd ed. McGraw – Hill: New York, NY, USA, 2014, 1 – 449.

[243] G20. G20 Digital Economy Development and Cooperation Initiative [EB/OL]. http://www.g20chn.org/English/Documents/Current/201609/P020160908736971932404.pdf, 2016 – 09 – 08.

[244] IMF. Measuring the Digital Economy [EB/OL]. https://www.imf.org/~/media/Files/Publications/PP/2018/022818MeasuringDigitalEconomy.ashx, 2018 – 02 – 28.

[245] Greene, E. F., McIlwain, K. L., Scott, J. T. A closer look at "too big to fail": National and international approaches to addressing the risks of large, interconnected financial institutions [J]. Capital Markets Law Journal, 2010, 5: 117 – 140.

[246] China Daily. Xi Launches Financial Reforms [EB/OL]. http://www.chinadaily.com.cn/china/2017 – 07/17/content_30135404.htm, 2017 – 07 – 17.

[247] 求是网. Secure a Decisive Victory in Building a Moderately Prosperous Society in All Respects and Strive for the Great Success of Socialism with Chinese Characteristics for a New Era [EB/OL]. http://english.qstheory.cn/2018 – 02/11/c_1122395333.htm, 2018 – 02 – 11.

[248] 人民网. China Improves Supervision of Systemically Important Financial Institutions [EB/OL]. http://en.people.cn/n3/2018/1128/c90000 – 9522675.html, 2018 – 11 – 28.

[249] 中国政府网. The Organization Structure of People's Bank of China [EB/OL]. http://www.gov.cn/xinwen/2019 – 02/02/content_5363338.htm, 2019 – 02 – 02.

[250] 中国政府网. PBC Launched the Pilot of Supervision on Fintech Innovations [EB/OL]. http://www.gov.cn/xinwen/2019 – 12/06/content_5458990.htm, 2019 – 12 – 06.

[251] 李稻葵. 中国最大的系统性风险在银行 [EB/OL]. http://finance.ifeng.com/opinion/mssd/20120619/6628368.shtml, 2012 – 06 – 19.

[252] FSB. 2019 List of Global Systemically Important Banks (G –

SIBs) [EB/OL]. https://www.fsb.org/wp-content/uploads/P221119-1.pdf, 2019-11-22.

[253] 光明网. China's Economic Development in the Past 70 Years [EB/OL]. http://economy.gmw.cn/2019-09/26/content_33189822.htm, 2019-09-26.

[254] 中国网. The Total Assets of China's Banking Financial Institutions Reached 268 Trillion RMB [EB/OL]. http://finance.china.com.cn/news/20190225/4905682.shtml, 2019-02-25.

[255] The Banker. The Top 1000 World Banks (2019) [EB/OL]. https://www.thebanker.com/Top-1000, 2019-06-30.

[256] Jiang, H. C., He, Y. F. Applying Data Envelopment Analysis in Measuring the Efficiency of Chinese Listed Banks in The Context of Macroprudential Framework [J]. Mathematics, 2018, 6, 184: 1-18. https://doi.org/10.3390/math6100184.

[257] Khiari, W., Ben Sassi, S. On Identifying the Systemically Important Tunisian Banks: An Empirical Approach Based on the ΔCoVaR Measures [J]. Risks, 2019, 7, 122: 1-15. https://doi.org/10.3390/risks7040122

[258] 徐超. 系统重要性金融机构识别方法综述 [J]. 国际金融研究, 2011, (11): 57-64.

[259] BCBS. A Framework for Dealing with Domestic Systemically Important Banks [EB/OL]. https://www.bis.org/publ/bcbs233.pdf, 2012-10-10.

[260] BCBS. Global Systemically Important Banks: Updated Assessment Methodology and the Higher Loss Absorbency Requirement [EB/OL]. https://www.bis.org/publ/bcbs255.pdf, 2013-07-02.

[261] Drakos, A. A., Kouretas, G. P. Bank Ownership, Financial Segments and the Measurement of Systemic Risk: An Application of CoVaR [J]. International Review of Economics & Finance. 2015, 40: 127-140.

[262] 邓小峰. 金融行业收益与风险溢出效应研究——基于

CoVaR 方法的再检验［J］. 当代经济，2019（02）：27－30.

［263］王薇，张勇，王运玺. 基于动态 CoVaR 方法的银行系统性风险测度与金融监管问题研究［J］. 金融理论与实践，2018（12）：47－54.

［264］Verma，R.，Ahmad，W.，Uddin，G. S.，Bekiros，S. Analysing the Systemic Risk of Indian banks［J］. Economics Letters，2019，176：103－108.

［265］Girardi，G.，Ergün，A. T. Systemic Risk Measurement：Multivariate GARCH Estimation of CoVaR［J］. Journal of Banking & Finance，2013，37：3169－3180.

［266］López－Espinosa，G.，Moreno，A.，Rubia，A.，Valderrama，L. Short－Term Wholesale Funding and Systemic Risk：A Global CoVaR Approach［J］. Journal of Banking & Finance，2012，36：3150－3162.

［267］郑棣，严予若，雷蕾. 商业银行流动性风险的溢出效应——基于动态 CoVaR 的方法［J］. 财经科学，2019（01）：39－51.

［268］Reboredo，J. C.，Ugolini，A. Systemic Risk in European Sovereign Debt Markets：A CoVaR－copula Approach［J］. Journal of International Money and Finance，2015，51：214－244.

［269］Bernal，O.，Gnabo，J. Y.，Guilmin，G. Economic Policy Uncertainty and Risk Spillovers in the Eurozone［J］. Journal of International Money and Finance，2016，65：24－45.

［270］Scaillet，O. Nonparametric Estimation of Conditional Expected Shortfall［J］. Insurance and Risk Management，2005，74，639－660. https：//www. erudit. org/en/journals/agr/2005－v72－n4－agr08827/1106844ar. pdf.

［271］陈守东，王妍. 我国金融机构的系统性金融风险评估——基于极端分位数回归技术的风险度量［J］. 中国管理科学，2014，22（07）：10－17.

［272］田娇，王擎. 银行资本约束、银行风险外溢与宏观金融风

险 [J]. 财贸经济, 2015 (08): 74 - 90.

[273] 麦木蓉, 彭涛. 基于 CoVaR 模型的上市商业银行系统性风险溢出研究 [J]. 当代经济, 2017 (30): 123 - 125.

[274] 陈国进, 钟灵, 张宇. 我国银行体系的系统性关联度分析: 基于不对称 CoVaR [J]. 系统工程理论与实践, 2017, 37 (01): 61 - 79.

[275] NBSC. National Statistical Data Released by the National Bureau of Statistics of China (NBSC) [EB/OL]. http: //data. stats. gov. cn, 2019 - 12 - 31.

[276] 杨坚, 余子良, 贾彦东, 马骏. 全球视角下的中国金融机构间金融冲击传递 [EB/OL]. 中国人民银行工作论文, http: //www. cnfinance. cn/uploads/upload_files/file/201705/20170510162929 8215. pdf, 2017 - 05 - 09.

[277] 欧阳红兵, 康小康. 我国上市银行关联性分析及网络结构的动态演变 [J]. 南方金融, 2017 (07): 14 - 26.

[278] Acharya, V. V., Yorulmazer, T. Too Many to Fail—An Analysis of Time - Inconsistency in Bank Closure Policies [J]. Journal of Financial Intermediation, 2007, 16 (1): 1 - 31.

[279] Varotto, S., Zhao, L. Systemic Risk and Bank Size [J]. Journal of International Money and Finance, 2018, 82: 45 - 70.

[280] 陈忠阳, 刘志洋. 国有大型商业银行系统性风险贡献度真的高吗——来自中国上市商业银行股票收益率的证据 [J]. 财贸经济, 2013, (09): 57 - 66.

[281] 谢平, 张怀清. 融资结构、不良资产与中国 M_2/GDP [J]. 经济研究, 2007 (02): 27 - 37.

[282] 马光荣, 刘明, 杨恩艳. 银行授信、信贷紧缩与企业研发 [J]. 金融研究, 2014 (07): 76 - 93.

[283] Jiang, H. C., Han, L. Y. Does Income Diversification Benefit the Sustainable Development of Chinese Listed Banks? Analysis Based on Entropy and the Herfindahl - Hirschman Index [J]. Entropy, 2018,

20 (4), 255: 1-21. https://doi.org/10.3390/e20040255.

[284] 胡锦涛. 坚定不移沿着中国特色社会主义道路前进 为全面建成小康社会而奋斗 [N]. 人民日报, 2012-11-18 (001).

[285] 温家宝. 政府工作报告 [N]. 人民日报, 2013-03-19 (001).

[286] 中国政府网. 中共中央关于制定"十三五"规划的建议 [EB/OL]. https://www.gov.cn/xinwen/2015-11/03/content_2959432.htm, 2015-11-03, 2017-06-11.

[287] 周小川. 深化金融体制改革 [N]. 人民日报, 2015-11-25 (006).

[288] 中国政府网. 中华人民共和国国民经济和社会发展第十三个五年规划纲要 [EB/OL]. https://www.gov.cn/xinwen/2016-03/17/content_5054992.htm, 2016-03-17, 2017-06-11.

[289] Issing O. Some lessons from the financial market crisis [J]. 2009 (12): 431-444.

[290] Baker A. The new political economy of the macroprudential ideational shift [J]. New Political Economy, 2013, 18 (01): 112-139.

[291] 张晓慧. 宏观审慎政策在中国的探索 [J]. 中国金融, 2017 (11): 23-25.

[292] 徐忠. 正确看待金融业进一步对外开放 [J]. 上海商业, 2018 (04): 11-13.

[293] 徐忠. 新时代背景下中国金融体系与国家治理体系现代化 [J]. 经济研究, 2018, 53 (07): 4-20.

[294] 张健华. 实现金融与经济良性互动 [J]. 中国金融, 2012 (07): 54-56.

[295] 中国政府网. 银监会关于中国银行业实施新监管标准的指导意见 [EB/OL]. https://www.gov.cn/gzdt/2011-05/03/content_1857048.htm, 2011-05-03, 2017-06-11.

[296] 李文森, 姚盛敏, 谢宁. 论金融业转型发展 [J]. 金融纵横, 2011 (09): 3-8.

［297］ 张琦．系统重要性银行监管的实践及政策建议［J］．中国金融，2011（19）：42－44.

［298］ 马腾跃．“双支柱”调控引导金融行稳致远［J］．中国金融家，2018（02）：38－43.

［299］ 中国政府网．中华人民共和国国民经济和社会发展第十四个五年规划和2035年远景目标纲要［EB/OL］．https：//www.gov.cn/xinwen/2021－03/13/content_5592681.htm，2021－03－13.

［300］ Ariss，R. T. On the implications of market power in banking：Evidence from developing countries［J］．Journal of Banking & Finance，2010，34（4）：765－775.

［301］ Huang，T.－H.，Lin，C.－I.，Chen，K.－C. Evaluating efficiencies of Chinese commercial banks in the context of stochastic multi-stage technologies［J］．Pacific－Basin Finance Journal，2017（02），41：93－110.

［302］ Wu，M.，Li，C.，Fan，J.，Wang，X.，Wu，Z. Assessing the global productive efficiency of Chinese banks using the cross－efficiency interval and VIKOR［J］．Emerging Markets Review，2018（03），34：77－86.

［303］ Sherman，H. D.，Gold，F. Bank branch operating efficiency：Evaluation with data envelopment analysis［J］．Journal of Banking & Finance，1985，9（02）：297－315.

［304］ 黄宪，王方宏．中国与德国的国有银行效率差异及其分析［J］．世界经济，2003（02）：71－79.

［305］ 张荣峰．开放进程中我国银行稳定的影响因素与稳定策略［J］．财经科学，2007（08）：1－7.

［306］ Lee，P.，Park，Y.－J. Eco－efficiency evaluation considering environmental stringency［J］．Sustainability，2017，9（4），661：1－18. https：//doi.org/10.3390/su9040661.

［307］ 张健华．我国商业银行效率研究的DEA方法及1997－2001年效率的实证分析［J］．金融研究，2003（03）：11－25.

[308] 魏权龄．数据包络分析（DEA）［J］．科学通报，2000(17)：1793－1808.

[309] 赵琼，姜惠宸．文化产业上市公司效率评价及影响因素分析——基于 DEA 模型的分析框架［J］．经济问题，2014（09）：52－58＋71.

[310] Chen，Z.，Matousek，R.，Wanke，P. Chinese bank efficiency during the global financial crisis：A combined approach using satisficing DEA and Support Vector Machines［J］．The North American Journal of Economics and Finance，2018，43：71－86.

[311] Zha，Y.，Liang，N.，Wu，M.，Bian，Y. Efficiency evaluation of banks in China：A dynamic two－stage slacks－based measure approach［J］．Omega，2016，60（04）：60－72.

[312] Staub，R. B.，da Silva e Souza，G.，Tabak，B. M. Evolution of bank efficiency in Brazil：A DEA approach［J］．European journal of operational research，2010，202（1）：204－213.

[313] LaPlante，A. E.，Paradi，J. Evaluation of bank branch growth potential using data envelopment analysis［J］．Omega，2015，52(4)：33－41.

[314] Chortareas，G. E.，Garza－García，J. G.，Girardone，C. Financial deepening and bank productivity in Latin America［J］．The European Journal of Finance，2011，17（9－10）：811－827.

[315] 刘汉涛．对我国商业银行效率的测度：DEA 方法的应用［J］．经济科学，2004（06）：48－58.

[316] 庞瑞芝．我国商业银行的效率现状及生产率变动分析［J］．金融论坛，2006（05）：10－14.

[317] 朱南，李军，吴庆，等．中国商业银行的生产效率和全要素生产力变化探析［J］．经济学家，2012（09）：56－61.

[318] 王伟，金春红．经济有效性视角下中国政策性银行效率水平测度与评价［J］．辽宁大学学报（哲学社会科学版），2016，44(01)：72－81.

[319] Charnes A., Cooper W. W, Rhodes E. Evaluating program and managerial efficiency: an application of data envelopment analysis to program follow through [J]. Management science, 1981, 27 (06): 668 - 697.

[320] Basso A., Funari S. The role of fund size in the performance of mutual funds assessed with DEA models [J]. The European Journal of Finance, 2017, 23 (06): 457 - 473.

[321] Allevi E., Basso A., Bonenti F., et al. Measuring the environmental performance of green SRI funds: A DEA approach [J]. Energy Economics, 2018, forthcoming. Available online 29 July 2018.

[322] Farrel, M. The Measurement of Productive Efficiency [J]. Journal of the Royal Statistical Society: Series A (General), 1957, 120 (3): 253 - 290.

[323] Charnes, A., Cooper, W. W., Rhodes, E. Measuring the efficiency of decision making units [J]. European Journal of Operational Research, 1978, 2 (6): 429 - 444.

[324] Banker, R. D., Charnes, A., Cooper, W. W. Some models for estimating technical and scale inefficiencies in data envelopment analysis [J]. Management science, 1984, 30 (9): 1078 - 1092.

[325] Fukuyama, H. Technical and scale efficiency of Japanese commerical banks: A non - parametric approach [J]. Applied Economics, 1993, 25 (8): 1101 - 1112.

[326] Malmquist, S. Index numbers and indifference surfaces [J]. Trabajos de Estadística, 1953, 4 (2): 209 - 242.

[327] Caves, D. W., Christensen, L. R., Diewert, W. E. The economic theory of index numbers and the measurement of input, output, and productivity [J]. Econometrica, 1982, 50 (06): 1393 - 1414.

[328] Färe, R., Grosskopf, S. Malmquist productivity indexes and Fisher ideal indexes [J]. Economic Journal, 1992, 102 (04): 158 - 160.

[329] Ray, S. C., Desli, E. Productivity growth, technical progress, and efficiency change in industrialized countries: Comment [J]. American Economic Review 1997, 87 (05): 1033 - 1039.

[330] 新浪网．中国四大银行首次全面登顶全球1000家大银行榜单 [EB/OL]. http://news.sina.com.cn/o/2018-07-03/doc-ihevauxi5526749.shtml, 2018-07-03.

[331] 凤凰网．宁波银行荣登"2018全球银行1000强"排名第166位 [EB/OL]. http://finance.ifeng.com/a/20180704/16366136_0.shtml, 2018-07-04.

[332] Avkiran, N. K. Productivity analysis in the service sector with data envelopment analysis [EB/OL]. https://papers.ssrn.com/sol3/papers.cfm? abstract_id=2627576, 2006-12-31.

[333] Adusei, M. Modelling the efficiency of universal banks in Ghana [J]. Quantitative Finance Letters. 2016, 4 (1): 60 - 70.

[334] Hwang, Y. - G., Park, S., Kim, D. Efficiency Analysis of Official Development Assistance Provided by Korea [J]. Sustainability, 2018, 10 (8), 2697: 1 - 13. https://doi.org/10.3390/su10082697.

[335] Chandola, V., Banerjee, A., Kumar, V. Anomaly detection: A survey [J]. ACM Computing Surveys (CSUR), 2009, 41 (3), 1 - 58.

[336] 唐珂．建立适合中国国情的宏观审慎政策框架理论及其实践研究 [J]. 吉林金融研究, 2012 (01): 11 - 17.

[337] 牛娟娟．央行创新SLF操作 增强政策前瞻性针对性 [N]. 金融时报, 2014-01-22 (002).

[338] 田辉．我国金融保险业宏观审慎监管现状 [N]. 中国经济时报, 2012-05-18 (007).

[339] 吴博．银行利润合理增长好处多 [N]. 上海证券报, 2012-04-23 (012).

[340] 周杰, 牛洪源, 吕坤．金融危机前后我国商业银行经营效率评价 [J]. 黑龙江金融, 2011 (08): 70 - 73.

[341] 宋凯艺. 要素市场扭曲与商业银行经营效率损失 [J]. 金融经济学研究, 2017, 32 (02): 76 -91.

[342] 杨君岐, 杜娟. 不良贷款约束下我国上市商业银行经营效率评价——基于 super - SBM 模型 [J]. 时代金融, 2018 (32): 164 -165.

[343] 宋静波. 同业业务对中国上市银行效率影响研究 [J]. 云南财经大学学报, 2019, 35 (02): 59 -69.

[344] Tone K. A slacks - based measure of efficiency in data envelopment analysis [J]. European journal of operational research, 2001, 130 (03): 498 -509.

[345] Andersen P, Petersen N. C. A procedure for ranking efficient units in data envelopment analysis [J]. Management science, 1993, 39 (10): 1261 -1264.

[346] 华海岭, 吴和成, 申敏. 地区大中型工业企业技术创新效率分布的非参数检验 [J]. 系统工程, 2014, 32 (01): 10 -18.

[347] 王明筠, 傅联英, 连小琴. 商业银行经营效率测评及其结构分解 [J]. 上海金融, 2015 (11): 96 -99.

[348] 刘伟. 我国高技术产业技术创新效率测算及地区差异分析——基于非导向的 SBM 模型 [J]. 工业经济论坛, 2017, 04 (01): 44 -52.

[349] 曾福生, 刘俊辉. 区域异质性下中国农业生态效率评价与空间差异实证——基于组合 DEA 与空间自相关分析 [J]. 生态经济, 2019, 35 (03): 107 -114.

[350] 马勇, 张航. 金融因素如何影响全要素生产率? [J]. 金融评论, 2017, 9 (05): 1 -17 +123.

[351] 何德旭, 张捷. 构建金融经济周期下的中国利率走廊模式 [J]. 新金融, 2017, (12): 4 -10.

[352] 马勇, 张靖岚, 陈雨露. 金融周期与货币政策 [J]. 金融研究, 2017 (03): 33 -53.

[353] 何德旭, 张捷. 金融周期下的货币政策展望: 环境、挑战与选择 [J]. 上海金融, 2018, (06): 32 -35.

[354] 李佳，黄雪宁．资产证券化创新对银行风险承担影响的路径与机制分析 [J]．商业研究，2018，(02)：42 -49.

[355] 王擎，白雪．我国影子银行发展与银行体系稳定——来自省际面板数据的证据 [J]．财经科学，2016 (04)：1 -12.

[356] 马勇，田拓．如何有效削减政府债务：保增长、调结构与稳金融 [J]．经济理论与经济管理，2016，(11)：5 -15.

[357] 谭政勋，黄东生．影响商业银行稳定的微观因素 [J]．金融论坛，2012，17 (01)：23 -28 +45.

[358] 张晓燕，何德旭．系统重要性银行监管框架设计：基于金融包容视角 [J]．甘肃社会科学，2017，(01)：205 -210.

[359] 张金林，周焰．互联网金融对中国商业银行稳定性影响的实证研究 [J]．武汉金融，2015 (12)：8 -11.

[360] 葛奇．金融稳定与央行货币政策目标——对“杰克逊霍尔共识”的再认识 [J]．国际金融研究，2016 (06)：3 -12.

[361] Woodford M. Inflation targeting and financial stability [EB/OL]. http://www.nber.org/papers/w17967, 2012 -04 -30.

[362] 王章慧，郑联盛．金融稳定与货币政策的职能融合：经验与启示 [J]．郑州大学学报（哲学社会科学版），2017，50 (01)：46 -52 +158 -159.

[363] 郑联盛．货币政策与宏观审慎政策双支柱调控框架：权衡与融合 [J]．金融评论，2018，10 (04)：25 -40 +119.

[364] 周小川．关于推进利率市场化改革的若干思考 [N]．金融时报，2011 -01 -05 (001).

[365] Gallo, J. G., Apilado, V. P., Kolari, J. W. Commercial bank mutual fund activities: Implications for bank risk and profitability [J]. Journal of Banking & Finance, 1996, 20 (10): 1775 -1791.

[366] Ramasastri, A. S., Samuel, A., Gangadaran, S. Income stability of scheduled commercial banks: Interest vis -à -vis Non -interest income [J]. Economic and Political Weekly, 2004, 39 (12): 1311 -1319.

[367] Chiorazzo, V., Milani, C., Salvini, F. Income diversification and bank performance: Evidence from Italian banks [J]. Journal of Financial Services Research, 2008, 33 (3): 181 - 203.

[368] Smith, R., Staikouras, C., Wood, G. Non - Interest Income and Total Income Stability (Bank of England Working Paper No. 198) [EB/OL]. http://papers.ssrn.com/sol3/papers.cfm?abstract_id=530687, 2004 - 04 - 15.

[369] Vennet R. V. Cost and profit efficiency of financial conglomerates and universal banks in Europe [J]. Journal of Money, Credit and Banking, 2002, 34 (01): 254 - 282.

[370] Benston G. J. Universal banking [J]. Journal of Economic Perspectives, 1994, 8 (03): 121 - 144.

[371] Pennathur, A. K., Subrahmanyam, V., Vishwasrao, S., et al. Income diversification and risk: Does ownership matter? An empirical examination of Indian banks [J]. Journal of Banking & Finance, 2012, 36 (08): 2203 - 2215.

[372] Shim J. Bank capital buffer and portfolio risk: The influence of business cycle and revenue diversification [J]. Journal of Banking & Finance, 2013, 37 (03): 761 - 772.

[373] Lepetit, L., Nys, E., Rous, P., et al. Bank income structure and risk: An empirical analysis of European banks [J]. Journal of Banking & Finance, 2008, 32 (08): 1452 - 1467.

[374] Hayden, E., Porath, D., Westernhagen, N. V. Does diversification improve the performance of German banks? Evidence from individual bank loan portfolios [J]. Journal of Financial Services Research, 2007, 32 (03): 123 - 140.

[375] Stiroh, K. J., Rumble, A. The dark side of diversification: The case of US financial holding companies [J]. Journal of Banking & Finance, 2006, 30 (8): 2131 - 2161.

[376] 王志军. 欧盟银行业的非利息收入 [J]. 国际金融研究,

2004 (07): 47 -52.

[377] Mercieca, S., Schaeck, K., Wolfe, S. Small European banks: Benefits from diversification? [J]. Journal of Banking & Finance, 2007, 31 (7): 1975 -1998.

[378] Baele, L., Jonghe O. D., Vennet, V. R. Does the stock market value bank diversification? [J]. Journal of Banking & Finance, 2007, 31 (7): 1999 -2023.

[379] Hidayat, W. Y., Kakinaka, M., Miyamoto, H. Bank risk and non - interest income activities in the Indonesian banking industry [J]. Journal of Asian Economics, 2012, 23 (4): 335 -343.

[380] Tabak, B. M., Fazio, D. M., Cajueiro, D. O. The effects of loan portfolio concentration on Brazilian banks' return and risk [J]. Journal of Banking & Finance, 2011, 35 (11): 3065 -3076.

[381] Demsetz, R. S., Strahan, P. E. Diversification, size, and risk at bank holding companies [J]. Journal of Money, Credit, and Banking, 1997, 29 (03): 300 -313.

[382] Köhler, M. Does non - interest income make banks more risky? Retail - versus investment - oriented banks [J]. Review of Financial Economics, 2014, 23 (04): 182 -193.

[383] Amidu, M., Wolfe, S. Does bank competition and diversification lead to greater stability? Evidence from emerging markets [J]. Review of Development Finance, 2013, 3 (03): 152 -166.

[384] Trinugroho, I., Agusman, A., Tarazi, A. Why have bank interest margins been so high in Indonesia since the 1997/1998 financial crisis? [J]. Research in International Business and Finance, 2014, 32 (08): 139 -158.

[385] Scarfone, A. M. Entropic forms and related algebras [J]. Entropy, 2013, 15 (02): 624 - 649. https://doi.org/10.3390/e15020624.

[386] Martyushev, L. M., Seleznev, V. D. Maximum entropy pro-

duction principle in physics, chemistry and biology [J]. Physics reports, 2006, 426 (01): 1-45.

[387] Tsallis, C., Souza, A. M. C. Constructing a statistical mechanics for Beck - Cohen superstatistics [J]. Physical Review E, 2003, 67 (2), 026106: 1-5.

[388] Pressé, S., Ghosh, K., Lee, J., et al. Principles of maximum entropy and maximum caliber in statistical physics [J]. Reviews of Modern Physics, 2013, 85 (03): 1115-1141.

[389] Gulko, L. The entropy theory of stock option pricing [J]. International Journal of Theoretical and Applied Finance, 1999, 02 (03): 331-355.

[390] Stutzer, M. A simple nonparametric approach to derivative security valuation [J]. The Journal of Finance, 1996, 51 (05): 1633-1652.

[391] Avellaneda, M. Minimum - relative - entropy calibration of asset - pricing models [J]. International Journal of theoretical and applied finance, 1998, 1 (04): 447-472.

[392] Stutzer, M. J. Simple entropic derivation of a generalized Black - Scholes option pricing model [J]. Entropy, 2000, 2 (02): 70-77. https: //doi. org/10. 3390/e2020070.

[393] Kitamura, Y., Stutzer, M. Connections between entropic and linear projections in asset pricing estimation [J]. Journal of Econometrics, 2002, 107 (1-2): 159-174.

[394] Brody, D. C., Buckley, I. R., Constantinou, I. C. Option price calibration from Rényi entropy [J]. Physics Letters A, 2007, 366 (4-5): 298-307.

[395] Liu, A. Q., Paddrik, M., Yang, S. Y., et al. Interbank contagion: An agent - based model approach to endogenously formed networks [J]. Journal of Banking & Finance, 2017. Available online 12 August 2017.

[396] Bowden, R. J. Directional entropy and tail uncertainty, with applications to financial hazard [J]. Quantitative Finance, 2011, 11 (03): 437 - 446.

[397] Pele, D. T., Lazar, E., Dufour, A. Information entropy and measures of market risk [J]. Entropy, 2017, 19 (5), 226: 1 - 19. https://doi.org/10.3390/e19050226.

[398] Yang, J., Qiu, W. A measure of risk and a decision - making model based on expected utility and entropy [J]. European Journal of Operational Research, 2005, 164 (03): 792 - 799.

[399] Tsallis, C. Possible generalization of Boltzmann - Gibbs statistics [J]. Journal of statistical physics, 1988, 52 (1 - 2): 479 - 487.

[400] Gradojevic, N., Gençay, R. Overnight interest rates and aggregate market expectations [J]. Economics Letters, 2008, 100 (01): 27 - 30.

[401] Gençay, R., Gradojevic, N. Crash of'87—Was it expected?: Aggregate market fears and long - range dependence [J]. Journal of Empirical Finance, 2010, 17 (2): 270 - 282.

[402] Gençay, R., Gradojevic, N. The tale of two financial crises: An entropic perspective [J]. Entropy, 2017, 19 (6), 244: 1 - 15. https://doi.org/10.3390/e19060244.

[403] Boyarchenko, N. Ambiguity shifts and the 2007 - 2008 financial crisis [J]. Journal of Monetary Economics, 2012, 59 (5): 493 - 507.

[404] Hansen, L. P., Sargent, T. J. Recursive robust estimation and control without commitment [J]. Journal of Economic Theory, 2007, 136 (1): 1 - 27.

[405] Bekiros, S. D. Timescale analysis with an entropy - based shift - invariant discrete wavelet transform [J]. Computational Economics, 2014, 44 (2): 231 - 251.

[406] Dimpfl, T., Peter, F. J. Using transfer entropy to measure information flows between financial markets [J]. Studies in Nonlinear Dy-

namics and Econometrics, 2013, 17 (1): 85 - 102.

[407] Zaremba, A., Aste, T. Measures of causality in complex datasets with application to financial data [J]. Entropy, 2014, 16 (4): 2309 - 2349. https: //doi. org/10. 3390/e16042309.

[408] Geman, D., Geman, H., Taleb, N. N. Tail risk constraints and maximum entropy [J]. Entropy, 2015, 17 (6): 3724 - 3737. https: //doi. org/10. 3390/e17063724.

[409] Brighi, P., Venturelli, V. How functional and geographic diversification affect bank profitability during the crisis [J]. Finance Research Letters, 2016, 16 (02): 1 - 10.

[410] Jacquemin, A. P., Berry, C. H. Entropy measure of diversification and corporate growth [J]. The Journal of Industrial Economics, 1979, 27 (04): 359 - 369.

[411] Ceptureanu, S. I., Ceptureanu, E. G., Marin, I. Assessing the Role of Strategic Choice on Organizational Performance by Jacquemin - Berry Entropy Index [J]. Entropy, 2017, 19 (09), 448: 1 - 12. https: //doi. org/10. 3390/e19090448.

[412] Hansen, B. E. Inference when a nuisance parameter is not identified under the null hypothesis [J]. Econometrica, 1996, 64 (02): 413 - 430.

[413] Hansen, B. E. Threshold effects in non - dynamic panels: Estimation, testing, and inference [J]. Journal of Econometrics, 1999, 93 (2): 345 - 368.

[414] Hansen, B. E. Sample splitting and threshold estimation [J]. Econometrica, 2000, 68 (03): 575 - 603.

[415] Chan, K. S. Consistency and limiting distribution of the least squares estimator of a threshold autoregressive model [J]. The annals of statistics, 1993, 21 (01): 520 - 533.

[416] 唐福勇．银行业总资产和总负债规模持续增长 [N]．中国经济时报，2017 - 07 - 31 (003).

[417] Wu, H. -K., Cheng, D. C. The Effects of Loan and Bank Characteristics on Bank Loan Criticisms Accuracy: A Multivariate Logit Analysis [J]. Quarterly Journal of Business and Economics, 1984, 23 (03): 3 -17.

[418] Paravisini, D., Rappoport, V., Schnabl, P. Comparative Advantage and Specialization in Bank Lending [EB/OL]. http: //personal. lse. ac. uk/rappopor/papers/specialization. pdf, 2017 -05 -16.

[419] Samad, A. Determinants bank profitability: Empirical evidence from Bangladesh commercial banks [J]. International Journal of Financial Research, 2015, 6 (03): 173 -179.

[420] 姜惠宸. 宏观审慎政策的有效性研究——基于108个国家或地区的跨国面板数据分析 [J]. 全球化, 2019, (09): 83 -96 +135 -136.

[421] BIS and the central banks of G10. Recent innovations in international banking [R]. CGFS Paper, 1986 (04): 1 -270.

[422] Evans, O., Leone, A. M., Gill, M., et al. Macroprudential indicators of financial system soundness [R]. IMF Occasional Paper, 2000 (04): 1 -49.

[423] 易纲. 坚定不移推进金融业改革开放 不断开创金融事业发展新局面 [N]. 金融时报, 2018 -12 -05 (001).

[424] 王勇. 深化金融供给侧结构性改革势在必行 [N]. 上海金融报, 2019 -03 -05 (011).

[425] Korinek A., Sandri D. Capital controls or macroprudential regulation? [J]. Journal of International Economics, 2016, 99: S27 -S42.

[426] Unsal D. F. Capital flows and financial stability: monetary policy and macroprudential responses [EB/OL]. https: //www. imf. org/ -/media/Websites/IMF/imported - full - text - pdf/external/pubs/ft/wp/2011/_wp11189. ashx, 2011 -08 -01.

[427] 许先普, 楚尔鸣. 宏观审慎对房价波动的调控效应及货币

政策协调［J］. 湘潭大学学报（哲学社会科学版），2016，40（06）：72－78.

［428］李伟航，许玲. 宏观审慎监管政策工具有效性研究——基于DSGE模型的实证分析［J］. 东南大学学报（哲学社会科学版），2018，20（06）：76－89＋147.

［429］Igan D. O.，Kang H. Do loan－to－value and debt－to－income limits work? Evidence from Korea［EB/OL］. https：//www. imf. org/－/media/Websites/IMF/imported－full－text－pdf/external/pubs/ft/wp/2011/_wp11297. ashx，2011－12－01.

［430］Wong T. C.，Fong T.，Li K.，et al. Loan－to－value ratio as a macroprudential tool－Hong Kong's experience and cross－country evidence［EB/OL］. https：//www. bis. org/publ/bppdf/bispap57k. pdf，2011－10－04.

［431］Lim C.，Columba F.，Costa A.，et al. Macroprudential policy：what instruments and how to use them? Lessons from country experiences［EB/OL］. https：//www. imf. org/－/media/Websites/IMF/imported－full－text－pdf/external/pubs/ft/wp/2011/_wp11238. ashx，2011－12－01.

［432］Claessens S，Ghosh S R，Mihet R. Macro－prudential policies to mitigate financial system vulnerabilities［J］. Journal of International Money and Finance，2013，39：153－185.

［433］Morgan P.，Regis P. J.，Salike N. Loan－to－value policy as a macroprudential tool：The case of residential mortgage loans in Asia［EB/OL］. https：//www. adb. org/publications/loan－value－policy－macroprudential－tool－case－residential－mortgage－loans－asia，2015－05－20.

［434］Gómez E.，Lizarazo A.，Mendoza J. C，et al. Evaluating the impact of macroprudential policies in Colombia［EB/OL］. https：//www. bis. org/events/ccacgdfsconf2016/agenda/colombia. pdf，2016－06－21.

[435] Laeven L., Valencia F. Systemic banking crises database [R]. IMF Economic Review, 2013 (06): 225 –270.

[436] Laeven L., Valencia F. Systemic banking crises revisited [R]. IMF Working Paper, 2018 (09): 1 –47.

[437] IMF. Seeking Sustainable Growth: Short – Term Recovery, Long – Term Challenges (World Economic Outlook, October 2017) [EB/OL]. https://www.imf.org/en/Publications/WEO/Issues/2017/09/19/world – economic – outlook – october – 2017, 2017 – 10 – 23.

[438] Buch C. The Deutsche Bundesbank's Financial Stability Review 2015 [EB/OL]. https://www.bis.org/review/r151127a.pdf, 2015 – 11 – 25.

[439] 蔡则祥，林峰．越南货币危机的成因、教训及对中国的启示 [J]. 经济学动态，2008，(07)：8 – 14.

[440] 巴曙松，朱虹．金融监管模式的演进 [J]. 中国金融，2018 (07)：23 – 25.

[441] 李扬，刘世锦，何德旭，黄群慧，金碚．改革开放 40 年与中国金融发展 [J]. 经济学动态，2018 (11)：4 – 18.

[442] 陈雨露．“新常态”下的经济和金融学理论创新 [J]. 经济研究，2015，50 (12)：8 – 10.

[443] 易纲．稳中求进 积极有为 更好服务实体经济 [J]. 中国金融家，2018 (04)：24 – 26.

后　记

金融稳定与宏观审慎框架研究属于新兴的研究领域。如何运用宏观审慎政策，防范系统性风险，增强金融体系的稳定性，对于促进金融业乃至国民经济的健康可持续发展具有重要意义。从2015年开始，笔者持续关注相关领域研究，查阅了大量文献资料。在研究过程中，经字斟句酌、反复推敲，形成本书。本书第一稿完成于2016年6月，第二稿完成于2017年3月，第三稿完成于2018年6月，第四稿完成于2018年9月，第五稿完成于2018年12月，第六稿完成于2019年2月。在此基础上，书稿于2023年年初进行了修订。

目前，随着数字经济时代的来临，金融科技正深刻地改变金融业发展，并且对加强金融监管和维护金融稳定产生深远的影响。如何构建更完善、更有效的宏观审慎框架，提升宏观审慎政策的有效性，以更好地维护金融稳定，将是我们需要不断研究和持续探索的新课题。

感谢北京航空航天大学博士研究生卓越学术基金资助，感谢我的老师、同学和朋友们对我的帮助和支持。